Fälle zum Gesellschaftsrecht

Tobias Lettl

德国民商法案例研习译丛
丛书主编：朱晓喆

德国公司法案例研习

第四版

【德】托比亚斯·莱特尔 ◎著
陈汪杰　沈小军 ◎译

中国法制出版社
CHINA LEGAL PUBLISHING HOUSE

总序

一、什么是请求权基础案例研习

本套译丛是译介德国民法请求权基础案例研习课的教材。虽然国内文献对此已讨论颇多，[1] 但为本译丛导读，以及考虑到若有读者拟参考本译丛，实践相应的教学方法，因此，我作为丛书主编，再就该课程方法论作些介绍。

了解请求权基础案例研习，须从德国法学教育课程体系说起。德国大学法学教育以科学教育为目标，以实践运用为导向，其课程类型设置包括如下几种类型：[2]（1）大课讲授（Vorlesung）以教师讲解和学生听讲为主。限于课堂时间和学生人数较多，教师课上较少采用问答方式，课堂互动根据老师的风格而有所不同。（2）专题研讨（Seminar）是教师引导和学生

[1] 参见朱晓喆：《请求权基础实例研习教学方法论》，载《法治研究》2018 年第 1 期；卜元石：《德国法学教育中的案例研习课：值得借鉴？如何借鉴？》，载《中德法学论坛》第 13 辑，法律出版社 2016 年版，第 45—57 页；季红明、蒋毅、查云飞：《实践指向的法律人教育与案例分析——比较、反思、行动》，载《北航法律评论》2015 年第 1 辑，法律出版社 2016 年版，第 214—228 页。

[2] 邵建东：《德国法学教育制度及其对我们的启示》，载《法学论坛》2002 年第 1 期；韩赤风：《当代德国法学教育及其启示》，载《比较法研究》2004 年第 1 期；杜晓明：《德国法学教育简介》，载李昊、明辉主编：《北航法律评论》2015 年第 1 辑，法律出版社 2016 年版，第 229—232 页。

讨论为主的课程。参加课程的学生须在教师指导下作一个专题研究报告并回答教师和参加者的提问。（3）案例研习课（Übung）是撰写案例分析报告、练习适用法律的课程。大课讲授和专题研讨偏重于原理学习，而案例研习课侧重实例训练。该课程要求学生撰写案例研习报告采用“鉴定体”（Gutachtenstil）[3]，即逐一分析法律规范的构成要件，判断案件事实能否涵摄在该规范之下，进而得出是否适用该规范法律效果的结论。如在课堂上或考试中，须于指定时间段内完成案例报告，不用太多引注资料，称为课堂练习；如在课下做案例报告，即家庭作业，要借助更多文献和判例，深化案例解答的科学性，达到与通常的法学研究相同的品质。[4]（4）学习小组（Arbeitsgemeinschaft）是一种配合大课的集体辅导班，大致按民法、刑法和公法学科进行划分，由助教或博士生主持，以解决学习中的难点和进行案例分析训练为主。参加者通常为新生，每个小组约20人。

在上述课程体制中，案例研习课是法科学生每日必修的练习，通过大量的训练，学生们将法条、法学教义、法院判例等转化为其内在的知识和能力，养成法律思维。如科贝尔（Körber）教授说：“领会和理解生活事实，并依据法条、判决和学说去判断其中蕴含的法律争议，即解答案例，是每一位法律人的日常功课。”[5]

民法案例研习课的方法论就是请求权基础分析。关于此，我国学界已经介绍颇多。于此重申其关键要点，以便读者掌握要领。

“请求权基础”（Anspruchsgrundlagen）方法的出发点是对案例提出如下问题，即“谁得向谁依据什么请求什么？”（Wer will was von wem woraus?）[6]分析言之：

（1）“谁向谁”（Wer von wem）。请求权是相对权，在回答问题时须明确权利人针对哪一个义务人主张请求权。

（2）“请求什么”（Was）。这一步是审查当事人主张要求什么，例如支付买卖价金、损害赔偿、返还原物等。

（3）“依据什么”（Woraus）。权利人主张的内容须以某个法律规范为

---

[3] 与鉴定体对应的是先给出结论，再叙明理由的“裁判体”（Urteilsstil）。Tettinger/Mann, Einführung in die juristische Arbeitstechnik, 4. Aufl., C. H. Beck 2009, S. 126.

[4] Tettinger/Mann, Einführung in die juristische Arbeitstechnik, 4. Aufl., C. H. Beck 2009, S. 179.

[5] Körber, Zivilrechtliche Fallbearbeitung in Klausur und Praxis, JuS 2008, 289.

[6] Heinemann, Übungen im bügerlichen Recht, De Gruyter 2008, S. 6.

基础，能够确立请求权的法律规范称为“请求权基础”。请求权基础包括构成要件（T）和法律效果（R）两个部分。构成要件是适用该法律规定的前提条件，由数个要素组成（可分解为 t1，t2，t3……）。法律效果是满足构成要件后得出的后果，一般对应着请求的内容。

明确请求权基础方法的内涵后，还需解释一下案例研习的核心步骤，即“涵摄”（Subsumtion，或译“归入”）。涵摄是审查待决的案件事实是否可归属（Zuordung）在某一法律规范的构成要件之下，并得出法律效果是否发生的结论。在请求权基础案例研习中，其具体步骤是：（1）选择案件事实可能适用的请求权基础规范（T），并就所分析的案例提出“某人可能依此规范向另一人主张某种请求权”的待检验命题；（2）将法律规范分解为各个构成要件（t1，t2，t3……），并逐一与案件事实（s1，s2，s3……）进行比较，判断具体事实是否可归入抽象的构成要件（涵摄）；（3）对每一个构成要件和案件事实的涵摄都进行审查，得出相应的是或否的中间结论；（4）一旦案件事实满足请求权基础规范的每一构成要件，即可得出结论认为发生相应的法律效果（R），即案件当事人的请求权成立；如果欠缺任何一项构成要件，则不发生相应的请求权。可见，涵摄的核心就是亚里士多德的三段论（syllogistischer Schluss），即大前提—小前提—推论。[7]（如下图所示）

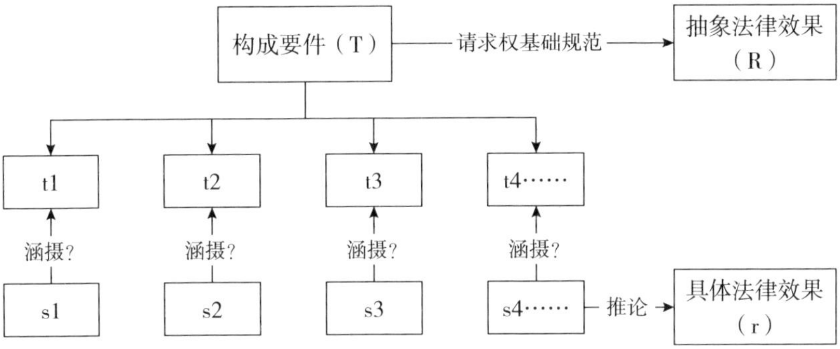

二、如何撰写请求权基础案例研习报告

一份完整的鉴定式请求权基础案例研习报告，包括案件事实和问题（题目）、解题结构（目录）、解题具体步骤和内容（请求权基础的审查）

[7] Tettinger/Mann, Einführung in die juristische Arbeitstechnik, 4. Aufl., C.H.Beck 2009, S. 143.

几部分。以下分述之。

1. 案件关键事实的领会和提取

请求权基础案例一般是出题者设计的教学或考试案例。这些案例大都来源于真实的司法裁判，但并不巨细无遗地交代案件情节，而是简洁描述和抽取重要事实，并通常对应着教科书或法典中的某一民法知识板块或制度规整。而且，案例事实本身一般不设争议，不需考虑举证问题。由此可见，请求权基础案例研习并非“法律实务训练课”，而是基础理论练习课，它不是教导学习者如何操作和办理实务案件，而是培养扎实的法律理论功底。

解题者在解题之前，先要审读和把握案件事实，并区分重要的和非重要的情节，尤其是不能遗漏那些具有法律意义的事实。准确把握案件事实，要求解题者须在事实与规范之间不停地“眼光往返流转”：一方面，所要适用的法律规范表明哪些事实是重要的；另一方面，这些事实也决定可适用的规范。[8]

案例事实的核心要素是当事人之间发生的能够产生权利义务变化的法律事实，如合同、侵权，以及权利义务的标的，如动产、不动产、权利。此外，当事人、时间和地点对于解决案例问题也有辅助作用，涉及行为能力、时效、履行地等。

2. 请求权基础审查的步骤

撰写一份严谨的请求权基础案例研习报告，须遵循如下三个步骤：请求权是否产生？请求权是否消灭？请求权是否可执行？

（1）请求权是否产生？（Anspruch entstanden?）

在这一阶段，首先从积极方面考察，案件事实是否符合（假定）可运用的请求权基础。如果请求权基础构成要件的每一要素都获得满足，可以判定请求权成立。[9] 此处的核心步骤就是“涵摄”。然后，再从消极方面审查，案件事实中有没有权利产生障碍的抗辩事由（权利阻却之抗辩），例如当事人无行为能力、意思表示无效、合同不成立或被撤销、

---

[8] Medicus, Grundwissen zum Bürgerlichen Recht, ein Basisbuch zu den Anspruchsgrundlagen, 8.Aufl., Carl Heymanns Verlag 2008, S. 6.

[9] Brox/Walker, AT des BGB, 34. Aufl., Verlag Franz Vahlen 2010, Rn. 856.

附生效条件的法律行为条件未成就等。[10]

（2）请求权是否消灭？（Anspruch untergegangen?）

这一阶段审查有没有导致已经产生的请求权发生消灭的后果，即考虑权利毁灭之抗辩。例如，合同的清偿、免除、抵销、解除、给付不能、附解除条件法律行为的条件成就等。[11]

（3）请求权可否贯彻执行？（Anspruch durchsetzbar?）

这一阶段审查有没有阻碍请求权执行的事由，即权利障碍之抗辩（私法上的抗辩权）。抗辩权须被告主张才可适用，例如诉讼时效抗辩权（《民法总则》第192条第1款）、同时履行抗辩权（《合同法》第66条）、人身性给付或履行费用过高之抗辩权（《合同法》第110条第2项）等。

以上三个步骤是审查请求权基础的完整要求。当然，在个案中，并不总是存在请求权的消灭或请求权执行障碍的事由，因此，在撰写案例研习报告时，请求权的产生必须进行审查。后两个步骤，仅在有案件事实根据时才予以审查。[12] 因此，后两个步骤在案例研习报告中可以根据情况省略。

3. 请求权基础的审查顺序

在同一案件事实中，当事人之间可能发生数项请求权。于此，须依循请求权基础的审查顺序（Prüfungsreihenfolge），逐一考察。德国民法教学中，根据各个请求权基础的特点或优先性考量，通常按照合同请求权—类合同请求权—无因管理请求权—物权请求权—侵权行为请求权—不当得利请求权，这样的顺序进行思考和解题。具体理由如下。

（1）合同请求权

合同要体现私法自治原则，如果当事人之间合同约定了权利义务关系，应首先对其尊重。如果存在其他请求权的可能，会受合同的影响。[13] 具体言之，如果存在合同关系，管理他人事务构成委托（《合同法》第396条），不成立无因管理。如果根据合同关系占有他人之物，通常不发生无权占有（《物权法》第241条），从而排除“所有权人—无权占有人”

[10] Heinemann, Übungen im bügerlichen Recht, De Gruyter 2008, S. 16.

[11] Heinemann, Übungen im bügerlichen Recht, De Gruyter 2008, S. 16.

[12] Körber, Jus 2008, 289.

[13] Heinemann, Übungen im bügerlichen Recht, De Gruyter 2008, S. 10.

规则的适用。如果基于合同取得他人财产利益，也不符合不当得利中的“无法律上原因”。而侵权行为的请求权，可能被合同修改或排除（合同约定可以排除侵权行为违法性），或者合同法可能有减轻责任的规定（如《合同法》第374条）或约定。

合同请求权可分为原初的给付请求权和次生的救济性请求权。前者例如《合同法》第60条第1款的履行请求权，《合同法》第135条的买受人交付标的物并转移所有权的请求权、第159条的出卖人价金请求权。后者例如《合同法》第107条的实际履行、采取补救措施、损害赔偿请求权，第111条的瑕疵担保请求权，《合同法》第97条规定解除后恢复原状、损害赔偿请求权，以及《合同法》分则规定具体合同的违约救济请求权，于此不一一枚举。

（2）类合同请求权

如果合同未成立或无效、被撤销，但当事人基于缔约磋商应尽到照顾、保护缔约对方权益的义务，若有违反应承担缔约过失责任。由于其接近合同请求权，因而紧随其后予以审查。[14]

根据我国现行民法，类合同的请求权例如：《合同法》第42条规定缔约过失请求权，第43条规定缔约中违反保密义务的损害赔偿请求权；《合同法》第58条、《民法总则》第157条规定合同或法律行为无效、被撤销或确定不发生效力后，发生返还财产、折价补偿、损害赔偿等请求权；《民法总则》第164条第2款规定的代理人与相对人恶意串通，损害被代理人权益，被代理人向二者主张连带责任的请求权；《民法总则》第171条第3款规定的无权代理人因代理未被追认时，善意相对人得请求其履行债务或承担损害赔偿责任。

（3）无因管理请求权

接着审查无因管理请求权，理由如下：无因管理人就管理行为所生之必要费用得向受益人请求偿还（《民法总则》第121条）是一种特殊的法定之债；无因管理的管理人并非侵夺占有或妨碍物权，从而排除物权请求权；无因管理的行为阻却违法，不构成侵权行为；无因管理人因管理他人事务获得财产利益，并非“无法律上原因”，不构成不当得利；无因管理人通常有责任优待（参见《德国民法典》第680条），与其竞

---

[14] Brox/Walker, AT des BGB, 34. Aufl., Verlag Franz Vahlen 2010, Rn. 842.

合的侵权请求权也同样如此。[15] 例如,《民法总则》第 184 条规定自愿实施紧急救助造成受助人损害的，救助人不承担民事责任。

（4）物权请求权

物权请求权之所以先于侵权和不当得利请求权审查，首先是因为物权法中就侵害或妨碍他人之物有特殊规定，从而排除侵权行为或不当得利的一般规定。[16] 例如,《物权法》第 107 条规定失主有追回遗失物的请求权。再例如,《物权法》第 242 条至第 244 条规定“所有权人—无权占有人”之间的特殊规则，据此，无权占有人造成物之损害的，恶意占有人承担赔偿责任，由此反面推论，善意占有人不负赔偿责任；善意占有人返还原物时可向所有权人请求支付必要费用；无权占有人无法返还原物，但应当返还由物之毁损、灭失产生的保险金、赔偿金或补偿金。此外，相较于侵权损害赔偿请求权而言,《物权法》上典型的原物返还请求权（第 34 条）、排除妨碍和消除危险请求权（第 35 条）、占有保护请求权（第 245 条）不以过错为要件。

（5）侵权行为请求权

因为侵权行为（包括危险责任）请求权不是其他请求权的前提，故而靠后审查。[17] 在审查侵权请求权之前，须审查是否存在特殊的约定或法律规定。

狭义的侵权请求权仅指损害赔偿请求权。但我国《侵权责任法》采取广义的侵权责任理解，包括保护物权之类绝对权的停止侵害、排除妨碍、消除危险责任，以及非损害赔偿性质的赔礼道歉、消除影响、恢复名誉等责任形式（《侵权责任法》第 15 条）。此外,《侵权责任法》还有所谓“非真正侵权责任”[18], 包括第 23 条受益人适当补偿责任、第 31 条紧急避险的牺牲请求权、第 24 条和第 33 条的损失分担责任。上述侵权责任，都可算入广义的侵权请求权。

就请求权基础而言，一般过错的侵权请求权基础是《侵权责任法》第 2 条第 1 款和第 6 条。特殊侵权责任请求权和危险责任请求权基础存

---

[15] Heinemann, Übungen im bügerlichen Recht, De Gruyter 2008, S. 10.

[16] Heinemann, Übungen im bügerlichen Recht, De Gruyter 2008, S. 10.

[17] 王泽鉴:《民法思维——请求权基础理论体系》, 北京大学出版社 2009 年版，第 60 页。

[18] 张谷:《论〈侵权责任法〉上的非真正侵权责任》, 载《暨南学报》2010 年第 3 期。

在于《侵权责任法》第四章至第十一章，于此不赘。

（6）不当得利请求权

不当得利请求权的基本依据是《民法总则》第122条。如果存在合同或无因管理，将会排除不当得利。与物权请求权相比，可能物权人因物权消灭而无法主张原物返还，例如以他人油漆粉刷自己的围墙，但会发生不当得利。严格地说，侵权请求权与不当得利请求权并没有逻辑上的先后顺序，[19] 但相比而言，一般侵权请求权以过错为要件，而不当得利则否。例如，不知他人之物而为处分，获得对价利益。于此处分人因缺少过错而不构成侵权，但成立不当得利。[20] 基于此，最后考虑不当得利请求权。

以上是关于请求权基础审查顺序的一般规律，此外还须补充如下两点。

第一，如果请求权基础审查后，有数项请求权均得成立并可执行，则构成请求权聚合或请求权竞合。前者是指数个请求权可以同时并行主张；后者是指同一给付目的的数个请求权并存，但当事人仅得选择其一行使。[21] 请求权聚合或竞合时，每一请求权的构成要件、举证责任和诉讼时效可能存在差异，案例研习虽是理论训练，但也是为法律实务做准备，既反映法律思考的严谨性，也要考虑当事人的利益。因此，案例解题者必须通盘检讨所有可能成立的请求权基础，切勿任意选择一个请求权基础作答。[22]

第二，上述请求权审查的顺序和体系是以民事财产法上请求权为中心构建的。而亲属法和继承法上的请求权并未纳入进来。主要因为在亲属法和继承法上，根据不同法律关系和事实的情状，发生不同种类的请求权或法律效果，不具有可比性。例如子女扶养费请求权和遗产回复请

---

[19] Heinemann, Übungen im bügerlichen Recht, De Gruyter 2008, S.10 f. Körber, Jus 2008, 289.

[20] 王泽鉴:《民法思维——请求权基础理论体系》，北京大学出版社2009年版，第60页。

[21] 王泽鉴:《民法思维——请求权基础理论体系》，北京大学出版社2009年版，第130—131页。

[22] 王泽鉴:《民法思维——请求权基础理论体系》，北京大学出版社2009年版，第134页。

求权，不像财产法上请求权那样可以按照事理的逻辑进行体系性安排。因此，亲属法和继承法的案例研习应具体考虑问题。

4. 案例研习中的法条运用

撰写请求权基础案例研习报告，除依循上述的步骤和顺序外，对于法条的理解和运用也很关键。

在案例研习中，解题者主要围绕请求权基础规范展开，但也不可忽略其他法律规范的运用。例如，根据《物权法》第 34 条，物权人欲主张对于无权占有人的返还原物请求权，须首先确定物权人是谁。于此，关于物权变动的规定（如《物权法》第 9 条、第 23 条）或所有权取得的规定（如《物权法》第 106 条以下），有助于确定物权的归属。此类规范为"辅助性规范"（Hilfsnormen）。[23] 此外，反对请求权的规定，例如法律行为无效（《民法总则》第 153 条）、诉讼时效的效力（《民法总则》第 192 条第 1 款），在请求权基础审查的每一阶段都可能涉及。此类规范为"反对性规范"（Gegennormen）。[24]

撰写案例研习报告须运用各种法律解释方法，展开法律规范的内涵分析，并为正确地进行涵摄奠定基础。[25] 涉及的法律解释方法包括文义解释、立法目的解释（历史解释）、体系解释、客观目的解释、合宪性解释等。但在很多疑难案例中，解题者可能发现通过法律解释，案件事实并不能准确涵摄进相关法律规范（尤其是请求权基础规范），即存在立法者规整计划的漏洞（公开的漏洞）。简单的法律解释并不足以应付案例解决，需要借助于法律续造方法，包括类推、举重明轻、举轻明重、目的性扩张等。此外，在解释运用法律时，也可能发现虽然案件事实能够涵摄进法律规范，但其实该法律规范的字面含义过宽，根据其目的不宜适用本案，由此发生"隐蔽的漏洞"，须对其进行目的性限缩。

在案例研习中须大量运用法律条文，解题者的法律适用能力得到锻炼，并结合案例留下深刻的印象，非一般教学授课可比。正如王泽鉴教

---

[23] Medicus, Grundwissen zum Bürgerlichen Recht, ein Basisbuch zu den Anspruchsgrundlagen, 8.Aufl., Carl Heymanns Verlag 2008, S. 11.

[24] Medicus, Grundwissen zum Bürgerlichen Recht, ein Basisbuch zu den Anspruchsgrundlagen, 8.Aufl., Carl Heymanns Verlag 2008, S. 11.

[25] Tettinger/ Mann, Einführung in die juristische Arbeitstechnik, 4. Aufl., C. H. Beck 2009, S. 130.

授所言："背诵记忆法律条文，不求甚解，易于忘记。经由深刻思考，亲身体验应用的条文，将成为法律人生命的法律细胞，终生难忘。"[26]

三、为什么移译本套丛书

如果从法律移植视角考察当代中国民商法的法治化进程，可以发现我国民商法的研究和教育呈现一条从"制度—思想移植"到"法学（法律）方法移植"、再到"法律教育方法移植"的发展轨迹。

首先，20世纪80年代改革开放之初，中国要在一片法治废墟上建立各项法律制度，不可避免地要向法治先进国家学习和借鉴制度规则，并随之引入大量的西方法律思想学说。这一时期，与市场经济配套的民商事法律制度，几乎照搬照抄国外经验，例如担保法、合同法、公司法、证券法等。与此同时，法学研究也主要表现为"立法论"。

继而，大致2000年以来，我国单行民商法律基本齐备后，如何理解与适用这些法律规定成为摆在法学研究者和司法实务者面前的现实问题。于是，以阐述法律规范的涵义和实践运用的"解释论"成为当时之需。这一阶段，源于德国的"法学方法论"（或法律方法论）受到热捧，尤其是拉伦茨、齐佩利乌斯、王泽鉴、黄茂荣等人著述的出版，促进我国民商法学者开始重视法律解释方法，并将之运用于法律适用。法律的解释与适用必然与具体的部门法教义相结合，由此"法学方法论移植"最终演化为部门法学者对于"法教义学"的共识。

随后，近10年来，因年轻一代学者的推动，法学教育领域普遍出现模仿大陆法系或英美法系教学改革的潮流，并主要体现为德国鉴定式案例研习课程的引入。此类课程教学，以法律规范构成要件的分析为起点，以案件事实的涵摄为核心步骤，层层演绎推导出案件具体的法律效果，其教学目的在于培养学生分析法条、查找资料、研究写作等法律人必备的思维和能力。其中以民法上的请求权基础案例研习课流传最为普遍。目前国内开设此类课程的政法院校包括北京大学、中国政法大学、华东政法大学、中南财经政法大学、西南政法大学、上海财经大学等，俨然已成燎原之势。

---

[26] 王泽鉴：《民法思维——请求权基础理论体系》，北京大学出版社2009年版，第235页。

在上述三个法律移植发展趋势中，法学教育模式的变革是最为根本性的。因为它对于人才培养起到潜移默化的作用，统一法律人的思维模式，提升中国法律人共同体的整体水平和专业地位。尽管目前国内已有此类课程教学实践，但尚未有全面的关于德国民法案例研习课程教材的译著，而不熟悉德语原著的研究者或实践者，只能通过一般介绍或个案翻译管窥德国此类课程方法。鉴于此，本套丛书的策划者希望通过译丛的出版，原汁原味地引进德国民商法的案例研习课程教材，以供国内法学教育者参考和借鉴。

最后，有必要对于本套译丛的背景及意义再作几点交代。2016年我和沈小军老师与中国法制出版社马颖主任共同策划本译丛时，根据当时邀请到的译者和能够联系到的原著版权，确定第一批书目包括德国民法总论、债法总论、债法分论、物权法、继承法和公司法。现在看来，既然本译丛定位"民商法案例研习课程教材"，今后有必要进一步增补家庭法以及其他商法的教材。

标准意义上的请求权基础案例研习报告的撰写格式，已如上文所述。但从本译丛的部分作品来看，德国的教材并非千篇一律。例如，民法总论案例教材里先简介相关教义学知识，然后再展开案例研习示范。债法总论案例教材也有不少教义学知识的总结。再例如，继承法案例教材中，有些案例的问题和解题的起始句并不是"谁得向谁依据什么请求什么"，而是根据题目要求，可能是表现为"遗产如何继承？""遗产管理如何执行？"等问题。这也正说明，其实"请求权基础案例研习"是个笼统的说法，有可能案例分析的对象不是请求权，而是其他待检验的法律效果。因此，用"鉴定体"统称此类案例研习报告或许更具有概括性。

国内政法院校开展鉴定式案例教学的时机已经成熟，本套译丛出版适逢其时。若有读者参考本译丛，探索案例研习教学，编者在此适当做些建议：其一，开课对象最好是学完民法学、对民法原理、有初步掌握的学生。以案例研习巩固和熟悉民法知识体系效果较好。其二，开课人数每个班在30人之内，教学要求是书面报告结合课堂讨论。其三，案例研习报告严格要求学术规范包括参考文献和引注，由此提高学生的文献检索和写作能力。其四，案例事实的设计要简明清晰，避免事实不清。所反映的民法知识点，不能过于简单直接，否则沦为"举例"。可以设计一些疑难或障碍，使解题者体会到法律实践问题的复杂性。同时，还得提醒读者注意，鉴定体案例研习只是学习法律的一种日常教学形式，不能将之神化。它其实更多的是一种思考过程的展示，是解题者分析和得出结论之后的报告形式。因此，我们在教学中不能只注重其形式，而忽略了民法原理的实质性学习。

本套译丛的出版有赖各位译者以及出版社的共同努力。丛书的译者都有留德背景，有的取得了德国的法学博士学位，都是有实力的年轻学者。在中国当下出版译著，尤其是教材的译著，从科研精力投入上说并不划算，有的学校任何成果都不算。从事这个翻译项目的译者更多是凭借着一种对民商法教学的热情和执着。中国法制出版社的马颖主任出于对本套译丛和译者们的认可，积极推动译丛的出版，以及编辑靳晓婷、王雯汀女士的辛苦付出，编者在此一并表示感谢。

上海财经大学法学院教授，博士生导师　朱晓喆

2019 年 8 月 12 日

序言

我撰写本书的目的，在于帮助大家解决有关公司法的问题。本书的案例内容（虽然部分案例较为复杂）主要以摘要的形式呈现。即使是关于较为复杂的公司法问题，我也希望能够给大家提供一个简明扼要的解题思路。

本书的新版本主要是根据最新的立法情况、司法判例和学说予以修订。

最后，我想感谢我的两位助教 Jonathan Beel 和 Lucas Gaser 对本书的勘校。

托比亚斯·莱特尔

波茨坦，2019 年 9 月

缩略语表

a.A.	andere(r) Ansicht
Abs.	Absatz
a.E.	am Ende
AEUV	Vertrag über die Arbeitsweise der Europäischen Union
a.F.	alte Fassung
AG	Aktiengesellschaft; Die Aktiengesellschaft (Zeitschrift)
AGB	Allgemeine Geschäftsbedingungen
AktG	Aktiengesetz
Alt.	Alternative
Art.	Artikel
Aufl.	Auflage
BaFin	Bundesanstalt für Finanzdienstleistungsaufsicht
BAG	Bundesarbeitsgericht
BayObLG	Bayerisches Oberstes Landesgericht
BB	Betriebs-Berater (Zeitschrift)
Bd.	Band
BFH	Bundesfinanzhof
BGB	Bürgerliches Gesetzbuch
BGH	Bundesgerichtshof
BGHSt	Entscheidungen des Bundesgerichtshofes in Strafsachen (Sammlung)
BGHZ	Entscheidungen des Bundesgerichtshofes in Zivilsachen (Sammlung)
BNotO	Bundesnotarordnung
BörsG	Börsengesetz
BRAO	Bundesrechtsanwaltsordnung
BSG	Bundessozialgericht
BT-Drs.	Bundestags-Drucksache
Buchst.	Buchstabe

续表

BundesärzteO	Bundesärzteordnung
BVerfG	Bundesverfassungsgericht
BVerfGE	Entscheidungen des Bundesverfassungsgerichts (Sammlung)
BVerwGE	Entscheidungen des Bundesverwaltungsgerichts (Sammlung)
ca.	circa
DB	Der Betrieb (Zeitschrift)
ders.	derselbe
d.h.	das heißt
DrittelbG	Drittelbeteiligungsgesetz
DStR	Deutsches Steuerrecht (Zeitschrift)
DZWiR	Deutsche Zeitschrift für Wirtschafts-und Insolvenzrecht
EMRK	Europäische Menschenrechtskonvention
EUR	Euro
f.	folgende
FamFG	Gesetz über das Verfahren in Familiensachen und in den Angelegenheiten der freiwilligen Gerichtsbarkeit
ff.	fortfolgende
FS	Festschrift
GbR	Gesellschaft bürgerlichen Rechts
GG	Grundgesetz für die Bundesrepublik Deutschland
ggf.	gegebenenfalls
GmbH	Gesellschaft mit beschränkter Haftung
GmbH & Co. KG	Gesellschaft mit beschränkter Haftung & Compagnie Kommanditgesellschaft
GmbHG	Gesetz betreffend die Gesellschaften mit beschränkter Haftung
GmbHR	GmbH-Rundschau (Zeitschrift)
GR-Charta	Charta der Grundrechte der Europäischen Union
GRUR	Gewerblicher Rechtsschutz und Urheberrecht (Zeitschrift)
GVG	Gerichtsverfassungsgesetz
GWB	Gesetz gegen Wettbewerbsbeschränkungen

续表

HGB	Handelsgesetzbuch
h.L.	herrschende Lehre
h.M.	herrschende Meinung
Hs.	Halbsatz
i.G.	in Gründung
InsO	Insolvenzordnung
i.S.d	im Sinne der/des
ital.	italienisch
i.V.m.	in Verbindung mit
JA	Juristische Arbeitsblätter (Zeitschrift)
Jura	Juristische Ausbildung (Zeitschrift)
JuS	Juristische Schulung (Zeitschrift)
JZ	Juristenzeitung
KG	Kommanditgesellschaft
KGaA	Kommanditgesellschaft auf Aktien
KSchG	Kündigungsschutzgesetz
LAG	Landesarbeitsgericht
Ltd.	Limited
m.Anm.	mit Anmerkung
MarkenG	Markengesetz
MDR	Monatsschrift für Deutsches Recht
Mio.	Million (en)
m.w.N.	mit weiteren Nachweisen
NJW	Neue Juristische Wochenschrift
Nr (n).	Nummer (n)
NZG	Neue Zeitschrift für Gesellschaftsrecht
oHG	offene Handelsgesellschaft
OLG	Oberlandesgericht
OLGZ	Entscheidungen der Oberlandesgerichte in Zivilsachen

续表

PartGG	Partnerschaftsgesellschaftsgesetz
RDG	Rechtsdienstleistungsgesetz
RGZ	Entscheidungen des Reichsgerichts in Zivilsachen (Sammlung)
Rn.	Randnummer
S.	Seite
sog.	sogenannt
SpruchG	Spruchverfahrensgesetz
StBerG	Steuerberatungsgesetz
StGB	Strafgesetzbuch
Tz.	Textziffer
u.a.	unter anderem
UmwG	Umwandlungsgesetz
vgl.	vergleiche
WM	Wertpapier-Mitteilungen (Zeitschrift)
WPO	Wirtschaftsprüferordnung
WpüG	Wertpapiererwerbs-und übernahmegesetz
WRP	Wettbewerb in Recht und Praxis (Zeitschrift)
z.B.	zum Beispiel
ZBB	Zeitschrift für Bankrecht und Bankwirtschaft
ZGR	Zeitschrift für Unternehmens-und Gesellschaftsrecht
ZHR	Zeitschrift für das gesamte Handels-und Wirtschaftsrecht
ZIP	Zeitschrift für Wirtschaftsrecht
ZPO	Zivilprozessordnung

目录

Contents

案例一　为上网更快不惜一切代价

——股东与董事将公司财产低价转让第三人，公司所享有的请求权

案件事实

慕尼黑的畅饮节（Trinkfest）酿造股份有限公司（以下简称B）生产不同的饮料并销售它们。该股份有限公司由拥有75%股份的Klaus Trinkfest（以下简称K）、拥有20%股份的Franziska Trinkfest以及一些拥有小额股份的投资者组成。由于并不持有公司股份的K的妻子Helvetia Trinkfest（以下简称H）希望能够更快地上网，K催促董事会成员Silvia Welsch（以下简称W）将公司以正常交易价格5000欧元新购买的性能卓越的PXY型号的计算机，以2000欧元的价格卖给其妻子。由于W希望保住其在企业中的重要地位，有权独自代理公司的董事会成员W代表B将PXY型号的计算机以2000欧元的价格出售给了H，并向其交付了设备。H并不知晓正常交易价格与价款之间的差额。H支付了价款。W不愿通知监事会和股东大会出售计算机的事情。K向H坦白了他为她所做的事情，即他的行为使得H可以以优惠的价格得到一台性能强劲的计算机。在B的董事会知悉事情经过后，其向K请求返还PXY型号的计算机。K拒绝这一点，因为这是一个完全正常的买卖合同。此外，不是他，而是H买受了PXY型号的计算机。他以H已经支付数额为2000欧元的价格来反驳可能的返还义务。此外，K表示，H已明确拒绝将那时已经放置到H休息室的PXY型号的计算机返还给自己或B，因为使用该计算机上网给她带来了极大的快乐。而且H的休息室只有她自己有钥匙。

B对各参与人享有哪些请求权？

解题结构

I. B对K的请求权

1.《股份有限公司法》第62条第1款第1句、第57条第1款第1句规定的返还

a）股份公司的给付

b）违反本法的规定:《股份有限公司法》第57条第1款第1句

aa）《股份有限公司法》第57条第3款意义上的不被允许的决算盈余（Bilanzgewinn）分配

bb）不被允许的返还出资

（1）没有出资的返还行为

（2）将《股份有限公司法》第57条第1款第1句扩张到任意不适当的财产转移行为上

（a）财产移转行为的适当性

（b）主观要素要求

（c）中间结论

cc）股东作为给付的受领者

（1）向股东自己为给付

（2）被同等对待的案例情况

（a）曾经或未来的股东地位

（b）给付在身份或法律联系方面的可归责性

（aa）向信托设立人（Treugeber）为给付

（bb）向第三人为给付而使股东在经济上受益

（cc）向近亲属为给付

（dd）中间结论

c）法律效果

d）根据《民法典》第275条第1款的规定，返还义务履行不能

e）结论

2.《民法典》第985条规定的返还

a）适用性

b）B的所有权

aa）起初的状况

bb）所有权丧失

c）K是否占有

d）结论

3.《民法典》第812条第1款第1句第1种情形或第2种情形规定的返还

4.《民法典》第280条第1款、第3款，第283条规定的损害赔偿请求权

a）债务关系

b）义务违反

c）应当负责

d）损害

e）《民法典》第249条及以下条文规定的损害赔偿的种类及范围

f）结论

5.《股份有限公司法》第317条第1款第1句规定的损害赔偿

6.《股份有限公司法》第117条第1款第1句及第2句规定的损害赔偿

a）可适用性

b）客观要件

aa）对公司的影响

bb）为支配管理人员而利用影响

cc）董事会成员的行为给公司造成了损害

c）违法性

d）主观要件

e）损害

f）《民法典》第249条及以下条文规定的损害赔偿的种类及范围

g）不存在《股份有限公司法》第117条第7款规定的责任免除事由

h）结论

7.《民法典》第826条规定的损害赔偿

II. B对H的请求权

1.《股份有限公司法》第62条第1款第1句、第57条第1款第1句规定的返还义务

2.《民法典》第985条规定的返还请求权

a）B的所有权

b）H的占有

c）H是否享有《民法典》第986条规定的占有权

d）结论

3.《民法典》第812条第1款第1句第1种情况的返还请求权

4.《股份有限公司法》第117条第3款规定的损害赔偿请求权

a)《股份有限公司法》第117条第1款构成要件的该当性

b）获得利益

c）H是否故意促使施加影响的行为

d）结论

III. B对W的请求权

1.《股份有限公司法》第93条第2款第1句、第3款第1项规定的损害赔偿请求权

a）董事会成员

b）义务之违反

c）过错

d）损害

e）结论

2.《股份有限公司法》第117条第2款规定的损害赔偿请求权

a)《股份有限公司法》第117条第1款第1句构成要件的该当性

b）董事违反了义务

c)《民法典》第249条及以下条文规定的损害赔偿请求权的种类及范围

d）责任未根据《股份有限公司法》第117条第7款的规定被排除

e）结论

3. 根据《民法典》第823条第2款结合《刑法典》第266条第1款享有的损害赔偿请求权

a）保护性法律

b）违反保护性法律

c）损害

d）结论

解答

I. B 对 K 的请求权

1.《股份有限公司法》第 62 条第 1 款第 1 句、第 57 条第 1 款第 1 句规定的返还

【1】根据《股份有限公司法》第 62 条第 1 款第 1 句的规定，公司的股东应当返还因违反《股份有限公司法》的规定而从公司所获得的给付。这里可以考虑的是在违反《股份有限公司法》第 57 条第 1 款第 1 句的情况下而获得型号为 PXY 的计算机。根据该规定，公司不得向股东返还出资。

a）股份公司的给付

【2】由享有单独代理权的 W，将股份公司享有所有权并占有的型号为 PXY 的计算机根据《民法典》第 929 条第 1 句规定方式让与并给付给了 H。

b）违反本法的规定:《股份有限公司法》第 57 条第 1 款第 1 句

aa）《股份有限公司法》第 57 条第 3 款意义上的不被允许的决算盈余（Bilanzgewinn）分配

【3】在《股份有限公司法》中存在广泛的、不以注册资本为限的财产约束（Vermögensbindung）。根据这种观念，在公司解散前仅有向股东分配决算盈余是被允许的（《股份有限公司法》第 57 条第 3 款）。[1] 这以由股东大会作出利润使用的决议为前提。但是，这里并不存在此种决议。因此，根据《民法典》第 925 条第 1 句的规定将计算机的所有权从 B 那里让与 H 并非针对《股份有限公司法》第 57 条第 3 款意义上的决算盈余的分配。因此，这里可能属于不被允许的返还出资（Einlagenrückgewähr）。

bb）不被允许的返还出资

（1）没有出资的返还行为

【4】这里没有实施出资的返还行为。

（2）将《股份有限公司法》第 57 条第 1 款第 1 句扩张到任意不适当的财产转移行为上

（a）财产移转行为的适当性

---

[1] Vgl. dazu auh Windbichler, § 25 Rn. 5, § 30 Rn. 28.

【5】《股份有限公司法》第 57 条第 1 款第 1 句的适用并不取决于，被返还的（财产）是否为《股份有限公司法》第 54 条意义上的出资。因为《股份有限公司法》第 57 条第 1 款第 1 句的文义太过狭隘。重要的仅仅是公司财产在价值上受到的妨害。[2] 公司财产在此范围内是受到约束的，因为这些财产应当被用于实现公司目的。因此，《股份有限公司法》第 57 条第 1 款第 1 句应当扩张到那些违反这一规范目的的给付上。被返还的财产是否限制了原始出资并不重要。因此，《股份有限公司法》第 57 条第 1 款第 1 句也包括所谓的隐蔽的财产转移行为及利润分配行为（Gewinnausschüttung）。尽管如此，并非公司与股东之间的任何法律行为都会导致隐蔽的财产转移。否则的话，公司与股东之间的交易可能会在并无正当理由的情况下被排除。

【6】如果公司的给付对应着股东同等价值，也即经济上相等的对待给付，则股份公司可以与其股东进行交易，就好像与任何第三人交易那样（也请参见《股份有限公司法》第 57 条第 1 款第 3 句后半句）。只有当（公司）财产约束原则因给付与对待给付之间客观上显失比例而受到妨害时，才存在违反《股份有限公司法》第 57 条第 1 款第 1 句规定的隐蔽的财产转移行为。这种显失比例，可以是低于市场价格地将公司的物出售给股东。[3] 这一点并不取决于，公司是否也不会这样与任意第三人缔结交易。

【7】H 在此甚至连 PXY 型号计算机市场价格的一半都没有给付（市场价格：5000 欧元；H 作为价款的给付：2000 欧元）。因此，在公司的给付与股东的对待给付之间存在客观的显失比例。在给付与对待给付之间存在此种显失比例时，存在隐蔽的财产移转行为（利润分配行为）。

（b）主观要素要求

【8】在客观显失比例之外，部分文献要求 [4] 尚需参与人的主观要素，尤其是以公司仅仅因为受领人的股东身份（causa societatis）而有意提出给付的方式。这些因素虽然多数时候并不存在。然而，根据正确的观点，[5] 主

[2] MünchKomm-AktG/Bayer, § 57 Rn. 8; KölnKomm/Lutter, § 57 Rn. 5.

[3] K. Schmidt, § 29 II 2a.

[4] GroßkommAktG/Henze § 57 Rn. 3; Bezzenberger S. 233 f.; Geßler, FS R. Fischer, 1979, S. 131, 136 f.

[5] BGH NJW 1987, 1194, 1195; 1996, 589, 590（两篇文章均为有关有限责任公司）; MünchKommAktG/Bayer § 57 Rn. 57 f.; KölnKomm/Drygala § 57 Rn. 90 ff.; Hüffer/Koch § 57 Rn. 11; Fiedler S. 8 f.

观要素在法律上是不必要的。因为《股份有限公司法》以第 57 条第 1 款第 1 句规定的财产约束原则追求的是客观目的。

（c）中间结论

【9】以 2000 欧元的价格出售并让与市场价值为 5000 欧元的计算机属于隐藏的财产移转行为（利润分配）。不过，除此之外，该行为还必须是使股东受益的隐藏的财产移转行为（利润分配）。

cc）股东作为给付的受领者

（1）向股东自己为给付

【10】股东必须是公司所为给付的受领人。在此这一要件本身并不存在。因为 B 系向 K 的妻子作出给付，与 K 不同，其妻子并未持有 B 的股权。

（2）被同等对待的案例情况

（a）曾经或未来的股东地位

【11】在特定案例中，向第三人为给付将被等同于向股东为给付。如果给付系因为曾经的或将来的股东地位而实施的，即属于此种情况。[6] 然而，基于所给定的事实，H 是否曾是或者将来要成为 B 的股东并不清楚。

（b）给付在身份或法律联系方面的可归责性

【12】如果第三人对给付的受领可以归责于股东，则向第三人所为的给付应当被等同于向股东为给付。

【13】如果在股东与第三人之间存在紧密的身份联系或法律联系（所谓的符合要求的亲密），则向第三人所为的给付可以归责于股东。对此存在以下案例类型。[7]

（aa）向信托设立人（Treugeber）为给付

【14】向信托设立人为给付根据《股份公司法》第 46 条第 5 款的法律思想可以归责为作为信托人（Treuhänder）的股东。[8]

【15】然而，就 K 与 H 之间的信托关系而言，这里尚缺乏事实依据。

（bb）向第三人为给付而使股东在经济上受益

【16】第三人为股东之计算而受领的给付，应如同向股东自身为给付般对

---

[6] BGH WM 2008, 161 Rn. 13; MünchKommAktG/Bayer § 57 Rn. 105; KölnKomm/Drygala § 57 Rn. 119; Hüffer/Koch § 57 Rn. 18; Canaris, FS R. Fischer, 1979, S. 31, 32 f.

[7] 对此详见 KölnKomm/Drygala § 57 Rn. 116 ff. 以及 Hüffer/Koch § 57 Rn. 9。

[8] BGH WM 2008, 161 Rn. 13; BGHZ 107, 7, 12; 31, 258, 266（关于有限责任公司）。

待。[9] 如果第三人作为股东的代理人而受领给付，或公司为履行对股东的债务基于股东的指示而向第三人为给付（《民法典》第 362 条第 2 款），亦是如此。

【17】不过，此处这些要件并未得到满足，因为买卖合同存在于 B 与 H 之间，且 B 系向 H 为给付。

（cc）向近亲属为给付

【18】如果公司因为股东的安排（Veranlassung）而向与其有密切关系的人提出给付，则向该第三人所为的给付应当可以归责于股东。[10] 到目前为止，公司向股东的配偶或未成年子女提出的给付，根据《股份有限公司法》第 89 条第 3 款第 1 句、第 115 条第 2 款的规定系被承认的案例类型。[11] 在隐藏的实物出资上，此种亲密关系仍然是不够的。[12] 因此，在《股份有限公司法》第 57 条上提出更高的要求，比如应该根据代理案例的原则进行归责。[13] 根据这些原则，公司向第三人提出的给付应当归责于股东，该第三人作为股东代理人出现并为自己受领公司提出的给付。

【19】这里 B 系完全基于 K 施加压力的安排而向股东 K 的妻子 H 提出给付。虽然 H 在此并非 K 的代理人而为自己受领给付。不过，K 控制了整个过程，H 只是被蒙在鼓里的买卖合同当事人和给付的受领人。因此，在经济后果上 K 是给付的受领人，因而该给付应当可以归责于 K。

（dd）中间结论

【20】《股份有限公司法》第 57 条第 1 款第 1 句规定的要件具备，因此，公司的给付违反《股份有限公司法》规定的事实成立。

c）法律效果

【21】《股份有限公司法》第 62 条第 1 款设立了股东在《股份有限公司法》上的返还义务（Rückgewähr）。根据该规定，公司的财产应当恢复到如同隐藏的财产移转行为（利润分配行为）不存在时的状态。[14] 这以给付以原状形式被返还为前提，因此负担的并不仅仅是对超额所得的价值补偿。[15] 因

---

[9] OLG Hamburg AG 1980, 275, 278; Hüffer/Koch § 57 Rn. 15.

[10] BGH WM 1957, 61; BGHZ 81, 365 M 368 ff.（关于有限责任公司）。

[11] Hüffer/Koch § 57 Rn. 19.

[12] BGH NZG 2011, 667 Rn.15 a.E.; Hüffer/Koch §57 AktG Rn.19.

[13] Hüffer/ Koch § 57 AktG Rn. 19.

[14] KölnKomm/Drygala § 57 Rn. 133 f. und § 62 Rn. 55 ff.; Hüffer/Koch § 57 Rn. 8；另参见 BGH WM 2008, 161 Rn. 9（关于有限责任公司）。

[15] Hüffer/Koch § 62 Rn. 10；不同意见 K. Schmidt § 29 II 2b，因为财产约束（Vermögensbindung）不是针对特定客体的保持，而是针对价值相当性的维持。

为《股份有限公司法》第 62 条第 1 款第 1 句规定的请求权的股份有限公司法性质,《民法典》第 818 条及以下条文的规定不能适用。隐藏的给付也完全受《股份有限公司法》第 62 条第 1 款第 1 句规定的返还义务调整。然而,在这个方面可以提出的是与《民法典》第 812 条及以下条文规定的清算可能的竞合问题，因为《股份有限公司法》第 57 条属于《民法典》第 134 条意义上的禁止性法律规定。在违反《股份有限公司法》第 57 条时，负担义务和 / 或处分行为是否会发生《民法典》第 134 条规定的无效的法律后果的问题，是有争议的。部分学者认为，不仅负担行为无效，处分行为也是无效的。[16] 其他一些学者则认为仅仅负担行为无效。[17] 联邦最高法院 [18] 以及其他部分学者 [19] 又认为，既非履行行为无效，亦非负担行为无效，而是两种行为均为有效。这种模式是令人信服的，因为《股份有限公司法》第 62 条就违反《股份有限公司法》第 57 条的法律效果包含具有优先性的特别规定。（也请参见《民法典》第 134 条："……如果法律没有另外规定。"）因此，与《民法典》第 812 条及以下条文规定的清算的竞合问题并不存在。K 必须完全根据《股份有限公司法》第 62 条第 1 款第 1 句的规定向 B 返还 PXY 型号计算机。

d）根据《民法典》第 275 条第 1 款的规定，返还义务履行不能

【22】由于 K 不能返还 PXY 型号的计算机，因为 H 拒绝返还，K 因《民法典》第 275 条第 1 款规定的给付不能而免于返还义务。

e）结论

【23】B 对 K 不享有《股份有限公司法》第 62 条第 1 款、第 57 条第 1 款第 1 句规定的返还 PXY 型号计算机的请求权。

2.《民法典》第 985 条规定的返还

a）适用性

【24】《民法典》第 985 条规定的物权请求权不能在《股份有限公司法》第 62 条之外存在，因为处分行为并非无效（参见边码 21）。[20]

---

[16] KölnKomm/Drygala § 57 Rn. 133 f.; GroßKommAktG/Henze § 57 Rn. 203, Strohn S. 24 f.

[17] Geßler, FS Fischer, 1979, S. 131, 142 f.; Flume ZHR 144 (1980), 18, 23 f.

[18] BGH WM 2013, 748 Rn. 12.

[19] MünchKommAktG/Bayer § 57 Rn. 227; KölnKomm/Drygala § 57 Rn. 133 f.

[20] Hüffer/Koch § 62 Rn. 12.

b) B 的所有权

aa ）起初的状况

【25】B 原来应当是 PXY 型号计算机的所有权人。一开始的时候 B 是所有权人。

bb ）所有权丧失

【26】不过，B 可能已经因为根据《民法典》第 929 条第 1 句的规定让与 H 而丧失了所有权。然而，如果《民法典》第 929 条第 1 句规定的让与因违反《民法典》第 134 条的禁止性法律规定而无效，此种所有权丧失即被排除。根据通说，《股份有限公司法》第 57 条属于禁止性法律规定，因为这一规定旨在阻止隐藏的财产移转行为。[21] 对《股份有限公司法》第 57 条的违反也涉及处分行为，而不仅仅是债法上义务，因为隐藏的财产移转行为刚好存在于 B 的给付中，而非存在于给付的单纯允诺中。不过，B 向 H 所为的让与，由 W 代理，虽然违反《股份有限公司法》第 57 条第 1 款第 1 句的规定，但并不根据《民法典》第 134 条无效（参见边码 21）。因此 B 丧失其对 PXY 型号计算机的所有权。进行有关 K 的占有的思考因此也只是辅助性的。

c) K 是否占有

【27】K 并不占有 PXY 型号计算机。确切地说，H 占有该台计算机。她行使单独的占有权。因为 PXY 型号计算机位于 H 的休息室中，休息室的钥匙只有她自己有。

d) 结论

【28】B 不能根据《民法典》第 985 条的规定向 K 请求返还 PXY 型号计算机。

3.《民法典》第 812 条第 1 款第 1 句第 1 种情形或第 2 种情形规定的返还

【29】《股份有限公司法》第 62 条第 1 款第 1 句规定的债权性的返还请求权（Rückgewähranspruch）排斥《民法典》第 812 条及以下条文的规定（参见边码 21、24）。[22] 因此，B 不能根据《民法典》第 812 条第 1 款第 1 句

---

[21] Hüffer/Koch § 62 Rn. 10；不同意见 K. Schmidt § 29 II 2b aa。

[22] BGH WM 2013，748 Rn. 17；GroßkommAktG/Henze § 62 Rn. 9；KölnKomm/Drygala § 62 Rn. 74；Flume ZHR 144（1980），18，27；不同意见 Hüffer/Koch § 62 Rn. 12。

第 1 种或第 2 种情形的规定向 K 请求返还 PXY 型号计算机。B 根据《民法典》第 812 条第 1 款第 1 句第 1 种情形对 K 可能的请求权也不能成立，因为 B 不是向 K 给付，而是出于履行其基于买卖合同产生的假想义务的目的向 H 给付的。

4.《民法典》第 280 条第 1 款、第 3 款，第 283 条规定的损害赔偿请求权

a）债务关系

【30】《股份有限公司法》第 62 条第 1 款第 1 句，其构成要件此处已经具备（参见边码 21），成立了一个法定的债务关系。

b）义务违反

【31】履行从《股份有限公司法》第 62 条第 1 款第 1 句规定的法定债务关系中产生的返还义务（Rückgewährpflicht）对于 K 来说构成《民法典》第 275 条第 1 款意义上的履行不能（参见边码 22）。在这里面 K 存在《民法典》第 280 条第 1 款、第 283 条第 1 句意义上的义务违反。

c）应当负责

【32】K 对于义务违反应当负责是被推定的（《民法典》第 280 条第 1 款第 2 句）。推翻这一推定的事实依据这里并不存在。

d）损害

【33】K 的行为给 B 造成了数额为 3000 欧元的损害，因为 B 就市场价值为 5000 欧元的计算机仅仅获得了 2000 欧元的对待给付。（不过，如果 B 对 H 享有可以履行且可执行 PXY 型号计算机的返还请求权，则 B 的损害即不存在。）

e）《民法典》第 249 条及以下条文规定的损害赔偿的种类及范围

【34】K 必须根据差额说向 B 提供数额为 3000 欧元的损害赔偿。

f）结论

【35】如果 B 对 H 不享有可以履行且可执行的 PXY 型号计算机的返还请求权，B 根据《民法典》第 280 条第 1 款及第 3 款、第 283 条的规定即对 K 享有数额为 3000 欧元的损害赔偿请求权。

5.《股份有限公司法》第 317 条第 1 款第 1 句规定的损害赔偿

【36】《股份有限公司法》第 317 条第 1 款第 1 句构成要件的该当性，

首先以 K 系《股份有限公司法》第 17 条第 1 款意义上的控制企业为前提。所谓企业是指任何股东，而不论其法律形式如何。不过，因为《股份有限公司法》第 317 条第 1 款第 1 句的规范目的，还必须附加其他能够产生现实危险的经济上的利益关联，股东因为此种关联可以对股份公司施加产生不利后果的影响力。[23]

【37】K 并非这一意义上的企业。因为企业资格需要进行积极的认定，积极确认这里是不可能的。《股份有限公司法》第 17 条第 2 款的推定规则仅仅适用于控制要件。

【38】B 对 K 并不享有《股份有限公司法》第 317 条第 1 款第 1 句规定的损害赔偿请求权。

6.《股份有限公司法》第 117 条第 1 款第 1 句及第 2 句规定的损害赔偿

a）可适用性

【39】《股份有限公司法》第 117 条第 1 款第 1 句及第 2 句旨在维护董事会及行政会议（Verwaltungsrat）行为的协调统一、通过损害的填补来保护公司财产以及保护股东不因公司财产需要用于填补损害而遭受损失。[24]它属于侵权法的特别构成要件，旨在阻止可能会对公司产生负面后果的影响措施。[25]《股份有限公司法》第 117 条第 1 款第 1 句及第 2 句不以康采恩的要件为前提。不过，如果因为康采恩责任而应对不利后果进行补偿，《股份有限公司法》第 117 条第 1 款第 1 句及第 2 句规定的责任将因康采恩法上责任的优先性而被排除。不过，根据《股份有限公司法》第 317 条第 1 款第 1 句的规定，K 并不存在康采恩法上的责任，故《股份有限公司法》第 117 条第 1 款第 1 句及第 2 句的规定可以适用。

b）客观要件

aa）对公司的影响

【40】《股份有限公司法》第 117 条第 1 款第 1 句意义上的对公司的影响是指，任何但并非必须是公司法上的影响，此种影响根据股份公司管理

---

[23] BGHZ 135, 107, 113:“严重的担忧”。

[24] Hüffer/Koch § 117 Rn. 1; Windbichler § 27 Rn. 42.

[25] BGH NJW 1992, 3167, 3172.

人员的种类和强度能够促使其作出对股份公司产生损害后果的行为。[26]

【41】这里K持有B 75%的股份，因此在公司里拥有显著的权力地位，借助这种权力地位他能够促使管理人员，如W做出对股份公司产生损害后果的行为。

bb）为支配管理人员而利用影响

【42】利用对公司的影响而支配《股份有限公司法》第117条第1款第1句所列的人员，以该规定的对象人员刚好在其对公司的影响方面受到了《股份有限公司法》第117条第1款第1句所列人员的请求为前提。只要与《股份有限公司法》第117条第1款第1句所列人员的行为具有因果关系，任何形式的利用影响即为已足。上述规定的相对人一同造成《股份有限公司法》第117条第1款第1句所列人员的行为的，即为已足。如同猥琐行为一样，压力或者强制是不必要的。[27]

【43】案例中，K对董事会成员W施加了压力，即将显著的不利后果——失去董事会成员的地位——展现在W的眼前。K的影响也是W的行为的共同原因，因为K已预先威胁，将会使用其公司法上的地位来实现不利后果。

cc）董事会成员的行为给公司造成了损害

【44】董事会成员的行为给公司造成损害的要件具备。因为这里由董事会成员W所实施的《股份有限公司法》第57条第1款第1句意义上的隐藏的财产移转行为总是会给公司造成损害。

c）违法性

【45】违法性并无法从事实性中推得。确切地说，违法性应当积极地予以确定。[28]然而，支配董事会成员实施《股份有限公司法》第57条第1款第1句意义上的隐藏的财产移转行为总是具有违法性。

d）主观要件

【46】《股份有限公司法》第117条第1款第1句的对象人员的行为须为故意。间接故意即为已足。单纯的过失是不够的。

【47】这里K支配W来实施《股份有限公司法》第57条第1款第1

---

[26] Hüffer/Koch § 117 Rn. 3.

[27] Hüffer/Koch § 117 Rn. 4.

[28] KölnKomm/Mertens/Cahn § 117 Rn. 22.

句意义上的隐藏的财产移转行为（利润分配行为）的意图，甚至也是存在的。因此，K 的行为具有故意。

e）损害

【48】K 的行为导致 B 身上产生了数额为 3000 欧元的损害（参见边码 33）。

f）《民法典》第 249 条及以下条文规定的损害赔偿的种类及范围

【49】如果 B 对 H 不具有返还 PXY 型号计算机的可履行且可执行的请求权，则 K 必须赔偿数额为 3000 欧元的损害。

g）不存在《股份有限公司法》第 117 条第 7 款规定的责任免除事由

【50】《股份有限公司法》第 117 条第 7 款规定的责任免除事由这里并不存在。

h）结论

【51】如果 B 对 H 不享有返还 PXY 型号计算机的可履行且可执行的请求权，则 B 根据《股份有限公司法》第 117 条第 1 款的规定对 K 享有支付 3000 欧元的损害赔偿请求权。

7.《民法典》第 826 条规定的损害赔偿

【52】与《民法典》第 823 条第 2 款不同，《民法典》第 826 条可以在《股份有限公司法》第 117 条之外适用。[29]

【53】《民法典》第 826 条规定的要件在此已经具备。因为 K 向 W 施加压力属于违反善良风俗的行为。

【54】如果 B 不对 H 享有 PXY 型号计算机的可履行且可执行的返还请求权，则 B 根据《民法典》第 826 条的规定而对 K 享有支付 3000 欧元的损害赔偿请求权。

II. B 对 H 的请求权

1.《股份有限公司法》第 62 条第 1 款第 1 句、第 57 条第 1 款第 1 句规定的返还义务

【55】这里在构成要件上已经得到满足的《股份有限公司法》第 62 条

[29] Hüffer/Koch § 117 Rn. 14.

第 1 款第 1 句、第 57 条第 1 款第 1 句原则上仅涉及股东的责任。[30] 仅在例外情况下可以根据《股份有限公司法》第 62 条第 1 款第 1 句、第 57 条第 1 款第 1 句的规定提出针对非股东的请求权。例如，由于第三人以前或未来享有股东地位，公司因此向第三人进行给付就属于这种情况。[31] 单纯作为近亲属的地位是不够的（参见边码 19）。[32]

【56】B 根据《股份有限公司法》第 62 条第 1 款第 1 句、第 57 条第 1 款第 1 句的规定对 H 并不享有返还 PXY 型号计算机的请求权。

2.《民法典》第 985 条规定的返还请求权

a）B 的所有权

【57】H 现在是 PXY 型号计算机的所有权人（参见边码 26）。

b）H 的占有

【58】H 是 PXY 型号计算机的占有人（参见边码 27）。

c）H 是否享有《民法典》第 986 条规定的占有权

【59】买卖合同可以提供占有的权利。B 与 H 之间的买卖合同尽管违反了《股份有限公司法》第 57 条第 1 款第 1 句的规定，但并不根据《民法典》第 134 条的规定而无效（参见边码 21）。因此，H 享有占有权。

d）结论

【60】B 根据《民法典》第 985 条的规定对 H 并不享有 PXY 型号计算机的返还请求权。

3.《民法典》第 812 条第 1 款第 1 句第 1 种情况的返还请求权

【61】B 根据《民法典》第 812 条第 1 款第 1 句第 1 种情况而对 H 可能享有的返还 PXY 型号计算机的请求权不能成立。H 因 B 的给付虽然获得了计算机的占有权和所有权。然而，这一点的发生并非没有法律原因，因为买卖合同不因不被允许的抽逃出资（Einlagerückgewähr）而无效（参见边码 21）。

---

[30] BGH AG 1981, 227.

[31] OLG Koblenz AG 1977, 231 f.; OLG Hamburg AG 1980, 275, 278 f.; MünchKommAktG/Bayer § 57 Rn. 105; KölnKomm/Drygala § 57 Rn. 119; Canaris, FS R. Fischer, 1979, S. 31, 32 f.

[32] Hüffer/Koch § 62 Rn. 5.

【62】根据《民法典》第 812 条第 1 款第 1 句第 1 种情况的规定，B 不对 H 享有返还 PXY 型号计算机的请求权。

4.《股份有限公司法》第 117 条第 3 款规定的损害赔偿请求权

a）《股份有限公司法》第 117 条第 1 款构成要件的该当性

【63】《股份有限公司法》第 117 条第 1 款的构成要件已经具备（参见边码 40 及以下）。

b）获得利益

【64】H 必须获得了利益，该利益可以合理解释就违反《股份有限公司法》第 117 条第 1 款而承担的共同责任（Mithaftung）。对此任何形式的利益均可以考虑。[33]H 以低于市场价值 3000 欧元的价格从 B 那里购买了 PXY 型号的计算机。其中存在《股份有限公司法》第 117 条第 1 款意义上的利益。

c）H 是否故意促使施加影响的行为

【65】如果获益人（Nutznießer）故意促使了违反《股份有限公司法》第 117 条第 1 款的行为，则《股份有限公司法》第 117 条第 3 款将提供一个针对其的请求权。发起要比教唆（Anstiftung）轻微一些。不过，获益人必须知悉违反《股份有限公司法》第 117 条第 1 款规定的行为并且希望这一行为发生。[34] 对于损害结果而言过失即为已足。

【66】就本案事实而言，并不存在 H 知悉 K 违反《股份有限公司法》第 117 条第 1 款规定的线索。一方面 H 并不知晓市场上正常价格与买卖价格之间的差额；另一方面 H 直到买卖合同订立且执行后才知晓，K 助了她一臂之力，以便其能够以较低的价格购得一台计算机。这一表述在内容上并不能得出违反《股份有限公司法》第 117 条第 1 款规定的结论，因为这一表述也可能与 K 的某个合法行为相关联。

d）结论

【67】B 不能根据《股份有限公司法》第 117 条第 3 款的规定对 H 享有损害赔偿请求权。

---

[33] Hüffer/Koch § 117 Rn. 11.

[34] MünchKommAktG/Spindler § 117 AktG Rn. 63.

III. B 对 W 的请求权

1.《股份有限公司法》第 93 条第 2 款第 1 句、第 3 款第 1 项规定的损害赔偿请求权

a）董事会成员

【68】W 是董事会成员。

b）义务之违反

【69】因为实施了《股份有限公司法》第 57 条第 1 款第 1 句规定的隐藏的财产移转行为（利润分配行为），W 对 B 实施了《股份有限公司法》第 93 条第 3 款第 1 项规定的违反义务的行为。

c）过错

【70】《股份有限公司法》第 93 条第 3 款第 1 项意义上的违反义务的行为必须因过错而实施。[35] 这里 W 知晓，其以低于市场价 3000 欧元的价格出售 PXY 型号计算机违反了对 B 的义务。因此，W 的行为是故意的，无涉于《股份有限公司法》第 93 条第 1 款规定的注意义务标准。

d）损害

【71】《股份有限公司法》第 93 条第 3 款第 1 项以这一方式确定损害，在隐藏移转的财产客体价值的数额内损害就已经被推定了。因此，无须在考虑可以实现的返还请求权的前提下进行整体财产考察。[36] 尽管如此，《股份有限公司法》第 93 条第 2 款第 1 句、第 3 款第 1 项仍可成立损害赔偿责任。因此，不存在损害的抗辩是重要的。不过，在《股份有限公司法》第 93 条第 3 款第 1 项的情况中，只有当加害人事实上将已取得的财产返还时，损害不存在的抗辩才成立。因为那时《股份有限公司法》第 57 条的保护目的才实现。

【72】以低于市场价 3000 欧元的价格出售 PXY 型号计算机属于隐藏的财产移转行为。由 K 来履行《股份有限公司法》第 62 条第 1 款第 1 句规定的请求权构成《民法典》第 275 条第 1 款意义上的“履行不能”。尽管只要 H 向 B 返还 PXY 型号的计算机，B 这边的损害就将丧失。然而，H 拒绝这样做。

---

[35] Hüffer/Koch § 117 Rn. 55, 68.

[36] KölnKomm/Mertens/Cahn § 93 Rn. 134; Hüffer/Koch § 93 Rn. 68.

e）结论

【73】B 根据《股份有限公司法》第 93 条第 2 款第 1 句、第 3 款第 1 项的规定对 W 享有支付 3000 欧元的损害赔偿请求权。

2.《股份有限公司法》第 117 条第 2 款规定的损害赔偿请求权

a）《股份有限公司法》第 117 条第 1 款第 1 句构成要件的该当性

【74】《股份有限公司法》第 117 条第 1 款第 1 句规定的要件已经具备（参见边码 40 及以下）。

b）董事违反了义务

【75】董事——这里是 W——违反义务的行为已经存在（参见边码 69）。

c）《民法典》第 249 条及以下条文规定的损害赔偿请求权的种类及范围

【76】B 的损害存在于比市场价格低 3000 欧元的售价中。

d）责任未根据《股份有限公司法》第 117 条第 7 款的规定被排除

【77】W 根据《股份有限公司法》第 117 条第 2 款承担的责任并未根据《股份有限公司法》第 117 条第 7 款的规定被排除。

e）结论

【78】只要 B 没有从 H 那里重新获得 PXY 型号的计算机，B 即根据《股份有限公司法》第 117 条第 2 款的规定对 W 享有支付 3000 欧元的损害赔偿请求权。

3. 根据《民法典》第 823 条第 2 款结合《刑法典》第 266 条第 1 款享有的损害赔偿请求权

a）保护性法律

【79】保护性法律，是指任何旨在保护个体的法益不受侵害的法律规范。[37]《刑法典》第 266 条第 1 款旨在为个人免于财产侵害提供保护，因此属于保护性法律。

b）违反保护性法律

【80】在 W 身上《刑法典》第 266 条第 1 款规定的背信（Untreue）要件得到了实现。

---

[37] Palandt/Sprau § 823 Rn. 56.

c）损害

【81】B 的损害存在于比市场价格低 3000 欧元的售价中。

d）结论

【82】根据《民法典》第 823 条第 2 款结合《刑法典》第 266 条第 1 款的规定，B 对 W 享有支付 3000 欧元的损害赔偿请求权。

案例二　价值不菲的海港何去何从

——未经股东大会同意，董事会能否将重要业务从母公司抽离，注入子公司

根据德国联邦法院判例 BGHZ 83，122——*Holzmuüller* 以及 BGHZ 159，30——*Gelatine* 改编而成。

案件事实

Anto Austin（以下简称 A）是注册资本为 320 万欧元的 Holz 股份公司（以下简称 H）的股东，拥有 25 万欧元的出资额。根据其公司章程第 2 条第 1 款的规定，H 的经营对象主要是木材及其他材料转运设备及存储设备的经营，以及木材交易的居间、实施以及融资。此外，章程第 2 条第 2 款第 1 句还授权 H 设立及收购其他企业，以及持有其他企业的股份。根据章程第 2 条第 2 款第 2 句的规定，H 可以将其营业全部或部分让与给这些公司。这一规定旨在使海港的经营从 H 中分离出来，并转变为一家将要新设立的有限责任公司成为可能。在此过程中，H 与海港经营有关的设备资产将要兑换成新成立的有限责任公司的出资份额。在先前处于核心地位的木材商业交易之外，海港经营将发展为一个组织上独立、与木材行业的联系广泛脱钩的企业领域。海港经营将成为 H 最具价值的业务部门。H 的董事会于 2018 年 1 月 4 日成立了港口经营投资股份公司（以下简称 HB），并在不久后以继受 HB 的所有股份为条件将港口营业所有积极财产和消极财产的账面价值（Buchwert）根据章程的规定转入了 HB。H 的木材商业交易适于自己另外一个企业的经营活动并这样被确定了。此外，H 对 Martin 有限责任公司（以下简称 M）拥有 100% 的股权，M 基于收益承受合同

（Ergebnisübernahmevertrag）负有向 H 支付收益的义务。H 表示，其无意增加 HB 的资本，因为这点在经济上已经成多余的了。

A 于 2018 年 2 月 1 日获悉了董事会的措施。他认为未经股东大会的同意而将海港经营分出是无效的。但是，他直到 2019 年 3 月 1 日才通过其律师在管辖的地区法院提起诉讼，并申请法院确认，与海港营业分出有关的所有法律行为（Rechtsakte）无效。作为辅助，A 申请恢复到原有状态（第一个辅助申请）。此外，A 辅助性地申请法院确认，对 HB 中必须以股东大会四分之三的多数同意的所有措施，尤其是 HB 资本额的增加，H 负有义务取得其自身股东大会的同意（第二个辅助申请）。

A 的诉讼请求能否取得成功？

示意图

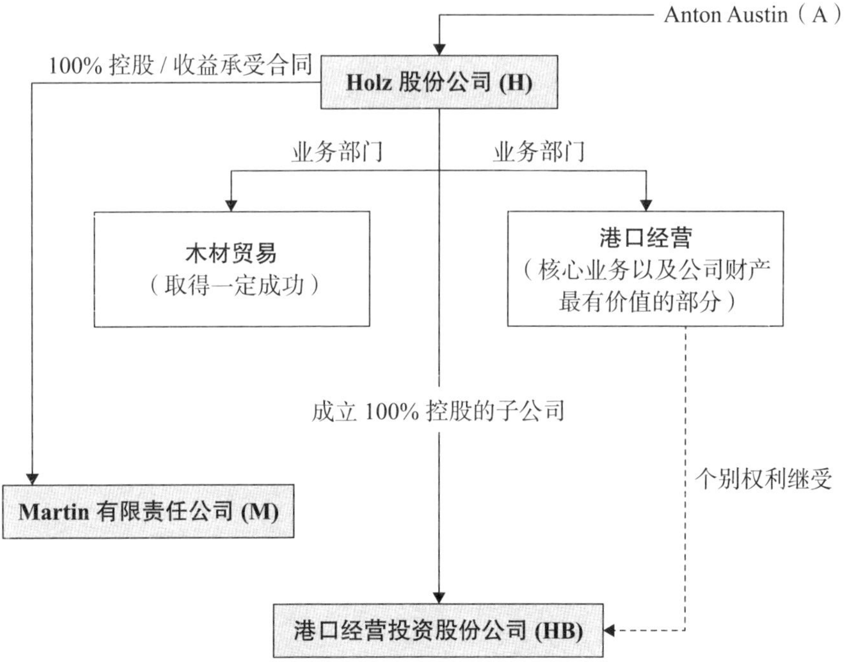

解题结构

I. 主申请的胜诉预期
  1. 容许性
    a）被许可的诉讼种类
      aa）对 A 与 H 之间的法律关系所具有的意义
      bb）对于即刻释明的法律利益
      cc）不存在特别的《股份有限公司法》上的反对事由
      dd）中间结论
    b）法院的管辖权
    c）中间结论
  2. 正当性（Begründheit）
    a）是否违反《股份有限公司法》第 179a 条第 1 款第 1 句
      aa）公司财产是否被整体移转
      bb）公司的重要财产是否被转移
      cc）中间结论
    b）是否准用违反《股份有限公司法》第 179a 条第 1 款第 1 句的规定
    c）是否违反《股份有限公司法》第 179 条第 1 款第 1 句的规定
      aa）章程的修改
      bb）机关是否违反章程（所谓的事实上的章程修改）
      cc）中间结论
    d）是否违反《股份有限公司法》第 119 条第 1 款的规定
    e）是否侵害股东大会的不成文的协作权力
      aa）法律基础
        （1）联邦最高法院的较早判例：《股份有限公司法》第 119 条第 2 款
        （2）文献：准用《股份有限公司法》第 179a 条第 1 款、第 293 条第 2 款、第 319 条第 1 款、第 320 条第 1 款以及《转换法》第 13 条第 1 款、第 125 条
        （3）联邦最高法院后期的判例：公开的法律续造
      bb）要件
        （1）原则：董事会对于业务执行的单独管辖权

（2）例外

（a）学术文献中的保护模式

（b）联邦最高法院的模式

（c）分出作为与变更章程相近的措施

（aa）股东影响的褫夺

（bb）成员权财产价值被抽空的危险

（cc）结论

（dd）中间结论

cc）董事会行为在外部关系中的有效性

3. 结论

II. 第一个辅助请求的胜诉预期

1. 容许性

a）不依赖对董事会采取措施

b）并非对简单的业务经营事务的侵入

2. 正当性

a）A 对 H 回复移转港口营业的请求权

b）请求权的行使是否被滥用

3. 结论

III. 第二个辅助请求的胜诉希望

1. 容许性

2. 正当性

a）子公司里应当以符合要求的多数作出决定的所有措施

b）资本增加

3. 结论

解答

初步思考：由于询问的是诉讼的胜诉前景，故应当叙述可准许性及合理性。为方便起见，胜诉前景应当就三个诉讼申请分别进行叙述。检验因此将分为三个部分。如果主申请已经成立，则在同一判决中不再需要对辅助申请作出裁判。只有当第一个主申请不被允许或不成立时，才需要对第一个辅助申请作出裁判，只有当第一个辅助申请不被允许或不成立时，才需要对第二个辅助申请作出裁判。在需要就所有提出的法律问题发表意见的鉴定书中，这种分层并无意义。在这里所有三个申请的容许性和正当性均应予以检验，而不依赖于各申请的结果。第一个诉讼申请的正当性在这里并不针对请求权的存在。毋宁说要问的是董事会行为的有效性。对此关键是应当作出裁判的行为由董事会还是股东大会管辖。第二个诉讼申请针对的是，A 得否请求恢复原先的状态。在这里应当检验的是，A 对 H 移转回复海港营业的请求权。*

Ⅰ. 主申请的胜诉预期

1. 容许性

a）被许可的诉讼种类

【1】在诉讼的容许性上首先应当检验的是，A 是否有权提起《民事诉讼法》第 256 条第 1 款意义上的确认之诉。

【2】A 的起诉申请不涉及当事人之间的法律关系。不过，《民事诉讼法》第 256 条第 1 款规定的诉讼也可以针对被告与第三人之间存在或不存在某种法律关系的确认，如果（1）这一点同时对当事人相互之间的法律关系也具有意义；（2）原告对于这一问题的即刻释明具有法律上的利益；以及（3）《股份有限公司法》对此类争议的解决并不含有终局性的规定。

aa）对 A 与 H 之间的法律关系所具有的意义

【3】由 A 以起诉所提出的，未经股东大会参与而实施之分立的法律评析（Bestand）问题，涉及 A 作为股东的地位且因此涉及与 H 的法律关系。[1] 因此，A 对分立无效的确认具有自己的利益。

bb）对于即刻释明的法律利益

【4】如果分立行为的无效被法院所确认，应当——尤其是 A 作为股东——可以期待，公司机关能够从中得出必要的结论并消除违法的状态。[2] 否则的话，判决可能会为 A 设立具体的防御权利或者损害赔偿请求权。[3]A 对其所希望的确认具有的《民事诉讼法》第 256 条第 1 款意义上的利益可

---

* 第一个诉讼申请是指主申请，第二个诉讼申请为第一个辅助申请。原文未提及第三个诉讼申请，根据上下文，第三个诉讼申请应是指第二个辅助申请，即确认 HB 公司中需要四分之三多数决的事务时，H 应负有义务取得自己股东大会的同意。——译者注

[1] BGHZ 83，122，126.

[2] BGHZ 83，122，126.

[3] BGHZ 83，122，126.

以从中产生。[4]

cc）不存在特别的《股份有限公司法》上的反对事由

【5】在存在法律上的利益时，即便是股东提起，《股份有限公司法》第241条及以下条文与通常的确认之诉也并不冲突。[5] 如果根本不存在——就像这里一样——根据那些规定可以攻击的决议，其亦适用并且刚好如此。[6] 股东并不被限于，在公司的事务中通过股东大会上的表决权（Abstimmung）来行使其共同话语权（Mitspracherechte）。[7] 如果像这里一样涉及的是法律行为因不被允许地规避股东大会是否无效的问题，这一论点刚好是错误的。等待直至财产损害发生，对股东来说是不可期待的。[8] 根据《股份有限公司法》第117条或第147条向应当承担责任的人主张权利，鉴于其要求较高的构成要件并不确定。根据《股份有限公司法》第122条第1款第1句的规定，成功地请求召集（Einberufung）股东大会必须满足股东的最低人数。此外，此种请求只会导致，申请股东大会对财产移转予以同意（参见《股份有限公司法》第83条）。[9] 不过，刚好这并不是A的请求。如果《股份有限公司法》的法律救济在构成要件上无法适用，实体上成立的法律追究也必须刚好是程序上可能的。[10]

dd）中间结论

【6】股份公司的董事会在进行企业分立时没有取得股东大会的同意，则该股份公司的股东可以提起，该措施因违反《股份有限公司法》的规定而无效的确认之诉。

b）法院的管辖权

【7】根据案件事实，受理法院对A的起诉具有管辖权。

c）中间结论

【8】由A向H提起的确认之诉是被允许的。

---

[4] BGHZ 83, 122, 126.

[5] BGHZ 76, 191, 198; 83, 122, 126.

[6] BGHZ 83, 122, 127.

[7] BGHZ 83, 122, 127.

[8] BGHZ 83, 122, 127.

[9] BGHZ 83, 122, 127.

[10] BGHZ 83, 122, 127.

2. 正当性（Begründheit）

【9】如果港口经营分出到 HB 公司未经股东大会的参与，因违反《股份有限公司法》的规定而无效，A 的主要诉讼请求即应成立。

a）是否违反《股份有限公司法》第 179a 条第 1 款第 1 句

aa）公司财产是否被整体移转

【10】《股份有限公司法》第 179a 条第 1 款第 1 句设立了股东大会对决定是否订立使股份公司负有移转全部公司财产的义务的合同的管辖权。这一规定涉及公司负有移转财产的合同义务，该义务并不适用《转换法（UmwG）》（所谓的资产转让 Asset deal）。《股份有限公司法》第 179a 条旨在保护股东不因公司在未经股东事先意思形成的情况下，放弃构成公司章程所规定活动基础的公司财产而遭受损害。[11] 在此也涉及对不合理合同构建的保护，尤其在向大股东转移财产时。[12] 如果股东大会的管辖权如同《股份有限公司法》第 179a 条第 1 款第 1 句中那样被法律明文规定，从该规定的强行法特性中可以得出结论，章程不能免除对该规定的遵守（《股份有限公司法》第 23 条第 5 款）。

【11】不过，H 所移转的并不是公司的全部财产。木材贸易的业务领域 H 自己仍然继续经营。

bb）公司的重要财产是否被转移

【12】整体的关系中仅仅一些并不重要的单个财产部分被留在公司里的情况，应与全部公司财产移转的情况等同。[13] 哪些重要和哪些不重要的问题，不应当通过价值比较（Wertvergleich）来确定，因为《股份有限公司法》第 179a 条的规范目的（参见边码 10）而应当根据以下标准来确定，公司以继续供自己处分的财产能否继续追求——即便是在限制的范围内——其在公司章程中所确定的当前的经营对象（Unternehmensgegenstand）。[14]

【13】H 保留了木材交易业务，该业务适合并且已经确定用于自己的

[11] BGHZ 83，122，128.

[12] BVerfG ZIP 2000，1670，1672.

[13] BGHZ 83，122，128；MünchKommAktG/*Stein* § 179a AktG Rn. 17；*Hüffer*/Koch § 179a AktG Rn. 4.

[14] BGHZ 83，122，128；*Hüffer/Koch* § 179a AktG Rn. 4；a. A. *Mertens*，FS Zöllner，1998，S. 385，386 ff.

其他企业经营活动。因此，H 并没有因为海港经营业务分离给 HB 而完全失去作为公司章程规定的企业活动（Unternehmenstätigkeit）基础的公司财产。此外还有 H 在 M 中的份额，该份额根据公司章程第 2 条的规定属于 H 的全部财产（Gesamtbild）。就此而言，应当考虑的是这一份额的价值，以及基于结果承担合同而从 M 向 H 输出的收益。最后，H 在 HB 中 100% 的份额应当归属于 H 的财产客体。根据这一事实，H 并没有以使公司无法再实现其公司章程中确定的企业目标的方式将公司财产转移给 HB。

cc）中间结论

【14】违反《股份有限公司法》第 179a 条第 1 款第 1 句的情况并不存在。

b）是否准用违反《股份有限公司法》第 179a 条第 1 款第 1 句的规定

【15】文献[15]中有部分学者主张，在分离公司重要或者甚至是构成企业经营活动重点，但尚未耗尽经营财产（Betriebsvermögen）的独立财产部分时，应当准用《股份有限公司法》第 179a 条第 1 款第 1 句的规定。不过，反对观点认为，立法者区分了全部财产与财产的重要部分［参见《反限制竞争法》（GWB）第 37 条第 1 款第 1 项］。此外，两者的区分问题将导致法律的不安定性。[16]《股份有限公司法》第 179a 条根据其文义、产生历史以及构建（Ausgestaltung）并不适于对康采恩的形成进行控制。

【16】对《股份有限公司法》第 179a 条第 1 款第 1 句规定的准用被排除了。因此，违反《股份有限公司法》第 179a 条第 1 款第 1 句规定的情况并不存在。

c）是否违反《股份有限公司法》第 179 条第 1 款第 1 句的规定

aa）章程的修改

【17】《股份有限公司法》第 179 条第 1 款第 1 句规定了股东大会对于章程修改的管辖权。

【18】这里并没有发生章程修改的情况。

bb）机关是否违反章程（所谓的事实上的章程修改）

【19】如果董事会的行为违反了公司章程，例如董事会通过在企业经营范围之外与公司从事某项活动（所谓的事实上的章程修改），则《股份

---

[15] Vgl. etwa *Timm* S. 115 ff., 165 ff.

[16] BGHZ 83, 122, 129.

有限公司法》第 179 条第 1 款第 1 句规定的适用也是可以考虑的。

【20】然而，H 的公司章程包括以相同的企业经营范围成立从属性的公司如 HB。由于以此种方式创设的新的企业联合并没有改变企业的经营范围，因为 H 与 M 已经形成了一个康采恩。此外，分出如此重要的部分营业如海港也还处于公司章程第 2 条第 1 款的适用范围之内。这一条款的广义理解以及其与同时规定的营业取得（Betriebserwerb）之间的关联表明，“让与（überlassen）”概念不仅涉及在比例上较少见的《股份有限公司法》第 292 条第 1 款第 3 项意义上的“营业转让合同（Betriebsüberlassungsverträge）”，而且刚好也包括将营业财产移转给子公司。[17]

cc）中间结论

【21】违反《股份有限公司法》第 179 条第 1 款第 1 句的情形并不存在。

d）是否违反《股份有限公司法》第 119 条第 1 款的规定

【22】《股份有限公司法》第 119 条第 1 款规定的是股东大会的管辖权。这一规定将股东大会的管辖权限制在特定情形。对于业务经营而言，股东大会原则上没有管辖权。这一点可以从《股份有限公司法》第 119 条第 2 款以及董事会根据《股份有限公司法》第 76 条第 1 款的规定享有自我负责的领导权力中得出。

【23】《股份有限公司法》第 119 条第 1 款规定的情况在此并不存在。不过，值得提出的问题是，股东大会是否享有受到董事侵害的不成文的协作权力（Mitwirkungsbefugnisse）。

e）是否侵害股东大会的不成文的协作权力

aa）法律基础

（1）联邦最高法院的较早判例:《股份有限公司法》第 119 条第 2 款

【24】《股份有限公司法》第 119 条第 1 款规定了股东大会的管辖权。根据该规定（《股份有限公司法》第 119 条第 1 款第 5 项），股东大会尤其对章程的修改具有管辖权。只要法律没有另外规定，其余情况原则上由董事会权衡，他们是否愿意根据《股份有限公司法》第 119 条第 2 款的规定促使股东大会作出决定。股东大会尤其可以通过作出此种决定来减轻其责任（《股份有限公司法》第 93 条第 4 款第 1 句）。即便基础的决定在形式上尚可以被董事的对外代表权、董事会根据《股份有限公司法》第 82 条

---

[17] BGHZ 83, 122, 130.

第 2 款的规定受到限制的业务经营权以及章程的文义所涵盖。不过，如果此种决定对股东成员权的介入过于深入，以致对董事会而言似乎必须排除，董事会得完全由自己承担责任作出此种决定，而不经股东大会的参与，如果董事会不行使《股份有限公司法》第 119 条第 2 款的机会，其即违反了注意义务。那么，也即董事会不仅有权（所谓的 Holzmüller 学说），[18] 也负有义务，根据《股份有限公司法》第 119 条第 2 款的规定促使股东大会作出决定。[19] 对《股份有限公司法》第 119 条第 2 款的参照（Anlehnung）表明，董事会促使股东大会作出决定的义务仅仅涉及与股东大会的内部关系，不过董事会对外不受限制的代理权并不受此影响。[20]

（2）文献：准用《股份有限公司法》第 179a 条第 1 款、第 293 条第 2 款、第 319 条第 1 款、第 320 条第 1 款以及《转换法》第 13 条第 1 款、第 125 条

【25】文献 [21] 中多数人赞同类推适用《股份有限公司法》上关于股东大会参与协作特定措施的全部或单个规定（参见《股份有限公司法》第 179a 条第 1 款、第 293 条第 2 款、第 319 条第 1 款、第 320 条第 1 款以及《转换法》第 13 条第 1 款、第 125 条），可以更容易确定不成文的股东大会管辖权构成要件（tatbestandlich）的案例。不过，反对这种观点的论据有，法律规定的股东大会的协作权力相关案例的法律后果与这里要讨论的案例并不适合。[22] 因为它不仅会排除董事会的业务经营权，也会使董事采取的措施因为欠缺代理权而无效。[23]

（3）联邦最高法院后期的判例：公开的法律续造

【26】因此，联邦最高法院 [24] 现在更倾向以下观点，股东在经营管理措施方面的不成文参与权的基础既不能从《股份有限公司法》第 119 条第 2 款中产生，也不能从法律类推中产生。确切地说，联邦最高法院希望将两种模式的恰当元素——一方面是限制在内部关系上的效力以及另一方面趋向法律确定参与权力的导向——相互结合起来。根据这种观点，股东大会

[18] BGHZ 83，122，131.

[19] Dazu *Windbichler* § 27 Rn. 26 und § 29 Rn. 4 f.

[20] BGHZ 159，30，41.

[21] Vgl. etwa MünchKommAktG/*Kubis* § 119 AktG Rn. 141 ff.

[22] BGHZ 159，30，42.

[23] BGHZ 159，30，42.

[24] BGHZ 159，30，42.

的特别管辖权系产生于"公开的法律续造"。[25]

bb）要件

（1）原则：董事会对于业务执行的单独管辖权

【27】《股份有限公司法》将自我负责的、以客观注意标准为导向的业务执行的权利及义务完全授予董事会（《股份有限公司法》第 76 条第 1 款、第 93 条第 1 款第 1 句）。董事会在其业务执行的行为方面要受制于监事会的监督（《股份有限公司法》第 111 条第 1 款）。相反，对股东大会来说，除法律规定的情况外，则并未规定对于业务执行可施加影响的措施。立法者有意地稀释股东大会的中心地位，因为股东大会可能并不能妥善地履行授予其的任务。[26] 也即股东大会对参与股份公司的领导来说并不合适。[27] 因为股东大会的组成是参差不齐及随机的。此外，股东大会对各将要采取的业务执行措施也往往仅具有较少的关联。股东大会仅仅拥有对"组织机构（Verfassung）"的基本权限。此外，董事在全球相互联结的经济秩序中必须能够灵活地实施行为，即时利用给予的机会或者即时处理面临的危险。如果董事太多受制于并不经常露面，而是通常要花费大量时间及费用召集的股东大会的各事后决定，势必导致公司瘫痪。[28]

（2）例外

【28】从上文叙述的理由中可知，股东大会在董事业务执行措施方面的不成文的参与权仅在非常有限的界限内可以被考虑。[29] 针对特定的侵害，《股份有限公司法》对于控制企业的股东所提供的保护是不充分的。虽然针对基于康采恩的交织产生的法律上或经济上的不利而也向控制企业的股东提供的保护对《股份有限公司法》来说也并不陌生。如果母公司是股份公司或者股份两合公司，则控制合同（Beherrschungsvertrag）或利润转让合同（Gewinnabführungsvertrag）根据《股份有限公司法》第 293 条第 2 款的规定也需要母公司股东大会的同意。不过，这种保护在基于单纯的参股关系而形成的康采恩关系中，如 H 与 HB 之间存在的关系，将难以发挥作用。

---

[25] BGHZ 159, 30, 42.

[26] BGHZ 159, 30, 43.

[27] BGHZ 159, 30, 44.

[28] BGHZ 159, 30, 44.

[29] BGHZ 159, 30, 44.

（a）学术文献中的保护模式

【29】为填补漏洞，部分学术文献主张，[30] 如果股东因从属公司能够改变结构的措施影响，而同时涉及了自己的法律地位，则应当赋予母公司“不成文的参与权力”。因此，在资合公司中，如股份公司——不管那里适用的管辖权规定是否严格——在特定条件下应当“延长”股东在从属企业方面的发言权（Mitspracherechte）。因此，对子公司作出的能够对母公司自身法律地位产生持久影响的重要基础决定，在这些决定于子公司得到实现之前，母公司的股东必须能够在内部以相同形式以及以相同多数参与，就好像相应决定在母公司被规定的那样。[31]

（b）联邦最高法院的模式

【30】联邦最高法院 [32] 将这一模式应用到以下情形：董事会将经营财产中富有价值的部分移转给为此而专门设立的、100% 控制的子公司，并且子公司的法律行为（Rechtsakte）能够对母公司股东的成员权，尤其是财产权利产生持久的负面影响。因为在这种状况下，有必要保护股东免于股东影响力失去直接性（Mediatisierung des Aktionärseinflusses）之虞。（对此也请参见边码 33）。否则董事会可以通过营业的移转轻易将法律所确保的股东在特定重大事项上共同参与权架空。因此，母公司的股东享有请求权，在子公司作出对母公司的法律地位具有重大意义的基础决定时通过股东大会如此参与，就好像是母公司自己的事情一样。这一请求权属于各单个股东对公司的权利。

【31】根据上文的理论，如果经营管理措施涉及股东大会确定公司组织结构的核心权限，各个股东的这一请求权即存在。也即经营管理措施在影响上必须符合能够单独引起章程变更的状态。其前提是，这些措施所包括的领域意义如此重大，会对股东的成员权造成深入的侵害，尤其是在份额所有权（Anteilseigentum）中所体现的成员权财产利益。

（c）分出作为与变更章程相近的措施

【32】对股东权利及利益如此严重的侵害，这种侵害使董事会促使股东大会作出决定变得合理，比如可能将具有重大价值的部分营业如海港营业分

---

[30] *Ulmer* AG 1975, 15 f.

[31] *Timm* AG 1980, 172, 182 ff.

[32] BGHZ 83, 122, 139; 159, 30, 45.

出给一个为此而成立的子公司（这里的 HB）。因为这些措施涉及企业营业活动的核心领域，属于具有重大价值的营业分支，并因此从根本上改变了企业的结构。这些措施因此远远超出了包括成立或收购子公司以及为子公司提供必要资本等在内的企业经营行为的正常框架。对于股东的法律地位来说，此种分出具有重大意义。因为一方面股东丧失了施加影响的权利（股东影响的褫夺，参见边码 33），另一方面存在股东财产价值被抽空的危险（参见边码 38 以下）。

（aa）股东影响的褫夺

【33】股份公司向其子公司移转企业财产的重要部分，则会导致公司结构的改变。即便母公司（这里是 H）持有子公司的所有股份，公司结构改变本身也会削弱股东的法律地位。因为股东可能不再能够在《股份有限公司法》第 119 条为股东大会保留权限的框架内，对现在已经被分出的经营资本的使用、丧失及使用其收益的风险施加直接影响。[33] 也即在 100% 控股的情况下，子企业的所有股东权完全由母公司的董事会行使。因此，对就现已被移转的经营财产的重要决定已经由母公司移转给了子公司，并且母公司股东大会的管辖权被剥夺了。

附论： 在股权占有改变时，褫夺的效果也可能因这里同样会发生的给母公司的股东带来负担的（其他）权力移转而出现。因此，在母公司将子公司改变为孙子公司时就是如此。[34] 这从该措施创造了其他等级层的情况中就已经可以得出。

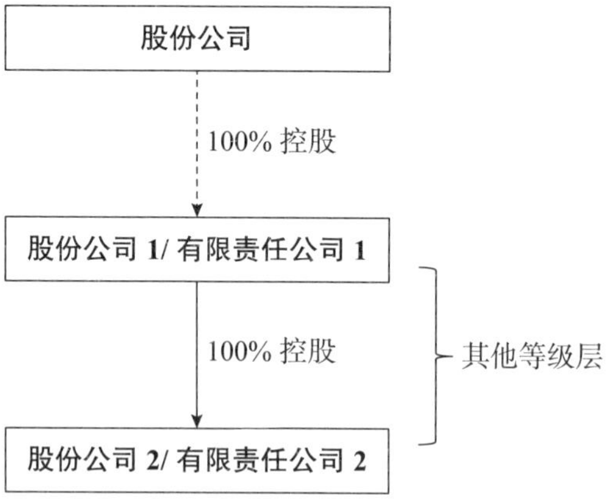

---

[33] BGHZ 83, 122, 136; 159, 30, 40.

[34] BGHZ 159, 30, 41.

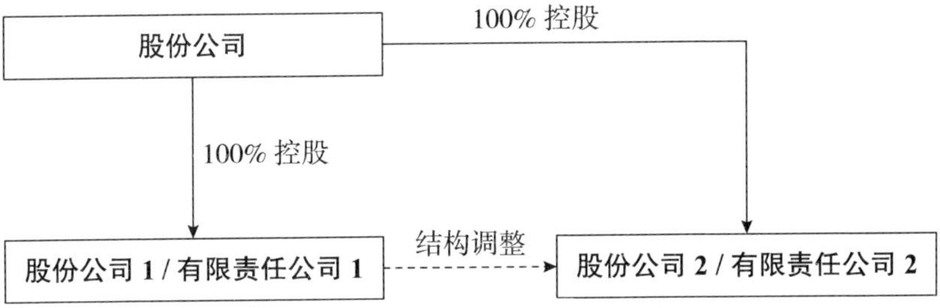

因此，控股母公司及其股东大会对现在已经成为孙子公司的企业利润的使用及其他措施的决定的影响会减轻。因为这孙子公司的领导机关现在不再通过由股东大会控制的母公司董事会，而是从子公司的机关代理人那里获得其行为的框架。孙子公司的董事会则由母公司董事会根据《股份有限公司法》第 76 条予以决定任命。

如果母公司只是将其营业份额从一个 100% 控股的子公司移转给其他同样 100% 控股的子公司，情况则有不同。由于欠缺其他等级层并不产生褫夺的效果。

（bb）成员权财产价值被抽空的危险

【34】存在如下危险，董事会尤其通过与第三人订立企业合同或者通过吸收其他股东——比如在增加资本的过程中——抽空了股东在母公司中的成员权。[35]

（cc）结论

【35】在公司财产的富有价值部分被分出的情况中，股东影响的褫夺以及成员权财产价值被抽空的危险使得股东大会有必要一同参与上述行为。借此股东的正当利益已经预防性地得到了考虑。如果股东完全要依赖因违反义务地行使领导权而对董事会享有的损害赔偿请求权，这种预防性的保护即不存在。

附论 1：这些原则也适用于董事会对股权占有的变动以及将子公司变成孙子公司（参见边码33）的情况，该孙子公司达到了这里需要判断的案件[36]的程度。[37]然而，如果对结构改变的重要指数的经济意义占到母公司资产负债表、自有资本、税前营业额及结果的 30%，就不存在对母公司的股东之成员权如此严重的

[35] BGHZ 83，122，137.

[36] BGHZ 83，122.

[37] BGHZ 159，30，41.

侵入。[38]

附论 2：如果某一业务经营措施例外地应当取得股东大会的事先同意，该同意需要代表注册资本的四分之三的多数。[39] 即使股东大会根据公司章程的规定也可以以简单多数作出所有决议，但仍然需要四分之三的多数。只有当法律强制性另有规定时，情况才有所不同。因此，鉴于对股东成员权可能的妨害程度，章程不能降低对意图措施的同意的比例。确切地说，与《股份有限公司法》第 179a 条第 1 款第 2 款、第 293 条第 1 款第 3 款、第 319 条第 2 款第 3 句等规定的情况并无不同，合格多数的要求是强制性的。

（dd）中间结论

【36】H 的董事会以其行为违反了参与股东大会的内部义务。不过，只有当董事会在本次分出行为上未能有效代理 H 时，将海港分出给 HB 的行为才是无效的。

cc）董事会行为在外部关系中的有效性

【37】违反参与股东大会的内容义务可能会对被 A 指责的措施的有效性产生影响。然而，董事会的代理权根据《股份有限公司法》第 82 条第 1 款的规定仅能由法律予以限制。由于并不存在因相互串通（《民法典》第 138 条第 1 款）或者——对其他当事人可以识别的——代理权的滥用或者与 100% 控股的子公司缔结法律行为而产生的交易保护需要，这一原则的限制被排除了。由 H 向 HB 作出的实物出资允诺构成了关于设立股份公司的合同的组成部分。在这一设立合同被实施以及公司以符合章程的注册资本设立后，H 的出资义务不仅涉及与 HB 之间的关系，也会触及一般的法律交往和公众。[40] 因此，考虑到上述原因（为了保护一般法律交往与公众利益等），不可以宣告将海港经营权出让给 HB 的行为或者 H 对此所应承担的义务无效。

3. 结论

【38】主请求是被允许的，但并不成立。

---

[38] BGHZ 159, 30, 48：“远远低于必要的界限”。

[39] BGHZ 159, 30, 45；*Priester* ZHR 163（1999），187，199 f.；*Joost* ZHR 162（1999），164，172.

[40] BGHZ 83, 122, 132.

II. 第一个辅助请求的胜诉预期

1. 容许性

a）不依赖对董事会采取措施

【39】股东请求将已经分出的营业部分回复移转的诉讼可能在《股份有限公司法》上已经被排除了。因此股东可能要依赖对董事会的诉讼。然而，任何股东，也即包括 A 享有要求公司尊重其成员权的请求权。如果董事会在需要共同参与的决定上排除了股东大会，则公司侵害了这一请求权。[41] 因此，A 不必依赖对董事会提起诉讼。董事会与股东并无直接的法律关系时，更是如此。[42]

b）并非对简单的业务经营事务的侵入

【40】如果并不从事业务经营的股东通过向董事会发出指示或者禁令，亲自介入完全处于董事责任领域的业务经营事务（《股份有限公司法》第 76 条第 1 款），即便这些指示或禁令是针对义务行为的，对不作为或复原行为的股东诉讼原则上即被排除。[43] 因为这些行为可能介入到了《股份有限公司法》的职责分工秩序（参见边码 27）。然而，在这里需要处理的案件中并不属于完全应当由代理机关承担责任的（“日常的”）业务经营措施。确切地说，董事会在应由其一同决定的事务上忽略股东，是有争议的。《股份有限公司法》上的职责分工秩序并不会因允许这样诉讼标的的股东诉讼而受到影响。毋宁说，股东诉讼刚好旨在保持或恢复被董事会侵害的秩序。[44]

2. 正当性

a）A 对 H 回复移转港口营业的请求权

【41】基于其成员权，A 对 H 享有回复移转港口营业的请求权。

b）请求权的行使是否被滥用

【42】A 对回复移转港口营业的请求权不得与权利滥用的抗辩相冲突。[45]

---

[41] BGHZ 83, 122, 134.

[42] BGHZ 83, 122, 134.

[43] BGHZ 76, 160, 167 f.; 83, 122, 134（zur KG）.

[44] BGHZ 83, 122, 134.

[45] 关于撤销权滥用的进一步介绍参见 *Windbichler* § 29 Rn. 52 f.。

因为股东这边对公司负有顾及其利益的义务。[46] 因此，股东必须无不合理迟延地行使其请求权。如果股东大会同意了董事会的措施，并且决议违反法律或者章程或者以获得不被允许的特别利益为目的（《股份有限公司法》第 243 条第 2 款第 2 种情况），则应当注意《股份有限公司法》第 246 条第 1 款意义上的 1 个月的期限。

【43】在本案中 A 知悉相关情况和提起诉讼之间已经超过一年。这样的时间段似乎属于不合理的迟延，并属于 A 违反顾及公司利益的义务。因此，A 行使请求权的行为属于滥用权利。因此，A 对 H 虽然享有回复移转港口营业的请求权，但其与权利滥用的抗辩相冲突。

3. 结论

【44】第一个辅助请求权是允许的，但并不成立。

III. 第二个辅助请求的胜诉希望

1. 容许性

【45】诉讼的容许性存在。《民事诉讼法》第 256 条的要件具备。子公司资本增加是否已经作出决议或者即将作出决议，并不重要。H 目前并非旨在增加资本的保险，亦是如此，因为他们在经济上是多余的。因为这一点可以在任何时候毫无例外地改变，并且 A 重新提起诉讼已经太迟了。因此，A 对此具有值得保护的利益，现在就已经需要在诉讼中释明 HB 中增加资本需要取得（股东大会）同意的问题。[47]

2. 正当性

【46】第二个辅助请求成立的前提是，各个股东如这里的 A 对公司享有参与特定决定的请求权。这样的请求权存在（参见边码 35）。不过，有问题的是其范围如何。

a）子公司里应当以符合要求的多数作出决定的所有措施

【47】第二个辅助请求的成立以董事会的这一义务为前提，在子公司中应当以符合要求的资本多数作出决定的所有措施上，取得母公司股东大

---

[46] BGHZ 83，122，135.

[47] BGHZ 83，122，142.

会的同意。在这些决议上通常涉及对母公司股东具有特别意义的事务。对于企业协议、增加资本、根据《股份有限公司法》第179a条将公司财产移转给他人或者解散决议（《股份有限公司法》第262条第1款第2项、第289条第4款），尤其如此。不过，也存在一些并不重要的或者根本不会对母公司及其股东的法律及经济关系产生影响的章程修改。属于此类的有住所迁移或者商号变更等。在此无需考虑对董事会自我负责的领导权力的侵入（《股份有限公司法》第76条第1款）。[48]

【48】只要A申请，子公司里应当以符合要求的资本多数作出决定的所有措施都应当取得母公司股东大会的同意，诉讼因为范围太过广泛的申请而不能成立。

b）资本增加

【49】董事会可能存在义务，在子公司增加资本时取得母公司股东大会的同意。在这些决议上总是涉及对股东具有特别意义的事务。因为在因重要营业之部分的分出而产生的子公司中资本的增加可能会间接妨害母公司股东的成员权，尤其是导致母公司股东股权价值的稀释以及母公司股东的收益权被掏空。[49] 资本增加因此是母公司可能负有义务取得股东大会同意的主要情况（参见边码34、47）。[50] 因此必须留待目前尚未参与的H的股东大会来决定，H是否应当在这些条件之下在HB中实施资本增加的行为，以及董事会是否应当排除H的收益权以及是否应准用《股份有限公司法》第186条第1款、第2款以及第5款的规定授予H的股东收益权。[51] 对于根据这些规定必要的同意决议，应当注意在H根据《股份有限公司法》第182条及以下条文相应措施上适用的规则和多数。[52] 由于H的董事会没有这样做，第二个辅助请求在此范围内成立。

3. 结论

【50】第二个辅助请求是被允许的，且部分能够成立。

---

[48] BGHZ 83, 122, 141.

[49] BGHZ 83, 122, 142.

[50] BGHZ 83, 122, 142.

[51] BGHZ 83, 122, 143.

[52] BGHZ 83, 122, 144.

案例三　全球化不仅是朋友

——个别股东在股东大会上的权利受限，能否成为否定股东大会决议效力的理由

案件事实

Anderl股份有限公司（以下简称A公司）是一家汽车生产企业。该公司的经营业务包括研发制造与销售汽车。根据公司章程，A公司还可以设立、并购与参股其他公司。在全球化背景下，更加强大的公司集团联盟成为趋势。因此，在征得监事会同意的情况下，A公司的董事会决定参股竞争对手Bunte股份有限公司（以下简称B公司）。

2019年7月10日，在监事会主席Carl Canton（以下简称C）的召集下，召开了股东大会。在股东大会上，董事会与监事会提议：A公司董事会将有权，通过发行新股票（以获取现金或实物出资）的形式增资，使股本从现在的1500万欧元增至2000万欧元。此外，董事会将有权排除A公司股东的优先认购权。因为只有这样，A公司董事会才能以换股的方式入股B公司（即将A公司新股作为出资，提供给B公司股东，以换取B公司股东所拥有的B公司股票）。董事会以书面的形式通报了上述提议，并将该通报在会上分发给A公司股东。但是董事会在通报中只是大致描述了该参股计划，并且该通报并未随股东大会邀请函一起发出。参股B公司的计划事实上有利于A公司的公司利益，并且换股也是参股B公司的唯一途径。

在董事会介绍完参股计划后，股东有权对此发表自己的意见。由于有许多股东对此有建议，并且仍然有许多会议议程有待处理，因此C将发言时间限定为20分钟（如此才能在当天结束股东大会）。股东Dieter

Dorn（以下简称 D）持有价值 5000 欧元的股票，其占比仅为股本的 0.03%。D 在会上获得发言权。由于 D 为坚定的全球化反对者，出于愤怒他强烈地反对该参股计划，并且漫无目的地闲扯关于全球化的议题。因为 D 一再重复关于全球化的问题，并且偏离了议题，所以 C 提醒了 D，并再给予其 5 分钟发言时间。由于 D 在 5 分钟后仍然言辞激烈地喋喋不休，于是 C 要求保安将 D 带出会场。D 对此并未反抗，而会场中也没有引起骚动。进而，C 要求 D 至股东大会结束为止不得再进入会场。为此，C 询问在场的其他股东是否同意该（限制 D 进入会场的）举措。最终，89% 的股东同意了该举措。在进行完"参股 B 公司"的讨论后，股东大会以 78% 的多数同意了 A 公司董事会所提出的"增资以及排除股东优先认购权"的提案。

2019 年 8 月 1 日，D 通过其律师向公司所在地的联邦州法院提起了撤销之诉，并要求法院确认发言时间限制、被要求强制离开会场以及其他股东同意自己被驱赶的决定无效。因为这些行为导致了其公司成员权被无理损害。此外，他还要求法院确认，股东大会授权董事会增资与排除股东优先认购权的决议无效。因为他对于该议案并未充分发表自己的意见，并且他也未能行使自己的投票权，而且排除股东优先认购权也与参股 B 公司的事项并无瓜葛。A 公司在 2019 年 8 月 15 日收到了法院的诉状，并决定由董事会与监事会代表出庭。

在法院开庭之前，D 向 A 公司的董事会建议，自己愿意撤回该诉讼，但是 A 公司必须承担诉讼费用，并且 A 公司也必须以 25 万欧元的价格回购 D 所持有的股票。

1. D 的诉讼是否会成功？

2. 对于董事会而言，有哪些行为可做？

贴士：不必探讨资本市场法的问题。

解题结构

问题 1

I. 诉讼的可行性

1. 反对股东大会主持者的行为

a）诉讼类型的可行性

aa）根据《股份有限公司法》第 243 条（与之后条款），撤销之诉

bb）根据《民事诉讼法》第 256 条第 1 款，一般确认之诉

b）权利保护的必要性

c）小结

2. 反对股东们赞同 C 的举措

a）诉讼类型的可行性

b）权利保护的必要性

3. 反对股东大会授权董事会处理增资与排除股东优先认购权事宜的决议

a）诉讼类型的可行性

b）民事诉讼程序的开端

c）有管辖权的法院

d）根据《股份有限公司法》第 246 条第 2 款第 1 句，正确的被告

e）根据《股份有限公司法》第 246 条第 2 款第 2 句，股份有限公司的诉讼能力

f）权利保护的必要性

g）《股份有限公司法》第 245 条所规定的撤销权

h）《股份有限公司法》第 246 条第 1 款所规定的撤销期限

4. 小结

II. 诉讼的合理性

1. 根据《股份有限公司法》第 241 条，决议的无效性问题

a）并未排除审查无效理由的可能性

b）无效理由

2. 根据《股份有限公司法》第 243 条，决议的可撤销性问题

a）《股份有限公司法》第 243 条第 1 款、第 118 条第 1 款第 1 句与第 134 条第 1 款所规制的限制参与权、发言权与投票权

aa）法律基础与评判标准

bb）发言权

（1）形式上的合法性

（2）实质上的合法性

（a）总共发言时间限制

（b）限制 D 的额外发言时间

(c)收回发言权

(3)小结

cc)参与权

(1)形式上的合法性

(2)实质上的合法性

(3)小结

dd)投票权

ee)因果关系或违法的关联性

(1)观点1:潜在的因果关系

(2)观点2:关联性

b)根据《股份有限公司法》第243条第1款、第203条第1款第1句、第186条第3款与第4款,授权董事会增资与排除股东优先认购权

aa)形式上的合法性

(1)必要的多数决

(2)《股份有限公司法》第186条第4款第2句所规定的股东大会的通报

bb)实质上的合法性

(1)排除股东的优先认购权

(a)《股份有限公司法》第186条第3款第4句所规定的实质上的合法性

(b)其他的实质合法性

(2)就增资的事宜,以资本的授权来排除股东优先认购权

(a)形式上的合法性

(b)实质上的合法性

(3)小结

3.《股份有限公司法》第245条所规定的撤销权

a)《股份有限公司法》第245条第1项

aa)没有反对

bb)反对的非必要性

cc)C要求D离开会场的合法性

b)《股份有限公司法》第245条第2项第1种情形

aa)不合法地禁止参加股东大会

bb）不合法地要求股东离开会场

（1）与非法禁止参加股东大会相同

（2）要求股东离开会场的不法性

c）没有滥用撤销权

aa）股东自我利益的无关性

bb）出于自私目的的法律救济

d）小结

4. 撤销期限

III. 结论

问题 2

I. 在撤销之诉中，提出公司章程变更登记

II. 根据《股份有限公司法》第 244 条第 1 句，作出确认决议

III. 在撤回诉讼的前提下，向 D 支付其所要求的金额

1. 是否违背同等对待原则

2. 根据《股份有限公司法》第 62 条第 1 款第 1 句、第 57 条第 1 款第 1 句，禁止出资返还

a）《股份有限公司法》第 57 条第 1 款第 1 句所规定的构成要件

aa）股份有限公司的给付

bb）违背《股份有限公司法》第 57 条第 1 款第 1 句

（1）不存在《股份有限公司法》第 57 条第 3 款所规定的合法分配盈余

（2）非法的出资返还

（a）不可出资返还

（b）扩展运用《股份有限公司法》第 57 条第 1 款第 1 句于不合理的资产转移

（aa）资产转移的合理性

（bb）主观要件的必要性

b）董事会的行为

解答

问题 1

I. 诉讼的可行性

1. 反对股东大会主持者的行为

a) 诉讼类型的可行性

【1】对于诉讼类型可行性的问题，关键在于 D 的权利保护目的为何。D 申请确认股东大会主持者 C 的行为无效（限制反言时间与要求 D 离开会场）。

> **提示：**在此所讨论的是 D 诉讼的可行性与合理性。对于诉讼可行性而言，首先的问题在于 D 所提起的撤销之诉是不是一种符合 D 权利保护目的的诉讼类型。在此需要区分 C 的行为（限制反言时间与要求 D 离开会场）、股东票决同意要求 D 离场与作出决议授权董事会处理增资与排除股东优先认购权事宜的差异。而在确认诉讼类型可行性时，需要区分无效的决议与可撤销的决议，这是因为决议可能存在不同程度的瑕疵[1]。此外，还存在效力待定的决议。就无效决议而言，是决议的瑕疵非常严重，导致了决议应依法无效。而无效的理由在《股份有限公司法》第 241 条中有明确的规定。对于无效决议存在法律救济方式。根据《股份有限公司法》第 249 条第 2 款，可以由该条款所规定的个人提起无效之诉。对于第三者而言，可以依据《民事诉讼法》第 256 条第 1 款提起一般的确认之诉，只要其存在相关的确认利益。而一个单纯的可撤销决议为，一份决议违背了法律或公司章程的规定（即所谓存在决议瑕疵），这种瑕疵虽然不会造成决议无效，但又不仅仅是违背了那些可有可无的规定。可撤销的决议在判决撤销之前都是有效的[2]。对于撤销之诉的法律救济是根据《股份有限公司法》第 243 条（与之后条款）对决议提起撤销之诉。因为成功的诉讼将会使得股东大会决议无效化，从而改变实体权利，因此撤销之诉是形成之诉[3]。而效力待定的决议是其效力有待公司、第三方或者政府机关的同意。在获得这些同意之前，决议存在一定的缺憾，但是在满足某些前提条件后可以将这些缺憾消弭。对于效力待定的决议可以根据《民事诉讼法》第 256 条第 1 款提起一般确认之诉。就决议的缺憾而言，需要区分投票的无效性与投票的效力待定。如果投票的效力待定是由于票决缺少足够的多数票所造成的，那么这样的瑕疵又可以成为可撤销的理由。

---

[1] K. Schmidt § 15 II 1c.

[2] K. Schmidt § 15 II 1b dd.

[3] Hüffer/Koch § 246 AktG Rn. 8.

aa）根据《股份有限公司法》第 243 条（与之后条款），撤销之诉

【2】限制发言时间与强制要求离开会场并不是由股东大会所决定的。而是作为股东大会主持者的 C 所做出的行为。因此这仅仅是 C 维持秩序的行为。而《股份有限公司法》第 243 条（与之后条款）所规定的撤销之诉需要以股东大会决议为对象。因此，撤销之诉不能仅仅因为 C 要求 D 离开会场的举措而提起[4]。同样，这也适用于限制发言的问题上（C 限制发言时间为 20 分钟）[5]。

bb）根据《民事诉讼法》第 256 条第 1 款，一般确认之诉

【3】根据《民事诉讼法》第 256 条第 1 款，D 可以针对 C 的行为提起一般确认之诉。

b）权利保护的必要性

【4】D 对 A 公司提起确认股东大会主持者的行为无效之诉，缺乏权利保护的必要性。因为一方面，这不涉及当下的权利关系。另一方面，对于 C 维持秩序行为的问题应包含在撤销决议问题中（《股份有限公司法》第 245 条所规定的诉讼权）予以评判[6]。因此，D 不能仅仅因为反对 C 的行为而提起诉讼。

c）小结

【5】如果 D 只是想要确认股东大会主持者 C 的行为无效，那么该诉讼就不可行。

2. 反对股东们赞同 C 的举措

a）诉讼类型的可行性

【6】C 询问股东是否同意其对 D 所采取的措施，由于这属于股东大会主持者的权利范畴，因此股东对此所做的决定只是没有约束力的意见表达[7]。因而对此也不能以无效之诉或撤销之诉的形式提告。据此，也只能依照《民事诉讼法》第 256 条第 1 款的规定提起一般确认之诉。

---

[4] BGHZ 44, 245, 250.

[5] Hüffer/Koch § 129 AktG Rn. 24.

[6] BGHZ 44, 245, 250.

[7] BGHZ 44, 245, 248.

b）权利保护的必要性

【7】D 对 A 公司提起确认股东赞同股东大会主持者的决定无效的诉讼，缺乏权利保护的必要性。因为其中不涉及当下的权利关系。

3. 反对股东大会授权董事会处理增资与排除股东优先认购权事宜的决议

a）诉讼类型的可行性

【8】股东大会通过决议授权公司董事会处理公司增资与排除股东优先认购权事宜（参见《股份有限公司法》第 182 条第 1 款第 1 句）。因此，可以根据《股份有限公司法》第 243 条（与之后条款）提起撤销之诉与根据《股份有限公司法》第 249 条提起无效之诉。

【9】D 提起的是撤销之诉，他选择了正确的诉讼类型。

b）民事诉讼程序的开端

【10】根据《法院组织法》第 13 条的规定，民事诉讼程序已经开始。

c）有管辖权的法院

【11】公司所在地的中级法院（商事庭，《法院组织法》第 95 条第 2 款第 1 项），根据《股份有限公司法》第 246 条第 3 款第 1 句与第 2 句的规定，是具有管辖权的法院。

d）根据《股份有限公司法》第 246 条第 2 款第 1 句，正确的被告

【12】根据《股份有限公司法》第 243 条（与之后条款），撤销之诉应对正确的被告提告。对不是《股份有限公司法》第 246 条第 2 款第 1 句中所规定的个人提起撤销之诉是不行的，并且由于该个人缺乏消极资格而不合理[8]。根据《股份有限公司法》第 246 条第 2 款第 1 句，应对公司提起诉讼。

【13】正确的被告应是 A 公司。D 对 A 公司提起了诉讼，因此被告正确。

e）根据《股份有限公司法》第 246 条第 2 款第 2 句，股份有限公司的诉讼能力

【14】在股东之诉中，董事会与监事会代表公司参加诉讼（《股份有限公司法》第 246 条第 2 款第 2 句）。这样的双重代表制可以有效地避免董事会或监事会任何一方滥用权利（《民事诉讼法》第 288 条所规定的法庭

---

[8] Hüffer/Koch § 246 Rn. 4.

上自述与《民事诉讼法》第 307 条所规定的承认）造成公司利益受损[9]。

【15】因为董事会与监事会同时代表 A 公司参加诉讼，因此《股份有限公司法》第 246 条第 2 款第 2 句所要求的双重代表制已经得到满足。

f）权利保护的必要性

【16】因为撤销之诉是一种（法定的）由法院调控公司机关行为的法律救济手段，所以撤销之诉不以必须具备权利保护的必要性为前提。而且权利保护必要性也只有在特殊情况（例如股东大会事后作出无瑕疵的决议确认函）下才不存在。在本案中，并未给出关于特殊情况的细节。

g）《股份有限公司法》第 245 条所规定的撤销权

【17】《股份有限公司法》第 245 条所规定的撤销权，在撤销之诉被滥用的情况下才会被剥夺。谁滥用了权利，谁也就失去了权利。而在本案中也存在这种权利被滥用的情况，因为 D 向 A 公司提出了以 25 万欧元的价格回购他的股票，而事实上他的股票市价才 5000 欧元。这就意味着，D 想利用撤销之诉从公司处获得（不当的）好处。而《股份有限公司法》第 245 条所规定的撤销权作为股东的主观权利，使用该权利也必须具备合理性的前提要求[10]。因此，撤销之诉是否被滥用的问题也需要从合理性的角度予以评判[11]。尽管有部分学者对于撤销之诉是否被滥用的问题，只从权利保护必要性角度与诉讼可行性角度进行评判[12]，但这种观点是不正确的，因为在是否滥用撤销之诉的问题上，不仅涉及原告是否滥用了权利保护的机会，也涉及他是否滥用了（根据《股份有限公司法》第 245 条所规定的）撤销权（这会引起法律形成的实体权）[13]。

h）《股份有限公司法》第 246 条第 1 款所规定的撤销期限

【18】《股份有限公司法》第 246 条第 1 款所规定的为期 1 个月的撤销期限（就和《股份有限公司法》第 245 条所规定的撤销权一样）并不是是否准许诉讼的条件，而是论证诉讼请求是否成立的条件。

---

[9] Hüffer/Koch § 246 Rn. 16 f.

[10] Hüffer/Koch § 245 Rn. 2.

[11] BGH AG 1992, 448, 449; Hüffer/Koch § 245 Rn. 30.

[12] OLG Karlsruhe WM 1991, 1755, 1757; GroßkommAktG/K. Schmidt § 245 Rn. 75 f.; Teichmann JuS 1990, 269, 271.

[13] Hüffer/Koch § 245 Rn. 30.

4. 小结

【19】D 所提起的诉讼，仅能针对股东大会决议授权董事会处理增资与排除股东优先认购权的事宜。

II. 诉讼的合理性

1. 根据《股份有限公司法》第 241 条，决议的无效性问题

a）并未排除审查无效理由的可能性

【20】尽管 D 所提起的是撤销之诉，但是支撑撤销之诉的论证中不仅可以有可撤销理由，也可以有无效理由。因为撤销之诉与无效之诉都是为了相同的目的，它们针对的都是相同的诉讼标的[14]。而该诉讼标的就是，关于股东大会决议是否由于决议对象或决议内容或决议流程违反了法律或公司章程而无效的问题[15]。在决议产生过程中，所有情况都构成相关事实[16]。因此，撤销之诉与无效之诉都遵从相同的目的。而诉讼的合理性可以从无效理由或可撤销理由中推得。

【21】尽管有部分学者认为[17]，诉讼标的中蕴含着原告的自我意愿（原告希望弄清楚股东大会决议是否无效的缘由），应予以尊重。但是这样的细分将会阻碍总体评判股东大会决议，并会导致法律的不确定性[18]。

【22】由于总体评判股东大会决议的无效理由或可撤销理由与诉讼申请无关，因此无效理由与可撤销理由都可以作为论证 D 诉讼合理性的依据。

b）无效理由

【23】《股份有限公司法》第 241 条的无效理由在本案中并不存在。

2. 根据《股份有限公司法》第 243 条，决议的可撤销性问题

【24】当股东大会决议有违法律或公司章程时（《股份有限公司法》第 243 条第 1 款），针对股东大会决议的撤销之诉即为合理。这样的可撤销理由可能是违反了程序性规定，也可能是违反了实体法。

---

[14] BGHZ 152, 1, 5.

[15] BGHZ 152, 1, 5.

[16] BGHZ 152, 1, 5.

[17] MünchKommAktG/Hüffer/Schäfer § 246 Rn. 20; Bork ZIP 1995, 609, 612 f.

[18] BGHZ 152, 1, 5 f.

a)《股份有限公司法》第 243 条第 1 款、第 118 条第 1 款第 1 句与第 134 条第 1 款所规制的限制参与权、发言权与投票权

aa）法律基础与评判标准

【25】根据《股份有限公司法》第 118 条第 1 款第 1 句，股东可在股东大会上就公司事宜行使自己的权利，只要法律并未对此进行限制。《股份有限公司法》第 118 条第 1 款第 1 句所涉之权利包括参与权、投票权［《股份有限公司法》第 12 条、第 133 条（与之后条款）］、提交申请权、反对申明权（《股份有限公司法》第 245 条第 1 项）、信息权（《股份有限公司法》第 131 条）、股东大会议题探讨权（《股份有限公司法》第 120 条第 3 款、第 124 条第 4 款第 2 句）。而最后一项权利也就衍生了所谓的股东的发言权[19]。限制股东参与权需要有实质性理由。在限制股东参与权时，需要考虑合比例性问题，并应遵循《股份有限公司法》第 53a 条的规定。股东大会主持者采取维持会场秩序措施时，应遵循以下守则：①该措施是为了维持股东大会秩序所必须采取的（实质性理由）；②应维持合比例性准则；③遵守《股份有限公司法》第 53a 条的规定[20]。

【26】对于是否存在实质性理由，可以分为以下几种情况。如果股东①不受参与权的约束；②事实上超越了参与权的界限；或③尽管仍然处于参与权的界限中，但是股东大会却无法在法定期限内完成其应完成的任务，那么也就存在实质性理由[21]。由于限制参与权将会严重地影响股东的成员资格，因此对于这种限制也存在严格的要求[22]。因为股东一般只能在股东大会上行使自己大部分的公司成员权。而限制股东发言、收回股东的发言权与从会场驱赶走股东都会严重侵犯股东的参与权。在被驱赶的情况下，股东还会失去投票权。因为股东大会主持者有义务对股东大会事务与行进负责，于是也就产生了主持者的权利与约束[23]。股东大会主持者有权采取任何措施保证股东大会顺利有序地进行[24]。

---

[19] BVerfG WM 1999, 2160, 2161; BGH NJW 1971, 2225.

[20] BGHZ 44, 245, 251 ff.; Hüffer/Koch § 129 AktG Rn. 27.

[21] GroßkommAktG/Mülbert Vor §§ 118–147 Rn. 137 ff.

[22] BGHZ 44, 245, 255.

[23] BGHZ 44, 245, 248.

[24] BGHZ 44, 245, 248.

bb）发言权

【27】法律并未明确规定可以限制发言权，但是发言是股东大会的一部分，因此为了股东大会的有序进行可以进行一定的限制。

（1）形式上的合法性

【28】股东大会主持者有权控制发言时间[25]。这就包括控制整体发言时间与每个股东单独发言时间[26]。因为股东大会主持者需要保证股东大会能顺利有序完成，所以他也有权收回发言权[27]，而不必征得股东大会的同意。

【29】C首先确定了总共发言时间，规定了D的发言时间，并最终收回了D的发言权。因此C的这些行为形式上是合法的。虽然C还就对D采取措施事宜，额外地（以股东大会决议的方式）征得了各位股东的同意。而这样的举措也是合法的，因为这样主持者可以确保股东大会对此的态度[28]。C有权采取措施，并实际上也使用了该权限[29]。

（2）实质上的合法性

（a）总共发言时间限制

【30】股东大会主持者为了能够合理有序地处理与展开股东大会议题，可以采取各类措施，其中就包括限制总共发言时间[30]。因为股东大会不能过于冗长。当股东大会上有太多的举手发言而不加以限制时，就会造成无法按期结束所有的议程，因此限制发言时间很重要。这种情况表现为，股东大会拖延进行了10—12个小时（包括一般休息时间）。

【31】对于C规定总共20分钟的发言时间，是具有实质性理由的（尽管有很多人举手申请发言）。此外，这样的发言时间也并不是不合理的短，因此也就不存在对D发言权的严重侵犯。有部分学者[31]甚至认为发言时间不应超过15分钟。因此，由C所规定的20分钟发言时间实质性合法。

---

[25] 对于股东大会主持者的职能参见 Hüffer/Koch §129 AktG Rn. 23 f.。

[26] BGHZ 44，245，248：赞同限制单个股东的发言时间；MünchKomm-AktG/Kubis § 119 AktG Rn. 161.

[27] BGHZ 44，245，248.

[28] BGHZ 44，245，248.

[29] BGHZ 44，245，248.

[30] Hüffer/Koch § 129 AktG Rn. 24；此行为合宪；vgl. BVerfG NJW 2000，349，351；公司章程可以规定，授权股东大会主持者对股东的提问和发言时间进行合理的限制，参见 § 131 Abs. 2 Satz 2 AktG sowie dazu BGHZ 184，239。

[31] Hüffer/Koch § 129 AktG Rn. 24.

（b）限制 D 的额外发言时间

【32】限制额外发言时间必须是为了维持股东大会进程秩序，并且应该合理地考虑到股东的成员权益。股东的发言权是针对股东大会的议题，并且为之后的表决做准备。但是发言内容也可以延伸，甚至包括政治内容、时代主题等。但是如果发言内容与股东大会议题毫无关联或者股东一再地重复之前的发言，那么这就超越了发言权的界限[32]。

【33】对 D 的发言有必要予以限制，因为他偏离了议案的主题，并且不断地重复之前的内容，而且 C 已经再给了他额外的 5 分钟。因为 D 已经拥有了充分的发言时间，所以限制其额外的发言时间并不侵犯他的权利。此外，限制 D 的额外发言时间并不代表限制了他的提问权。如果股东扰乱了会场进程，那么他就不能援引平等对待权［《欧盟基本权利签章》第 20 条（与之后条款），《基本法》* 第 3 条第 1 款］或言论自由权（《欧盟基本权利签章》第 11 条第 1 款，《欧盟人权公约》第 10 条第 1 款，《基本法》第 5 条第 1 款）来主张自己的利益[33]。因此，限制 D 的额外发言时间实质上是合法的。

（c）收回发言权

【34】股东大会主持者有权收回发言者的发言权，如果这些言论超越了发言权的界限。收回发言权的举措基于合比例原则，必须预先予以发言者一次警告。但是如果发言者涉及严重侮辱、诋毁，那么主持者有权立刻采取措施，从而保障股东大会的秩序。

【35】因为 D 的发言时间已经延长了五分钟，并且 C 在之前已经提醒过 D，所以 D 被收回发言权时并不意外。因此，收回 D 的发言权实质上合法。

（3）小结

【36】C 限制 D 的发言权的举措合法。

cc）参与权

（1）形式上的合法性

【37】有权将股东从股东大会会场上驱赶走的是股东大会的主持者，

---

[32] BGHZ 44, 245, 252; MünchKommAktG/Kubis § 119 AktG Rn. 170.

* 全称为《德意志联邦共和国基本法》。——译者注

[33] BGHZ 44, 245, 256.

而不是股东大会[34]。

【38】在本案中，是 C 要求 D 离开会场，因此形式上合法。

（2）实质上的合法性

【39】只有当要求股东离开会场的举措实质上合理并且是为了维持股东大会秩序所必要手段时，这种强制手段才是实质上合法的[35]。要求股东离开会场是一种最后的手段[36]。只有当收回发言权无效时，才能采取该措施。因此，只有当股东扰乱了股东大会的正常进程，并且主持者采取其他更温和的手段无果时，方可采用要求股东离开会场的举措[37]。前述扰乱进程并不是要求达到正当防卫的程度（例如违法殴打其他股东）[38]。此外，制造无意义的噪声、过分大声地喊叫、打开音乐播放器或电话设备等其他行为也能实际上扰乱股东大会进程，从而构成采取行动的前提条件。由于要求股东离开会场是最后的手段，所以在采取该手段之前应给予警告。

【40】要求 D 离开会场的实质性理由存在，因为 D 拒绝结束自己的发言（虽然已经给其延长了 5 分钟发言时间）。D 超越了发言权的界限。但是，要求 D 离开会场是否符合比例原则呢？ D 并没有吵闹地抵抗，也并未造成会场的不安定，也不会造成股东大会进程受阻。因此，C 完全可以只要求 D 回到自己的座位上，而且 C 在此之前也并未警告 D，其会被要求离开会场。因此，C 不让 D 参与接下来的讨论与投票是违法的。

（3）小结

【41】不让 D 参与股东大会的其余进程的举措违法。

dd）投票权

【42】由于不让 D 参与接下来的股东大会构成实质上的违法，因此连带着不让其行使投票权也构成实质上违法。

ee）因果关系或违法的关联性

【43】并不是所有的程序瑕疵都能构成可撤销理由。《股份有限公司法》第 243 条第 1 款明确将那些不会影响到股东大会决议结果的瑕疵予以排除。

（1）观点 1：潜在的因果关系

---

[34] BGHZ 44, 245, 248.

[35] BGHZ 44, 245, 255.

[36] BGHZ 44, 245, 255.

[37] BGHZ 44, 245, 251.

[38] BGHZ 44, 245, 251.

【44】以前的主流观点认为[39]，瑕疵的潜在因果关系会影响到决议的结果。因而公司（基于其所承担的举证义务）应排除一切违法性与决议结果之间的因果可能性。

【45】但是在本案中，违法性（要求 D 离开会场与剥夺了他的表决权是违法的）与表决结果之间并没有潜在的因果关系，因为即使 D 投了反对票，也无法撼动绝对多数的赞同结果。

（2）观点 2：关联性

【46】还有的学者认为因果关系无足轻重。他们认为，起着关键评判作用的是程序瑕疵（造成股东成员权受损）与表决结果（不利）之间的关联性[40]。从（被违反的）法律规定的保护目的角度出发，这些学者的观点需要以撤销后的法律结果来佐证。而在此，有个关键的问题：违反法律规定或者违反公司章程会不会对表决结果产生不良的影响[41]？实际上，这些学者的观点是对的。因为这种观点可以在《股份有限公司法》第 243 条第 4 款中找到法律根据，并且符合撤销权的本质，并能实质性地增强股东在公司意志达成中的参与度[42]。即使存在多数股东决，也不能否定对单个股东参与权的侵犯，两者之间并无关联[43]。因此，不合法地要求股东离开股东大会会场与决议结果之间存在关联[44]。

【47】据此，不合法地要求 D 离开会场与决议结果之间存在关联性。

b）根据《股份有限公司法》第 243 条第 1 款、第 203 条第 1 款第 1 句、第 186 条第 3 款与第 4 款，授权董事会增资与排除股东优先认购权

aa）形式上的合法性

（1）必要的多数决

【48】根据《股份有限公司法》第 203 条第 1 款第 1 句、第 186 条第 3 款第 2 句，授权董事会处理增资[45]与排除股东优先认购权[46]需要至少代表

[39] Vgl. nur BGHZ 86, 1, 3.

[40] BGHZ 149, 158, 163 f.; BGHZ 160, 253, 255 f.

[41] BGHZ 149, 158, 164（zu § 131 AktG）.

[42] Hüffer/Koch § 243 AktG Rn. 13.

[43] MünchKommAktG/Hüffer/Schäfer § 243 AktG Rn. 35.

[44] GroßkommAktG/Noack/Zetzsche § 243 AktG Rn. 98, 102.

[45] 对于公司增资可参见 Windbichler § 32 Rn. 18 ff.。

[46] Dazu Windbichler § 32 Rn. 23, 32.

股本的四分之三多数决。

（2）《股份有限公司法》第 186 条第 4 款第 2 句所规定的股东大会的通报

【49】如果董事会在召开股东大会时并未通报关于排除股东优先认购权的原因（《股份有限公司法》第 186 条第 4 款第 2 句），而只是简单地告知了几项要点，那么形式合法性有可能被否定。在细节上，董事会仅需向股东大会提供通报的了解途径即可（《股份有限公司法》第 186 条第 4 款第 2 句第 1 个半句），而且董事会可以以任意形式提供该通报（例如以计算机显示屏可以阅读的电子文档形式）[47]。而这些要求董事会已经满足，因为通报已经告知股东大会的股东们。

bb）实质上的合法性

（1）排除股东的优先认购权

（a）《股份有限公司法》第 186 条第 3 款第 4 句所规定的实质上的合法性

【50】根据《股份有限公司法》第 186 条第 1 款第 1 句，当公司增资时，每一个（现有）股东都可以以相同的条件获得增发的股票。而根据《股份有限公司法》第 186 条第 3 款第 1 句的规定，这项权利可以通过股东大会的增资决议部分或全部予以排除（需达到四分之三的多数，《股份有限公司法》第 186 条第 3 款第 2 句）。根据《股份有限公司法》第 186 条第 3 款第 4 句，如果增资额不超过股本现金的 10%，并且新股发行价不显著低于股票在股市中的价格，那么排除股东的优先认购权将可行（此为一例）。

【51】在本案中，董事会被授权处理 A 公司增资，将股本从 1500 万欧元增资至 2000 万欧元。因此，并不存在《股份有限公司法》第 186 条第 3 款第 4 句所规定的前提条件。

（b）其他的实质合法性

【52】《股份有限公司法》第 186 条第 3 款与第 4 款并未对排除股东优先认购权规定其他实质性前提条件。而只是要求四分之三多数决（《股份有限公司法》第 186 条第 3 款第 2 句）。因为增加股本涉及公司目的与公司利益，所以排除股东优先认购权应符合公司利益（隐含的有效性要求）[48]。由于排除股东优先认购权是剥夺股东再投资自己企业的优先权，因此会对

[47] Hüffer/Koch § 186 AktG Rn. 23.

[48] BGHZ 71, 40, 44; 120, 141, 145 f.; 125, 239, 241.

股东的成员权造成严重的损害[49]。

【53】如果这样的举措对股东成员权侵害得越严重，那么对于排除股东优先认购权的实质合理性的理由就越需要更严格地审核[50]。

【54】对于这样的利益冲突，最关键的一点在于手段与目的之间合乎比例[51]。因此，只有当增资的目的无法通过法定的途径达到（通过股东行使自己的优先权），那么才能认为排除股东认购权存在实质合理性理由。如果股东大会认为排除股东优先认购权是合理的，并且能最好地体现公司利益，那么就能认为手段与目的之间合乎比例[52]。

> **题外话：**只有在以下情况下，才能以实物出资的方式增资（在合理衡量给付与对待给付的前提下）：①根据理性的商人考量，公司有急迫的利益去获得该实物客体；并且②所获得的用益能与（被剥夺优先认购权的）股东被排除的参与权与投票权利益相等[53]。

根据法律规定，如果大型股份有限公司在海外证券交易所上市，那么就可以认定存在实质性的公司利益[54]。

（2）就增资的事宜，以资本的授权来排除股东优先认购权

（a）形式上的合法性

【55】根据《股份有限公司法》第202条第1款，在增资的问题上，如果要排除股东优先认购权，就需要资本的授权[55]，也就是代表股本的四分之三多数决（《股份有限公司法》第202条第2款第2句）。

【56】在股东大会上，有代表股本总额78%的股东投了赞成票，同意授权董事会处理增资与排除股东优先认购权。因此，该决议形式上合法。

（b）实质上的合法性

【57】《股份有限公司法》第202条立法的目的是让公司能（在资本的授权下）更为方便地获得更多的融资[56]。公司应该时刻准备着，为了公

---

[49] BGHZ 71, 40, 44.

[50] BGHZ 71, 40, 45.

[51] BGHZ 71, 40, 46; 120, 141, 145 f.; 125, 239, 241.

[52] BGHZ 83, 319, 321, 125, 239, 244.

[53] BGHZ 71, 40, 46.

[54] BGHZ 125, 239, 240.

[55] Dazu Windbichler § 32 Rn. 29 ff.

[56] Hüffer/Koch § 202 AktG Rn. 1.

司的利益，充分利用公司股票迅速与灵活地去抓住商机。因此，在有实质合理性的情况下，就增资事宜，可以对授权董事会排除股东优先认购权设置更低的要求。否则的话，就会使董事会的授权可能性与裁量权落空。如果董事会的决定权被限制，那么董事会的领导职责（《股份有限公司法》第 76 条第 1 款、第 204 条第 1 款第 1 句）与监事会的监管权（《股份有限公司法》第 111 条第 1 款、第 204 条第 1 款第 2 句）将被削减 [57]。如果没有了职权机关举措的灵活性，那么将不利于公司的利益 [58]。因而，在参股其他公司的问题上，出于保密的需要，不可能在实践中通报所有的（参股）细节，也不可能严格要求（就排除股东优先认购权事宜上）保持合乎比例 [59]。因此，董事会仅就该事宜笼统描述，并在股东大会上才予以公开的做法是可行的 [60]。故而，股东大会决议通过授权董事会处理增资与排除股东优先认购权的前提条件，也不包括预先知晓关于被授权事宜（合理性）的具体细节 [61]。

【58】在增资问题上，股东大会决议（授权董事会能接受实物出资）的有效前提为，该举措有利于公司利益 [62]。如果在表决时，公司（除了已知晓的措施外）并不知晓其他的事实，那么股东大会就必须去审查那些已知的大致情况 [63]。

【59】当股东大会授权董事会排除股东优先认购权时，董事会也有义务自己去审查，是否满足以下条件：①希望实现的事宜是否与公司章程所规定的经营业务相符；②具体事实是否符合抽象描述的计划；和③从公司的角度看，排除股东的优先权是否符合公司的利益。如果上述前提条件都满足了，那么董事会才可以使用该授权。而这又必须在监事会（《股份有限公司法》第 204 条第 1 款第 2 句）和股东大会的监督之下。如果董事会违反了义务，那么它就要根据《股份有限公司法》第 93 条第 2 款第 1 句承担损害赔偿责任。

[57] BGHZ 125, 239, 248.
[58] BGHZ 125, 239, 248.
[59] BGHZ 136, 133, 136.
[60] BGHZ 136, 133, 139.
[61] BGHZ 125, 239, 246.
[62] BGHZ 136, 133, 136.
[63] BGHZ 136, 133, 139.

【60】A 公司的董事会给出了参股方案与举措，并告知了股东大会。而且参股 B 公司也在公司章程所规定的经营业务范畴内，并符合公司福祉与利益。因此，有效授权董事会处理增资与排除股东优先认购权的前提条件得到满足。

（3）小结

【61】授权董事会处理增资与排除股东优先认购权是合法的。

3.《股份有限公司法》第 245 条所规定的撤销权

【62】《股份有限公司法》第 245 条规定了各种不同的撤销权的构成要件。

a）《股份有限公司法》第 245 条第 1 项

aa）没有反对

【63】D 的撤销权并不源于《股份有限公司法》第 245 条第 1 项。尽管 D 在股东大会宣布议程之前已经是股东了，并且也参与了股东大会，但是他并没有对股东大会决议（通过授权董事会处理增资与排除股东优先认购权）提出反对。然而，D 在投票表决时并不能参加，因为当时他已经被要求离开会场。因此，有可能不需要 D 提出反对。

bb）反对的非必要性

【64】《股份有限公司法》第 245 条第 2 项第 1 种情形可以适用于不合法地要求股东离开会场的情境之下。而如此一来，提出反对就成了可有可无的事情，因为在此情况下股东并不能自主决定提出反对[64]。

【65】如果要求股东离开会场是合法的，那么根据部分学者观点[65]，《股份有限公司法》第 245 条第 1 项所规定的反对是必须的。因为这种情形与在股东大会召开时自愿提前离开的情形相同。如果在股东大会召开时，股东提前离开会场，那么他就不能主张因为自己不在会场中所以不能投反对票。而另一些学者认为[66]，在不合法地要求股东离开会场情况下，是否需要（股东）提出反对应根据《股份有限公司法》第 245 条第 2 项第 1 种情形进行评判。因为（开会后）要求股东离开会场与不允许股东参加股东大会

[64] KölnKomm/Noack/Zetzsche § 245 AktG Rn. 106.

[65] GroßkommAktG/K. Schmidt § 245 AktG Rn. 24.

[66] Hüffer/Koch § 245 AktG Rn. 16.

一样，都损害了股东的参与权。

【66】鉴于上述不同的法律结果，我们需要考察 C 要求 D 离开会场的举措是否合法。

cc）C 要求 D 离开会场的合法性

【67】C 要求 D 离开会场是不合法的。

b）《股份有限公司法》第 245 条第 2 项第 1 种情形

aa）不合法地禁止参加股东大会

【68】根据《股份有限公司法》第 245 条第 2 项第 1 种情形，如果股东（自始）被非法地禁止参加股东大会，那么他就可以行使撤销权。

【69】D 一开始是可以参加股东大会的，但是在股东大会进程中，C 禁止了 D 继续参与的权利。因此《股份有限公司法》第 245 条第 2 项第 1 种情形的规制情况并不存在。

bb）不合法地要求股东离开会场

（1）与非法禁止参加股东大会相同

【70】不合法地要求股东离开会场与非法禁止股东参加股东大会是一样的。因为在这两种情形下，股东的参与权与发言权都受到了侵害[67]。

（2）要求股东离开会场的不法性

【71】C 要求 D 离开会场是不合法的。

c）没有滥用撤销权

aa）股东自我利益的无关性

【72】撤销之诉并不是为了保护特殊利益，因为撤销之诉只是用于控制股份有限公司机关合法性与合章性的法定手段[68]。因此，与股东的自我利益无关。

bb）出于自私目的的法律救济

【73】如果股东是为了自己利益而滥用了撤销之诉，那么即使存在可撤销理由，撤销之诉也将被视为无理驳回[69]。因为撤销权也应遵循如《民法典》第 242 条所规定的一般原则。原告不能出于私利，将撤销之诉运用在与诉讼目的（控制公司机关合法性与合章性）不符的事项之上。如果股

[67] BGHZ 44, 245, 250 ff.; Hüffer/Koch § 245 AktG Rn. 18.

[68] BGHZ 107, 296, 308.

[69] BGHZ 107, 296, 310.

东以极端自利的方式想要获得公司某种给付，而事实上对此却没有任何的请求权或者没有合理的依据时，那么就存在撤销权被滥用的情形（股东不忠与私利诉讼）[70]。而股东之所以能有恃无恐地提起诉讼以期获得某种给付，是因为（他知晓）公司会不遗余力地去尝试将损失降到最小[71]。撤销之诉是否会成功对其而言无关紧要。而且股东滥用权利，并不一定表现为实施了（会触犯刑法的）胁迫、勒索等行为[72]，也不以股东行为违背了对公司的忠诚义务为必要条件[73]。当股东利用自己诉讼（对公司造成负担，例如使得公司无法完成变更登记程序，参见《家庭事务与自愿管辖程序法》第 21 条第 1 款第 1 句）去换取（自己本不该有的）特殊利益时，股东就已经是滥用诉权了[74]。例如股东在提起诉讼后，再向公司索要特殊利益，就属于这种情况[75]。

【74】D 提出撤诉后由公司承担诉讼费用、D 要求公司回购 D 所持有的股票并不属于前述极端自利的滥用权利行为。但是 D 要求公司以 25 万欧元的价格买回自己的股票就属于前述的滥用权利行为，因为 D 的股票市值才 5000 欧元。这也就造成了 D 将失去其撤销权。

d）小结

【75】根据《股份有限公司法》第 245 条第 2 项第 1 种情形，D 不具备诉讼资格。因此，D 的诉讼整体上理由不足。

4. 撤销期限

【76】根据《股份有限公司法》第 246 条第 1 款，撤销之诉必须得在决议达成后的 1 个月内提起。该期限是实际期限。它是一种除斥期间，并且没有消灭时效[76]。而《民法典》第 203 条（与之后条款）所规定的时效中止在此也不适用。撤销期限自 2019 年 7 月 11 日起算（《民法典》第 187 条第 1 款），并于 2019 年 8 月 10 日 24 点终止（《民法典》第 188 条第 2 款情

[70] BGH AG 2007, 625, 628; BGHZ 107, 296, 311.

[71] BGHZ 107, 296, 311.

[72] BGHZ 107, 296, 311.

[73] BGHZ 107, 296, 311.

[74] Hüffer/Koch § 245 AktG Rn. 27.

[75] BGH NJW 1992, 569, 570; Diekgräf WM 1991, 613, 618.

[76] Hüffer/Koch § 246 AktG Rn. 21 m.w.N.

形 1）。尽管 A 公司于 2019 年 8 月 15 日才收到诉状（当时已超过撤销期限），但是 D 起诉时间仍在撤销期限内，而 A 公司滞后收到诉状的情况（根据《民事诉讼法》第 167 条的规定）并无碍于及时性[77]。

III. 结论

【77】D 起诉要求确认 C 的举措无效以及要求确认其他股东赞成 C 的举措是不合法的。其余部分虽然是可诉的，但却没有充分理由。因此，D 的诉讼将被整体驳回。

问题 2

I. 在撤销之诉中，提出公司章程变更登记

【78】根据《家庭事务与自愿管辖程序法》第 21 条第 1 款第 1 句，负责登记的法院在撤销之诉期间，可以中止公司章程的变更登记（授权董事会发行新股）(《股份有限公司法》第 202 条第 2 款第 1 句、第 181 条第 1 款与第 3 款）。而如此将严重影响到公司的增资事宜。但是如果撤销之诉肯定会被驳回，登记法院可以在撤销之诉结束之前完成该公司章程的变更。

【79】鉴于 D 滥用了权利，所以上述情况的前提条件得到满足。A 公司需要向登记法院告知 D 滥用撤销权的情况，并且提供相应的证据。而是否采信 A 公司的意见将由登记法院自己裁量。

II. 根据《股份有限公司法》第 244 条第 1 句，作出确认决议

【80】如果撤销之诉被法院认为合理合法，那么董事会需要根据《股份有限公司法》第 244 条第 1 句获取股东大会的确认决议，从而推翻撤销之诉的根基。根据《股份有限公司法》第 244 条第 1 句，通过确认决议的方式，股东大会承认先前的决议有效，并带有消除被宣称的或事实上的可撤销的作用[78]。此外，股东大会也不必就之前决议的事宜重作决议[79]，而且在股东大

[77] BGHZ 32, 318, 322.

[78] BGHZ 157, 206, 210 f.; GroßkommAktG/K. Schmidt § 244 AktG Rn. 5.

[79] BGHZ 157, 206, 209.

会出具确认决议起，先前决议（有效成立）的实质前提条件也不再需要得到满足。确认决议的前提条件只有一个，那就是消除被宣称的或事实上的瑕疵[80]。有效的确认决议具有实质法的效果，能使得撤销之诉理由不足[81]。这不仅是《股份有限公司法》第 244 条规定所明确的，也是该条款的立法意义与目的所包含的。如此一来，公司可以将被撤销的决议再一次无瑕疵地作出[82]。而嗣后，之前提出撤销之诉的股东不可再针对决议提起诉讼。因为他的利益仅限于清除决议中的瑕疵。虽然确认决议并不溯及既往[83]，但是只要确认决议被有效地作出，那么就能使得撤销之诉变得理由不足[84]。在作出确认决议之际，也不必存在作出先前决议的全部前提条件[85]。《股份有限公司法》第 244 条第 1 句与第 244 条第 2 句都是那么规定的[86]。

【81】因而，在作出确认决议之际，也不必在意先前（授权 A 公司董事处理增资与排除股东优先认购权的）情境是否发生改变。

III. 在撤回诉讼的前提下，向 D 支付其所要求的金额

1. 是否违背同等对待原则

【82】如果 A 公司向 D 支付超过诉讼费用与其作为股东应获的金额，而且没有相应有价值的对待给付，那么就会违背《股份有限公司法》第 53a 条所规定的同等对待原则。然而，如果公司是为了避免产生更多损失，那么这样的支付行为可以被视为合理的理由。

2. 根据《股份有限公司法》第 62 条第 1 款第 1 句、第 57 条第 1 款第 1 句，禁止出资返还

a）《股份有限公司法》第 57 条第 1 款第 1 句所规定的构成要件

【83】如果 A 公司向 D 支付超过其支出费用的金额，那么就可能会产生《股份有限公司法》第 57 条第 1 款第 1 句所禁止的出资返还的情况。

[80] BGHZ 157, 206, 210.
[81] BGHZ 157, 206, 210.
[82] BGHZ 157, 206, 210.
[83] BGHZ 157, 206, 211.
[84] GroßkommAktG/K. Schmidt § 244 AktG Rn. 16.
[85] BGHZ 157, 206, 211.
[86] BGHZ 157, 206, 211.

在此情况下，根据《股份有限公司法》第 62 条第 1 款第 1 句，公司将享有返还请求权[87]。

aa）股份有限公司的给付

【84】A 公司将通过对 D 支付 25 万欧元，向 D 提供给付。

bb）违背《股份有限公司法》第 57 条第 1 款第 1 句

（1）不存在《股份有限公司法》第 57 条第 3 款所规定的合法分配盈余

【85】在《股份有限公司法》中，公司资产分配限制不止于维持股本金额。只有在公司解散时，才可以将盈余予以分配（《股份有限公司法》第 57 条第 3 款）。而这也必须经股东大会作出盈余使用决议后，方可分配。而在本案中并不存在如此决议。因此，如果向 D 支付这些钱款，那么也就不属于《股份有限公司法》第 57 条第 3 款所规定的盈余分配。因此可能涉及非法的出资返还。

（2）非法的出资返还

（a）不可出资返还

【86】在本案中，并未出现出资返还。

（b）扩展运用《股份有限公司法》第 57 条第 1 款第 1 句于不合理的资产转移

（aa）资产转移的合理性

【87】关于适用《股份有限公司法》第 57 条第 1 款第 1 句，并不涉及是否为《股份有限公司法》第 54 条所规定的出资返还。因为《股份有限公司法》第 57 条第 1 款第 1 句的规定是很明确的。起决定性作用的评判标准为是否造成了公司资产受损[88]。这些公司资产是为了实现公司目的而存在。因此，《股份有限公司法》第 57 条第 1 款第 1 句也可适用于那些违反该条款目的的给付。因此，《股份有限公司法》第 57 条第 1 款第 1 句也包括那些所谓的“隐藏的资产移转”（或者利润分配）。然而，这并不意味着所有公司与股东之间的法律行为都属于被禁止的资产转移，只有那些在公司与股东之间进行的、无实质理由的法律行为才是。

【88】股份有限公司可以与其股东进行交易（就像它与其他第三方进

[87] MünchKommAktG/Bayer § 62 AktG Rn. 1; Hüffer/Koch § 245 AktG Rn. 30.

[88] MünchKommAktG/Bayer § 57 AktG Rn. 1; KölnKomm/Drygala § 57 Rn. 16.

行交易一样），只要公司的给付可以换得股东经济上相同价值的对待给付（《股份有限公司法》第 57 条第 1 款第 3 句）。违反《股份有限公司法》第 57 条第 1 款第 1 句规定的资产转移是指，损害了公司资产维持原则的交易行为。因为在这样的交易中，存在给付与对待给付的不平等[89]。例如，公司以低于市价的价格把公司物品出售给股东[90]。对于此点，无需考虑公司是否会与其他第三方进行相同的亏本交易。

【89】股东在获得企业 25 万欧元的给付后，应当对此给出价值相当的对待给付。如果股东不给出给付或者只能给出较低价值的给付，那么公司与股东之间的给付与对待给付之间处于不合理（不等）的状态。这种不合理的状况就是被禁止的出资返还。而在本案中，这种不合理被隐藏了起来，因为这种不合理以终结撤销之诉为名、以回购股票为名[91]。

（bb）主观要件的必要性

【90】部分学者认为[92]，除了客观不合理状态外，还得有参与方的主观要件。尤其是公司清楚地意识到它的给付仅仅是出于对方是股东的原因。这样的主观要件往往也是存在的。但是这种主观要件根据更恰当的观点[93]是不必要的。因为在《股份有限公司法》第 57 条第 1 款第 1 句所规定的情况下，《股份有限公司法》所遵循的是客观目的。

b）董事会的行为

【91】对于被禁止的出资返还，董事会成员个人需承担相应的责任（《股份有限公司法》第 93 条第 3 款第 1 项）。但是也存在一个例外情况，如果董事会那么做是为了保护公司免受更严重的损害[94]。部分学者认为公司可以先支付，然后要求股东进行返还[95]。因为这也违背了出资返还的禁止性规

---

[89] 适用于有限责任公司，参见 BGH NJW 1987，1194，1195，1996，589，590；同等原理也可被适用于股份有限公司，参见 OLG Koblenz AG 2007，408，410；MünchKommAktG/Bayer §57 AktG Rn. 63 f.；GroßkommAktG/Henze § 57 AktG Rn. 46 f.。

[90] BGH NJW 1987，1194，1195（zur GmbH）；Hüffer/Koch § 57 AktG Rn. 8.

[91] MünchKommAktG/Bayer § 57 AktG Rn. 80；KölnKomm/Drygala § 57 AktG Rn. 74.

[92] GroßkommAktG/Henze § 57 Rn. 3；Geßler，FS R. Fischer，1979，S. 131，136 f.

[93] BGH NJW 1987，1194，1195 und 1996，589，590（beide zur GmbH）；MünchKommAktG/Bayer § 57 AktG Rn. 66；KölnKomm/Drygala § 57 AktG Rn. 55 ff.；Fiedler S. 8 f.

[94] K. Schmidt § 28 IV 5 f.

[95] So z.B. Hirte BB 1988，1469，1473 f.；Martens AG 1988，118，121，126.

定，所以《股份有限公司法》第 62 条第 1 款第 1 句所规定的返还请求权仍然存在（也保护了公司免受不合理的损失）。这也能排除《民法典》第 812 条（与之后条款）所规定的请求权，也不涉及《民法典》第 814 条的问题。然而，其他学者则认为这样的行为是违法的[96]。这些潜在的风险应该在法律咨询意见书中列明。董事会也必须自己决定，是否愿意承担相应债权的风险以及返还请求权可能无法实现的风险。

[96] 例如 Lutter, FS 40 Jahre Der Betrieb, 1988, S. 196 ff.; 在 Hommelhoff/Timm AG 1989, 169 中也存在对此保留性的观点，认为只能用于支付费用津贴。

案例四　生活中的朋友

——自由职业者联合体在民商法上的性质与自由职业者承担责任机制

案件事实

医学专业的 Anton Ahrens（以下简称 A）以优异的成绩毕业。他的好友 Berthold Baier（以下简称 B）长期经营着一家从事全科医疗与整容整形的诊所。由于诊所的患者越来越多，B 发出要约，希望 A 能自 2019 年 2 月 1 日起在诊所中一同执业。A 接受了该要约。A 与 B 协商后达成协议，对以前的患者，由 B 自己继续为他们提供医疗服务，而且他们的账单将继续以 B 的名义出具。自 2019 年 2 月 1 日起接待的患者将由 A 或 B 治疗，并以 A 和 B 共同的名义出具账单。此外，B 还拥有单独代表权。由于 A 的良好声誉，诊所的客源越来越多。基于这种情况，A 和 B 决定自 2019 年 7 月 1 日起，接纳 Carlos Cancellotti（以下简称 C）为诊所的新医生。然而，由于 B 和 C 之间的个人嫌隙，C 决定自 2019 年 7 月 28 日起不再与 A 和 B 共同执业。Dieter Dorn（以下简称 D）自 2019 年 8 月 1 日起填补 C 在该诊所中的职位。

2018 年 11 月 15 日，B 由于疏忽为 Ernst Ensthaler（以下简称 E）注射了错误的针剂。为了弥补这个错误所带来的伤害，E 又不得不花费了 1000 欧元的医疗费。E 想知道，他是否可以获得损害赔偿？他可以向谁主张损害赔偿请求权呢？

2019 年 7 月 4 日，B 以共同执业的医生的名义与 Frederike Freigeist（以下简称 F）签订了一份为鼻子美容整形的合同。B 使用了自己诊所常用的美容整形的格式合同。B 明确告知 F 该格式合同的内容。根据该合同的条款规定，诊所执业医生的个人责任将被排除。2019 年 7 月 30 日，B 在手术时犯了一个错误，他不小心划伤了F的前额。尽管这种鼻子整形手术属于常规手术，但是B由于不够专注从而造成了该医疗事故。为了治疗该伤口，F花费了3000欧元。F想知道，他是否可以获得损害赔偿？他可以向谁主张损害赔偿请求权呢？

时间表

2018年11月15日：B为E注射了错误的针剂

2019年2月1日：A加入诊所

2019年7月1日：C加入诊所

2019年7月4日：B与F签订美容整形合同

2019年7月30日：B划伤F的前额

2019年8月1日：D加入诊所

解题结构

I. E可否主张支付1000欧元的请求权

1. 可否根据《民法典》第280条第1款、第823条第1款和第2款与《刑法典》第223条第1款、第229条，向B主张请求权

2. 可否根据《民法典》第280条第1款，《商法典》第28条第1款第1句、第124条第1款，向无限合伙企业主张请求权

a）个体商人的经营：《商法典》第1条规定的实然商人

aa）前提条件

bb）尤其是营业活动的经营

b）结论

3. 可否根据《民法典》第280条第1款、类推适用《商法典》第28条第1款第1句、类推适用《商法典》第124条第1款，向医生联合体主张请求权

a）自由职业者的联合体作为损害赔偿请求权的债务人

aa）企业的成立

bb）医生联合体承担权利与义务

（1）观点1：传统个体理论

（2）观点 2：具有（共同所有的）权利能力

（3）小结

b）可否类推适用《商法典》第 28 条第 1 款第 1 句于自由职业者

aa）观点 1：类推适用于任意企业主体

bb）观点 2：不能类推适用于任意企业主体

cc）小结

4. 可否根据《民法典》第 280 条第 1 款、类推适用《商法典》第 124 条第 1 款，向医生联合体主张请求权

a）医生联合体作为损害赔偿请求权的债务人

b）债之关系

5. 可否向 A、C 和 D 主张请求权

6. 结论

II. F 可否主张支付 3000 欧元的请求权

1. 可否向医生联合体主张请求权

a）根据《民法典》第 280 条、类推适用《商法典》第 124 条第 1 款

aa）自由职业者的联合体作为损害赔偿请求权的债务人

bb）债之关系

（1）以他人名义行事

（2）代表权

cc）违反义务

dd）过错责任

ee）损害与损害赔偿

b）根据《民法典》第 823 条第 1 款、第 2 款与《刑法典》第 223 条第 1 款、第 229 条

2. 可否向 B 主张请求权

a）根据《民法典》第 280 条第 1 款

b）类推适用《商法典》第 128 条第 1 句

aa）类推适用《商法典》第 128 条第 1 句

bb）企业之债

cc）B 的合伙人地位

dd）没有有效的责任排除

（1）类推适用《商法典》第 128 条第 2 句

（2）《民法典》第 309 条第 7 项 a、b

（a）存在格式合同条款（《民法典》第 305 条第 1 款）

（b）包含格式合同条款（《民法典》第 305 条第 2 款）

（c）责任排除条款的无效性

c）根据《民法典》第 823 条第 1 款、第 823 条第 2 款与《刑法典》第 223 条第 1 款、第 229 条

d）结论

3. 可否类推适用《商法典》第 128 条第 1 句，主张对 A 的请求权

4. 可否类推适用《商法典》第 128 条第 1 句，根据《民法典》第 280 条第 1 款，主张对 C 的请求权

a）企业之债

b）C 的合伙人地位

c）未有效地排除责任

d）结论

5. 可否类推适用《商法典》第 128 条第 1 句、第 130 条，主张对 D 的请求权

a）企业之债

b）D 的合伙人地位

c）结论

解答

I. E 可否主张支付 1000 欧元的请求权

1. 可否根据《民法典》第 280 条第 1 款、第 823 条第 1 款和第 2 款与《刑法典》第 223 条第 1 款、第 229 条，向 B 主张请求权

【1】无论如何，B 与 E 之间都订立了合同，因为 B 为 E 提供了医疗服务。B 与 E 之间的合同作为《民法典》第 280 条第 1 款意义上的债之关系属于《民法典》第 630a 条第 1 款所规定的医疗合同。医疗服务自医生提供治疗时起算，并应遵循（公认的）职业守则（《民法典》第 630a 条第 2 款）。对于这种医疗合同，通常也可以适用那些关于雇佣合同的法律规定（《民法典》第 630b 条）。这是由于医生不愿意在订立合同时，签

订承诺治疗成果的合同，因为这种治疗成功与否取决于诸多因素（例如患者自身状况）。尽管如此，B 仍然负有以专业人士的水平提供医疗服务的义务。因此，B 有义务为 E 注射正确的针剂，并且确保患者的法益（尤其是他的健康）不受到损害（《民法典》第 241 条第 2 款）。B 因为过失为 E 注射了错误的针剂（医疗事故），而违反了该义务。由于该错误注射源于 B 的过失，因此该违反义务的行为可归责于 B。此外，对义务违反行为的应当负责性也可以被推定成立（《民法典》第 280 条第 1 款第 2 句）。因为这次医疗事故造成了 E 共计 1000 欧元的损害，所以 B 应根据《民法典》第 280 条第 1 款与第 249 条第 2 款第 1 句进行赔偿（本案并未涉及精神损害抚慰金的问题）。故此，E 可以根据《民法典》第 823 条第 1 款（身体伤害）与《民法典》第 823 条第 2 款结合《刑法典》第 223 条第 1 款、第 229 条与《民法典》第 249 条第 2 款第 1 句，向 B 主张支付 1000 欧元的请求权。E 在合同中对于治疗同意的内容并不包括注射错误针剂。在本案中，因医疗事故而产生的违约责任请求权与侵权责任请求权为真正的请求权竞合。

2. 可否根据《民法典》第 280 条第 1 款，《商法典》第 28 条第 1 款第 1 句、第 124 条第 1 款，向无限合伙企业主张请求权

【2】在 A 加入 B 的诊所之时，诊所可能成为无限合伙企业，而在这种情况下根据《民法典》第 280 条第 1 款、第 823 条第 1 款和第 2 款结合《刑法典》第 223 条第 1 款、第 229 条的规定，该无限合伙企业将根据《商法典》第 28 条第 1 款的规定对旧债承担责任。但是，这也存在一个前提，即 B（作为一名医生）以个体商人的方式经营该诊所。

a）个体商人的经营：《商法典》第 1 条规定的实然商人

【3】《商法典》第 28 条第 1 款第 1 句所规定的个体商人指自然人，其符合《商法典》第 1 条（与之后条款）对于商人的要求。由于 B 缺乏（根据《商法典》第 2 条、第 3 条、第 5 条或第 6 条第 2 款所规定的）商人性质，就不得不考察，B 是否属于《商法典》第 1 条所规定的商人。《商法典》第 1 条所规定的商人是指任何营业经营者（《商法典》第 1 条第 1 款）。《商法典》第 1 条第 2 款界定商事活动的要件特征为“任何营业活动，除非该企业根据其形式与经营范围不需要以商人的方式经营业务”。

aa）前提条件

【4】《商法典》第 1 条所规定的商人，需要包括以下三个要件：①从事营业活动；②正在经营；③根据形式与经营范围以商业方式设立的企业[1]。这三个要件必须全部满足，除非属于《商法典》第 1 条第 2 款所规定的例外情况。因此，根据法律规定，只要经营一定营业活动的就是商人[2]。而且商人并不要求（待开业而立即）在商事登记簿进行登记。评判标准的关键在于是否符合《商法典》第 1 条的前提条件。如果满足了商人的前提条件，那么他依法就是商人，并且受制于商事状态规范（《商法典》第 8 条至第 104a 条）与商事行为规范（《商法典》第 343 条至第 475h 条）。据此，这种商人被称为实然商人。《商法典》第 29 条要求企业在商事登记簿进行商事登记的规定（若不遵循将根据《商法典》第 14 条的规定处以罚金），对于实然商人而言仅有宣示性意义。

bb）尤其是营业活动的经营

【5】《商法典》并未定义何为营业活动，而仅将其作为商人的构成要件之一。而"营业活动"的概念也不必拘泥于其他法律规范的定义（例如《反不正当竞争法》或《营业条例》）。《商法典》第 1 条所规定的"业务"指经济领域中的独立自主、有偿、以对外从事大量交易为目的的经营活动[3]。

【6】独立自主，指自己能决定（商业）行为的发展、划分与经营时间，并不受到法律限制（尤其是不受劳动合同法的管制）。自由职业者（例如医生）毫无疑问符合该要求。因此，B 的经营行为乃独立自主的。

【7】B 的经营活动的实施以支付报酬为条件，也即有偿的。

【8】此外，B 的营业活动以提供不确定数量的治疗行为为目的，因为他作为职业医生并不仅仅只治疗一位患者，或者只是偶然治疗患者。

【9】从医是一种对外，也即在市场上露面的活动。

【10】不过有问题的是，B 所从事的自由职业是否属于经济领域呢？《商法典》第 1 条的"营业活动"概念明显有别于《民法典》第 14 条第 1 款的规定（《民法典》第 14 条第 1 款明确了企业的定义，该款中既提及了营业活

---

[1] "企业"这个概念的构成要件并没有自己独立的意义（企业并不代表就是商人）。因为在解释"商人"这个概念时，会说一家企业以商人的方式经营业务（但此时，企业只是个主语代称）。

[2] Mönkemöller JuS 2002，30.

[3] Vgl. auch BT-Drs. 13/8444 S. 24；MünchkommHGB/K. Schmidt § 1 HGB Rn. 26；Canaris § 2 Rn. 16.

动，也提及了自由职业活动）。此外，自由职业者被部分法律规范定义为并不从事营业活动者（参见《医生法》第 1 条第 2 款、《公证人法》第 2 条第 3 款、《律师法》第 2 条第 2 款、《税务咨询师法》第 32 条第 2 款第 2 句、《审计师法》第 1 条第 2 款第 2 句）。因此，自由职业者不能组成（以经营业务为目的）商事合伙企业（《商法典》第 105 条第 1 款、第 2 款）或两合公司（《商法典》第 161 条第 2 款、第 105 条第 1 款与第 2 款）。根据历史传统的但也颇具争议的观点，自由职业的业务服务是一种具有高度人身属性的给付。因此，律师与客户之间的法律关系有着人身性与自我负责性[4]。客户与其所委托的律师之间有着极为紧密的联系。因为客户的利益是否能够实现，与律师个人的知识和能力紧密相关。此外，为了自己的利益，客户还需告知律师其私人状况。而这种情况同样也发生在医生与患者之间，尤其在医生提供治疗服务时。与此相反的是，经营业务主要依赖于（具有组织架构的）经济单位、使用生产资料与（他人的）劳动力。相较于自由职业者，业务经营者（之于市场对手方的）个人的人身性并不突出。

【11】因而，作为医生的 B 虽然是自由职业者，但并非经营业务。

b）结论

【12】B 并非《商法典》所规定的商人。因此，由 B 所经营的诊所并不是个体商户。由于缺乏《商法典》第 28 条第 1 款第 1 句所规定的前提条件，因此只能类推适用该法律规范。

3. 可否根据《民法典》第 280 条第 1 款、类推适用《商法典》第 28 条第 1 款第 1 句、类推适用《商法典》第 124 条第 1 款，向医生联合体主张请求权

a）自由职业者的联合体作为损害赔偿请求权的债务人

aa）企业的成立

【13】A 与 B 之间所缔结的企业章程，以及 A 加入 B 诊所的行为都将形成一家以共同执业为目的的人合公司（《民法典》第 705 条）。这又涉及民事合伙企业。而成为商事合伙企业的可能性已被排除，因为经营诊所并非经营业务，而是从事自由职业。由于与第三方的关系，尤其是与患者和供货商的关系，该诊所为外部企业，因为诊所通过其行为机制加入法律关

[4] BVerfG NJW 2003, 2520; BGHZ 157, 361, 366 f.

系之中。而 C 的加入与退出、D 的加入都不影响民事合伙企业的存续，因为这些都不影响企业的内核。

bb）医生联合体承担权利与义务

（1）观点 1：传统个体理论

【14】传统个体理论认为[5]，民事合伙企业只有在财产权方面存在独立性。合伙人的共同资产仅为（基于企业目的的）特别资产，并且是为了保护单个合伙人或债权人的利益。一个（对外的）民事合伙企业是基于合伙人间的债之关系而存在的，其企业资产属于共同所有。企业无法承担权利与义务，承担权利与义务的只有合伙人。具有代表权的事务执行人只是全体合伙人的代表（《民法典》第 714 条）。企业资产是合伙人的共同资产（《民法典》第 718 条第 1 款）。因而诉讼也只能针对合伙人（根据《民事诉讼法》第 736 条，还可对合伙人执行民事强制措施）。从《商法典》第 124 条的规定逆向反推，（对外的）民事合伙企业不具有权利能力与诉讼能力。

（2）观点 2：具有（共同所有的）权利能力

【15】德意志联邦最高法院[6]与主流观点[7]认为，只要民事合伙企业在参与法律往来时产生了自己的权利与义务，那么该民事合伙企业就具有权利能力（即所谓的“民事合伙企业的部分权利能力”）。（对外的）民事合伙企业可以成为债权人或债务人，并应如商事合伙企业一般被对待（《商法典》第 124 条第 1 款）。单个合伙人无法以集体债务人的身份提供给付（因为《民法典》第 719 条的规定）。此外，民事合伙企业具有部分权利能力还有一个优点，就是当某个合伙人退出或加入时，并不会影响企业既存的债之关系。民事合伙企业与商事合伙企业之间的界限有时很模糊（《商法典》第 1 条与第 105 条第 1 款）。而正因为它们之间的界限模糊，所以区分两者的权利能力是不合理的。此外，有些法律规定，例如《转型法》第 191 条第 2 款第 1 项（民事合伙企业作为“新法律形式的权利主体”）、《破产法》第 11 条第 2 款第 1 项、《商标法》第 7 条第 3 项（“具有权利能力的人合公司”）与《民法典》第 1059a 条第 2 款都提及了民事合伙企业的权利能力。

---

[5] Vgl. etwa Zöllner, FS Gernhuber, 1993, S. 563 f.; Hueck, FS Zöllner, 1998, S. 275 ff.

[6] Vgl. dazu grundlegend BGHZ 142, 315 ff. und 146, 341 ff.

[7] Vgl. MünchKommBGB/Ulmer/Schäfer § 705 BGB Rn. 301, 303; Hadding ZGR 2001, 712, 714; Habersack BB 2001, 477 ff.; K. Schmidt NJW 2001, 993.

（3）小结

【16】类推适用《商法典》第 124 条第 1 款，E 可以向（以共同执业为目的的）医生联合体主张损害赔偿请求权。

b）可否类推适用《商法典》第 28 条第 1 款第 1 句于自由职业者

aa）观点 1：类推适用于任意企业主体

【17】部分学者认为[8]，《商法典》第 28 条第 1 款第 1 句可以适用于任意企业主体，因为《商法典》第 28 条并非商人专属条款，而仅强调了企业的连贯性。因此，当额外的合伙人加入既存的个体商户时，就可成立民事合伙企业。据此，《商法典》第 28 条第 1 款第 1 句也可适用于入伙诊所的情况，尽管诊所并非《商法典》第 28 条第 1 款第 1 句所规定的商人。

bb）观点 2：不能类推适用于任意企业主体

【18】另一种观点认为，由于不存在（与目的相悖的）条款漏洞，因此不能类推适用《商法典》第 28 条第 1 款第 1 句于民事合伙企业，因为《商法典》第 28 条第 1 款第 1 句明确以商事合伙企业或两合公司的成立为适用前提。德意志联邦最高法院[9]与主流观点都拒绝类推适用《商法典》第 28 条第 1 款第 1 句于律师事务所，具体而言，由律师与客户之间已存在的法律关系所产生的义务不得让与（由于额外律师的入伙）新成立的企业。因为这种法律关系使得律师服务的提供充满了人身性与自我负责性。在此情况下，（第一种观点所提及的）企业连贯性的理论并不成立[10]。此外，对于律师而言，并不能如《商法典》第 28 条第 2 款所言“商事合伙企业或两合公司的合伙人与第三方达成另外的协议或者告知第三方”[11]。因此非商人的待遇将与商人相异（相较而言更差些）。此外，民事合伙企业也不被强制要求选择成为商事合伙企业或者两合公司[12]。而这种观点也同样能适用于医生与患者之间，至少是他们之间的治疗服务关系。

cc）小结

【19】《商法典》第 28 条第 1 款第 1 句并不能类推适用于 B 这样的自由职业者。

---

[8] K. Schmidt § 8 III 1a bb.

[9] BGHZ 157，361，366 ff.

[10] BGHZ 157，361，367.

[11] BGHZ 157，361，367.

[12] KKRD/Roth § 28 HGB Rn. 5.

4. 可否根据《民法典》第 280 条第 1 款、类推适用《商法典》第 124 条第 1 款，向医生联合体主张请求权

a）医生联合体作为损害赔偿请求权的债务人

【20】类推适用《商法典》第 124 条第 1 款，以共同执业为目的的医生联合体可以成为损害赔偿请求权的类似债务人。

b）债之关系

【21】B 与 E 之间订立的医疗合同是一种债之关系。该合同是在医生联合体成立之前就已经订立，并且是在 B 与 E 之间被订立。然而，E（基于与 B 的合同）的权利义务可能转移至 2019 年 2 月 1 日所成立的医生联合体。而在这种联合体中，每个合伙人都可将已存续的医疗合同作为合伙人出资（《民法典》第 705 条及以下条款）。而这种情况下，并不需要患者的同意，因为患者将会获得额外的履行债务人与责任债务人。但是在本案中，A 与 B 协商后决定，B 不能将在 2019 年 2 月 1 日前缔结的医疗合同带入医生联合体中。而这也涉及与 E 的医疗合同。据此，E 只是 B 的合同方。E 也不能根据《民法典》第 280 条第 1 款、类推适用《商法典》第 124 条第 1 款，向医生联合体主张请求权。

5. 可否向 A、C 和 D 主张请求权

【22】E 不能向 A、C 和 D 主张请求权，因为他们并未与 E 订立合同。E 也不能向医生联合体主张请求权，因此 A、C 和 D 也不必（因自己为医生联合体的一员）承担责任。

6. 结论

【23】E 可以向 B 以 1000 欧元主张损害赔偿请求权，但 E 不能向 A、C 和 D 主张损害赔偿请求权。

II. F 可否主张支付 3000 欧元的请求权

1. 可否向医生联合体主张请求权

a）根据《民法典》第 280 条、类推适用《商法典》第 124 条第 1 款

aa）自由职业者的联合体作为损害赔偿请求权的债务人

【24】类推适用《商法典》第 124 条第 1 款，医生联合体可以成为根据

《民法典》第 280 条第 1 款规定的损害赔偿请求权的债务人。

bb）债之关系

【25】《民法典》第 280 条第 1 款所要求的债之关系可以为 F 与医生联合体所订立的合同。由于该合同关于整容手术，而且 B 并未对此许诺（手术）成功，因此它属于医疗合同的范畴 [《民法典》第 630a 条（与之后条款）]。F 与医生联合体所签订的合同成立的前提为，B 订立合同时为医生联合体的有权代表人（《民法典》第 164 条第 1 款）。为此，B 必须以他人名义行事，并拥有代表权。

（1）以他人名义行事

【26】B 以医生联合体的名义订立合同，也就是以他人名义行事。

（2）代表权

【27】根据法律规定，民事合伙企业的代表权为集体代表权（《民法典》第 714 条、第 709 条）。但是在本案中，根据企业章程，B 享有单独代表权，因此为有权代表人。

cc）违反义务

【28】订立医疗合同的医生有义务妥善地进行整容手术，并且不侵害患者的法益（尤其是其身体权）（《民法典》第 630a 条第 2 款、第 241 条第 2 款）。但是，F 在手术中受伤，因此构成义务的违反。类推适用《民法典》第 31 条，义务的违反可归于医生联合体 [13]。

dd）过错责任

【29】人合公司的过错责任应视其中个人行为的过错责任而定。因为类推适用《民法典》第 31 条，B 的过错责任也可归于医生联合体。在本案中，B 的过错在于并未谨慎小心地进行手术。此外，B 的过错责任也可推定而得（这种推定可以被证据所反驳）（《民法典》第 280 条第 1 款第 2 句）。

ee）损害与损害赔偿

【30】由于医生联合体的义务违反，造成了 F 总计 3000 欧元的损失，因此医生联合体应该根据《民法典》第 249 条第 2 款第 1 句对于该损失进行赔偿。而预制的责任排除条款并不适用于医生联合体。

---

[13] MünchKommBGB/Leuschner § 31 BGB Rn. 5.

b）根据《民法典》第 823 条第 1 款、第 2 款与《刑法典》第 223 条第 1 款、第 229 条

【31】F 除了可以享有合同上违约请求权外，还可以根据《民法典》第 823 条第 1 款、第 2 款与《刑法典》第 223 条第 1 款、第 229 条和《民法典》第 249 条第 2 款第 1 句，享有要求医生联合体支付 3000 欧元的请求权。F 对于医疗干预手段的许可内容并不包含对自己的额头施加切痕。在此需要回答的问题是：B 的侵权行为可否归于医生联合体？

【32】可归责性就涉及类推适用《民法典》第 31 条。B 作为医生联合体中具有单独代表权的合伙人，乃《民法典》第 31 条所规定的有权代表人。然而，有部分学者[14]不认可类推适用《民法典》第 31 条于民事合伙企业之上，因为除了《民法典》第 831 条外，没有其他涉及第三方对于侵权行为负责任的法律规定。而这点也可从《民法典》第 831 条中反推而得。主流观点[15]认可类推适用《民法典》第 31 条于民事合伙企业之上。因为对于侵害法益所产生的责任金额，通过向合伙人主张侵权责任请求权即可获得赔偿。这种责任金额在股份有限公司中是以股本的形式体现的（在人合公司中并不存在）。如果合伙人对于向企业主张的侵权责任请求权不必承担个人责任，那么就会产生与法律体系相悖的情况。这种情况将不利于保护（被侵权的）债权人的利益。因此，需要如合同之债一般，合伙人需要以个人财产承担责任。此外，也不存在有说服力的论据，能够论证需要区别对待民事合伙企业与商事合伙企业[16]。对于商事合伙企业而言，企业需要对合伙人的侵权行为承担责任，并且（公认）《民法典》第 31 条可类推适用于商事合伙企业。对于这种法定之债的责任应适用附随责任，否则将有损民事合伙企业的主体性。如果一个合伙人的侵权行为依照《民法典》第 31 条可归责于民事合伙企业，那么其他合伙人也必须对该侵权行为承担相应的责任。因为他们有权利挑选与决定企业机关成员（执行事务合伙人）的人选与工作任务。因此，B 的行为可被归责于医生联合体。行为结果、因果关系、违法性与损害在本案中都已明确。根据《民法典》第 249 条第

---

[14] Flume, FS H. Westermann, 1974, S. 119, 143; Altmeppen NJW 1996, 1017, 1021ff.

[15] Vgl. nur BGHZ 154, 88, 94; MünchKommBGB/Schäfer § 714 BGB Rn. 38; K. Schmidt NJW 2003, 1897, 1898 ff.

[16] BGHZ 154, 88, 94; Habersack BB 2001, 477, 481; K. Schmidt NJW 2001, 993, 998 f.; Ulmer ZIP 2001, 585, 597; Wiedemann JZ 2001, 661, 663.

2 款第 1 句，医生联合体需向 F 承担共计 3000 欧元的损害赔偿责任。此外，F 也可依据《民法典》第 823 条第 1 款、第 2 款与《刑法典》第 223 条第 1 款，向医生联合体主张 3000 欧元的损害赔偿请求权。违约责任的请求权与侵权责任请求权处于真正的请求权竞合。

2. 可否向 B 主张请求权

a）根据《民法典》第 280 条第 1 款

【33】B 根据《民法典》第 280 条第 1 款承担责任的前提是，B 个人与 F 之间的债之关系有效成立。在本案中，B 是以医生联合体之名与 F 签订合同的。那么 B 是否需要对此承担个人责任呢？双重责任理论[17]认为，以企业之名行事，除了企业对该行为负责外，合伙人个人也需要对此负责。据此，不仅医生联合体与 F 之间成立了合同关系，而且 B 与 F 之间也成立了合同关系。但这种双重责任理论难以论证合伙人对法定之债的责任。因此，该理论不被采纳[18]。因此，在 B 与 F 之间不存在债之关系的情况下，F 依据《民法典》第 280 条第 1 款向 B 主张 3000 欧元的请求权也就不成立。

b）类推适用《商法典》第 128 条第 1 句

aa）类推适用《商法典》第 128 条第 1 句

【34】根据通说，民事合伙企业的对外权应与商事合伙企业的对外权相近。在上文已经提及，类推适用《商法典》第 124 条第 1 款，民事合伙企业应具有部分权利能力。由于民事合伙企业与商事合伙企业权利相近，因此民事合伙企业的合伙人应依法以个人资产对企业之债承担附随责任（类推适用《商法典》第 128 条；从属理论）。德意志联邦最高法院[19]认为合伙人对于企业之债应适用“一般法律原则”，即个人应以个人资产对其独自经营或与他人共同经营的业务承担责任，只要不存在任何的协议或法定的责任限制。类推适用《商法典》第 128 条第 1 句在方法论上更胜一筹。类推适用的前提（存在有悖于条款目的的漏洞、存在应受保护的法益）在于，《民法典》第 705 条（及以下条款）放弃了规制合伙人的连带

[17] So noch seinerzeit BGHZ 74, 240, 242; 79, 374, 377; 117, 168, 176.

[18] So auch BGHZ 142, 315, 320 f.; MünchKommBGB/Schäfer § 714 BGB Rn. 6.

[19] BGHZ 142, 315, 319; BGH NJW 2007 Rn. 26.

责任。由于缺乏保护债权人利益的条款，合伙人的个人责任就显得尤为重要[20]。在商事合伙企业中，企业之债与合伙人责任的关系也是这样的[21]。而企业之债的状况与合伙人的个人责任也息息相关。合伙人的个人责任并不因法律行为而产生，而是依法产生，在本案中就是根据《民法典》第 280 条第 1 款、类推适用《商法典》第 128 条第 1 句。这种合伙人责任的前提为：存在企业之债，享有合伙人地位。

bb）企业之债

【35】根据《民法典》第 280 条第 1 款、第 823 条第 1 款和第 2 款与《刑法典》第 223 条第 1 款、第 229 条，因有违义务而产生的企业之债为 3000 欧元。此外，类推适用《商法典》第 128 条第 1 句，民事合伙企业合伙人应对侵权所造成的企业之债承担责任。因为合伙人的附随责任应覆盖所有的企业之债，而不问该企业之债的法律基础为何[22]。

cc）B 的合伙人地位

【36】由于在以医生联合体的名义与 F 缔结合同时、在有违义务时、在损害发生时，B 都是医生联合体的合伙人，因此不必考虑相关的时间点是否会对结果造成影响。

dd）没有有效的责任排除

【37】B 用预制的格式合同条款排除了合伙人的责任。如果这种责任排除条款是有效的，那么 B 不必承担个人责任。

（1）类推适用《商法典》第 128 条第 2 句

【38】类推适用《商法典》第 128 条第 2 句与约定排除责任并不冲突。因为该条款仅涉及企业内部协议，这种企业内部协议是指没有第三方参与的协议。在本案中，责任排除条款是与第三方 F 协商约定的，因此也不属于这种企业内部协议。

（2）《民法典》第 309 条第 7 项 a、b

（a）存在格式合同条款（《民法典》第 305 条第 1 款）

【39】B 以医生联合体的名义与 F 签订合同时，使用的是预制的格式合

[20] MünchKommBGB/Schäfer § 714 Rn. 36；Casper JZ 2002，1112 f.；so jetzt auch BGH NJW 2007 Rn. 26.

[21] Grundlegend BGHZ 146，341，358.

[22] MünchKommBGB/Schäfer § 714 BGB Rn. 37.

同表格（该预制合同表格经常被医生联合体用于整形整容合同），因此存在符合《民法典》第 305 条第 1 款的格式合同条款。

（b）包含格式合同条款（《民法典》第 305 条第 2 款）

【40】格式合同条款已经被有效地包含在医生联合体与 F 所缔结的合同之中。因此，《民法典》第 305 条第 2 款所规定的前提条件也被满足了。

（c）责任排除条款的无效性

【41】在合同中使用了排除诊所合伙人个人责任的格式条款。据此，相关责任仅限于企业资产（医生联合体的资产）。由于该条款限制了诊所成员（尤其是主治医生）因过失造成侵害生命、身体或健康的责任，因此责任排除条款有违《民法典》第 309 条第 7 项 a 而无效。此外，该条款还违背了《民法典》第 309 条第 7 项 b。

> **题外话：**本案并不存在违背《民法典》第 307 条第 1 款与第 2 款的情况，因为在格式合同中规定责任限制条款是被允许的。为了保护法律或经济咨询行业的自由职业者，在这些自由职业者与其客户所订立的合同中使用责任金额限制条款是合法的，例如将责任赔偿金额限制于最低保险额的四倍（《律师法》第 52 条第 1 款第 1 句第 2 项、第 2 句，《税务咨询师法》第 67a 条第 1 款第 1 句第 2 项、第 2 句，《审计师法》第 54a 条第 1 款第 2 项）。这同样也适用于责任集中条款，即在该条款中规定，客户针对自由职业联合体的损害赔偿请求权只可向与其亲自订立合同关系的合伙人主张（《律师法》第 52 条第 2 款第 2 句、《税务咨询师法》第 67a 条第 2 款第 1 句，《审计师法》第 54a 条第 2 款）。但是这些规定与本案无关，因为本案并不涉及责任金额限制或者将责任集中于某个合伙人身上，而是以协议的形式排除了一切合伙人的责任。

德意志联邦最高法院[23]认为，只有在法律规定的情况下或者合同双方当事人亲自协商达成一致后，责任限制条款（将责任限制于企业资产范围内）方才有效。这也就意味着，预制的责任排除格式条款（《民法典》第 305 条第 1 款）无论如何都是无效的[24]。但这个观点，笔者难以苟同。因为这个观点与法律所允许（对法律或经济咨询行业的自由职业者）的预设责任限制相悖[25]。依据判例，绝对的条款禁止（除了《民法典》第 309 条所规定的适用范围外）并不成立。此外，类推适用《商法典》第

---

[23] BGHZ 142, 315, 319.

[24] OLG Stuttgart NZG 2002, 84, 85; Goette DStR 1999, 1979; Henze BB 1999, 2262.

[25] MünchKommBGB/Schäfer § 714 BGB Rn. 65.

128 条第 1 句，民事合伙企业也应适用合伙人的附随责任。对于（与法律规范不符的）条款的不合理性（《民法典》第 307 条第 2 款第 1 项）存在法定的推定成立（“在存在怀疑的情况下”）[26]。然而，若能证明该民事合伙企业并不是为了追求经济利益而设立，这种推测就可以被推翻[27]。

c）根据《民法典》第 823 条第 1 款、第 823 条第 2 款与《刑法典》第 223 条第 1 款、第 229 条

【42】F 可以根据《民法典》第 823 条第 1 款、第 2 款与《刑法典》第 223 条第 1 款、第 229 条，以及《民法典》第 249 条第 2 款第 1 句的规定，向 B 主张 3000 欧元的请求权。F 对于医疗手术（对鼻子的整形手术）的许可内容并不包含造成其前额的伤口。违约责任请求权与侵权责任请求权处于真正的请求权竞合。

d）结论

【43】类推适用《商法典》第 128 条第 1 句与《民法典》第 280 条第 1 款，类推适用《商法典》第 128 条第 1 句与《民法典》第 823 条第 1 款和《民法典》第 823 条第 2 款与《刑法典》第 223 条第 1 款、第 229 条，以及根据《民法典》第 823 条第 1 款、第 2 款与《刑法典》第 223 条第 1 款，F 可以 3000 欧元向 B 主张损害赔偿请求权。

3. 可否类推适用《商法典》第 128 条第 1 句，主张对 A 的请求权

【44】适用《商法典》第 128 条第 1 句，A 所应承担的责任应与 B 相同。

4. 可否类推适用《商法典》第 128 条第 1 句，根据《民法典》第 280 条第 1 款，主张对 C 的请求权

a）企业之债

【45】在此，企业之债为 3000 欧元。

b）C 的合伙人地位

【46】在医生联合体与 F 缔结合同时（2019 年 7 月 4 日），也就是医生联合体对 F 产生合同义务之时，C 是医生联合体的合伙人。C 是自 2019 年

---

[26] MünchKommBGB/Schäfer § 714 BGB Rn. 65；Canaris，FS P. Ulmer，2003，S. 1073，1075 ff.，1081.

[27] 例如 BGHZ 150，1，6 对于封闭式不动产基金就有此论（但并未涉及《民法典》第 307 条）。

7月1日起加入诊所。若将本案责任判断的关键时间点定在缔结合约之时，那么类推适用《商法典》第128条第1句，C就必须承担相应的责任。但是医生联合体违反义务的行为发生于C从诊所离职之后（2019年7月30日）。若将关键时间点定在此时，那么C也就不必类推适用《商法典》第128条第1句承担责任，因为当时他已然不再是合伙人。离开的合伙人不必类推适用《商法典》第128条第1句对（自其退出后产生的）企业之债承担责任。因此，应以哪个时间点作为判断标准就成了关键问题。就义务违反的时间点而言，以损害赔偿义务产生之时起算。尽管由于C退出了诊所，从而无法影响诊所的工作质量（对避免F的损害无法施加影响），但是，判例和主流学说却将关键时间点，确定为企业之债的法律基础产生之时，即使企业之债成立的其他必要条件于此之后才产生[28]。而就合同违约而言，是以合同义务的产生为关键时间点。据此，类推适用《商法典》第128条第1句，自合同签订之日起，合伙人就应该（对F）承担额外的个人责任。因此，由于C在签订整形手术合同时仍然为合伙人，所以C应承担损害赔偿责任。

c）未有效地排除责任

【47】医生联合体与F之间所约定的排除合伙人个人责任的条款，依据《民法典》第309条第7项a、b为无效条款。因此C不能以此为据要求排除个人责任。

d）结论

【48】类推适用《商法典》第128条第1句与《民法典》第280条第1款，类推适用《商法典》第128条第1句与《民法典》第823条第1款和《民法典》第823条第2款与《刑法典》第223条第1款、第229条，F可以3000欧元向C主张请求权。

5. 可否类推适用《商法典》第128条第1句、第130条，主张对D的请求权

a）企业之债

【49】在此，企业之债为3000欧元。

b）D的合伙人地位

【50】在缔结合同之时（义务违背之时、损害产生之时），D并非合伙人。

[28] BGHZ 142, 324, 429; Baumbach/Hopt/Roth § 128 HGB Rn. 29.

如果类推适用《商法典》第 130 条，那么 D 也需对（在他入伙之前的）企业之债承担责任。部分学者拒绝类推适用《商法典》第 130 条于民事合伙企业的合伙人之上[29]。（根据《商法典》第 130 条）要求新加入的合伙人承担责任应是个例，因此不可将此类推至民事合伙企业。类推适用《商法典》第 130 条并不是类推适用《商法典》第 128 条第 1 句的必然结果。类推适用《商法典》第 130 条也并不能清晰地从《商法典》第 130 条的立法目的中推得。在面对如此加重民事合伙企业合伙人责任的情况时，应体现出其谦抑的精神，而不可类推适用该规定（只有立法者有权如此加重责任）。与此相反的是，德意志联邦最高法院[30]与主流观点[31]认为，民事合伙企业的（新入伙的）合伙人应类推适用《商法典》第 130 条对过去的企业之债承担责任。而这主要是因为民事合伙企业的合伙人应承担附随责任。而且，《民法典》第 736 条第 2 款也明确地把民事合伙企业与商事合伙企业的结构同质化。合伙人在入伙时可以获得相应企业资产的比例，而与此相应的是，他也应该对（过去的）企业之债承担责任。主流观点更具说服力。在有关人合公司债权人保护规定中并没有（如资合公司般）注资或维持资本的规定。而且每个合伙人都应该妥善地完成企业所托付的任务。因此，可以类推适用《商法典》第 130 条于民事合伙企业（新入伙的）合伙人之上。当合伙人新加入民事合伙企业之后，他就应该依法对企业之债承担责任，并且应作为共同债务人对过去的企业之债承担责任。而这种原则也可以适用于由自由职业者组成的职业共同体中[32]。通过分析《自由职业者合伙制企业法》第 8 条第 1 款的规定可以发现，立法者已经有意地让自由职业者承担与商事合伙企业合伙人同样的（对过去的企业之债的）责任。

c）结论

【51】类推适用《商法典》第 128 条第 1 句与第 130 条，根据《民法典》第 280 条第 1 款，类推适用《商法典》第 128 条第 1 句与第 130 条，根据《民法典》第 823 条第 1 款和第 2 款与《刑法典》第 223 条第 1 款、第 229 条，F 可以向 D 主张 3000 欧元的请求权。

---

[29] Baumann JZ 2001, 895, 901; Wiedemann JZ 2001, 661, 664; Dauner-Lieb, FS Ulmer, 2003, S. 78, 85.

[30] BGH NJW 2003, 1803.

[31] K. Schmidt NJW 2001, 993, 999; Ulmer ZIP 2003, 1113, 1115; Habersack/Schürnbrand JuS 2003, 739.

[32] BGH NJW 2003, 1803, 1805.

案例五　万事开头难

——有限责任公司与两合公司成立中的责任承担问题

案件事实

Anton Anders（以下简称 A）、Bettina Bungert（以下简称 B）与 Carl Cüspers（以下简称 C）于 2019 年 7 月 1 日口头达成了一项决议：他们将共同成立一家企业，专门从事跨境玻璃贸易。该企业将被命名为"Anders Bungert Cüspers Glashandel GmbH & Co. KG"（以下简称 ABC 两合公司），ABC 两合公司将于 2019 年 10 月 3 日（通过缔结企业章程）成立。该企业经营各类玻璃制品，并预计营收能达数百万欧元。A、B 与 C 估计企业的全部资金需求为 300 万欧元。ABC 两合公司唯一的无限合伙人为"Anders Bungert Cüspers 有限责任公司"（以下简称 ABC 公司），该公司的注册资本为 3 万欧元。ABC 公司的唯一经营业务就是作为无限合伙人参与 ABC 两合公司的经营，并对外代表该企业。在 ABC 公司中，A、B 与 C 分别认缴 1 万欧元。而在 ABC 两合公司中，A、B 与 C 作为有限合伙人又分别出资 50 万欧元。进而，B 与 C 又被任命为 ABC 公司的具有对外独立代表权的执行董事，并被允许自我交易（《民法典》第 181 条）。

2019 年 7 月 2 日，在 A 和 C 同意的前提下，B 以 ABC 公司（筹）的名义从 Y 有限责任公司（以下简称 Y 公司）处购得 8000 欧元的办公家具。Y 公司将这些办公家具运送至指定地点，经验查这些家具符合标准、无瑕疵。A、B 和 C 对于其他事宜并未达成决议，并且也没有其他与成立 ABC 公司相关的准备工作需要着手。

2019 年 10 月 1 日，A、B 和 C 以公证书证的形式达成了 ABC 公司的公司章程。A、B 与 C 缴纳了注册资本。一天之后，C 在 A、B 同意的情况下，以 ABC 公司（筹）

的名义从 Fridolin Freitag（以下简称 F）处购买了价值为 2000 欧元的计算机软件。2019 年 10 月 3 日，C 在 A、B 同意的情况下，以 ABC 公司（筹）的名义从 Veit Vorndran（以下简称 V）处以每月 1500 欧元的价格租赁了办公室。

2019 年 10 月 4 日，A、B 与 C 达成了 ABC 两合公司章程。A 和 B 分别以现金的方式按照先前的约定出资 50 万欧元。而 C 则是提供了市值为 20 万欧元的土地连带上面的厂房。2019 年 10 月 5 日，C 以 ABC 两合公司的名义在 Z 银行股份有限公司（以下简称 Z 银行）处开户。由于 A、B、C 对于 Z 银行的服务并不满意，因此他们于 2020 年 1 月 31 日注销了银行账户。而在当日，ABC 两合公司的账户余额显示为负债 1 万欧元，这是因 2020 年 1 月 28 日的透支所致。2019 年 11 月 10 日，在 A、B、C 的同意下，ABC 两合公司参加了一场博览会，并在博览会上公告该企业从 2019 年 12 月起能正式发货。

由于 A 与 B 之间的个人嫌隙，A、B、C 最终于 2020 年 2 月 15 日决定，放弃 ABC 两合公司与 ABC 公司的登记，并且对 ABC 公司进行了清算。

以下问题有待答复：

1. Y 公司可以向谁主张支付已经到期的且未偿付的货款 8000 欧元？

2. Z 银行可以向谁主张支付已经到期的且未偿付的 1 万欧元？

时间表

2019 年 7 月 1 日：A、B、C 决议要设立企业

2019 年 7 月 2 日：B 以 ABC 公司（筹）的名义从 Y 公司处购买办公家具（8000 欧元）

2019 年 10 月 1 日：A、B 和 C 以公证书证的形式缔结了 ABC 公司的公司章程，并缴纳了注册资本

2019 年 10 月 2 日：C 从 F 处为 ABC 公司（筹）购得计算机软件（2000 欧元）

2019 年 10 月 3 日：C 为 ABC 公司（筹）从 V 处租赁办公室（每月房租 1500 欧元）

2019 年 10 月 4 日：缔结 ABC 两合公司的企业章程

2019 年 10 月 5 日：C 在 Z 银行处开设 ABC 两合公司的银行账户

2019 年 11 月 10 日：ABC 两合公司参与博览会，并宣告从 2019 年 12 月起能发货

2020 年 1 月 28 日：银行账户透支

2020 年 1 月 31 日：关闭 Z 银行处的银行账户

2020 年 2 月 15 日：放弃 ABC 两合公司与 ABC 公司的登记

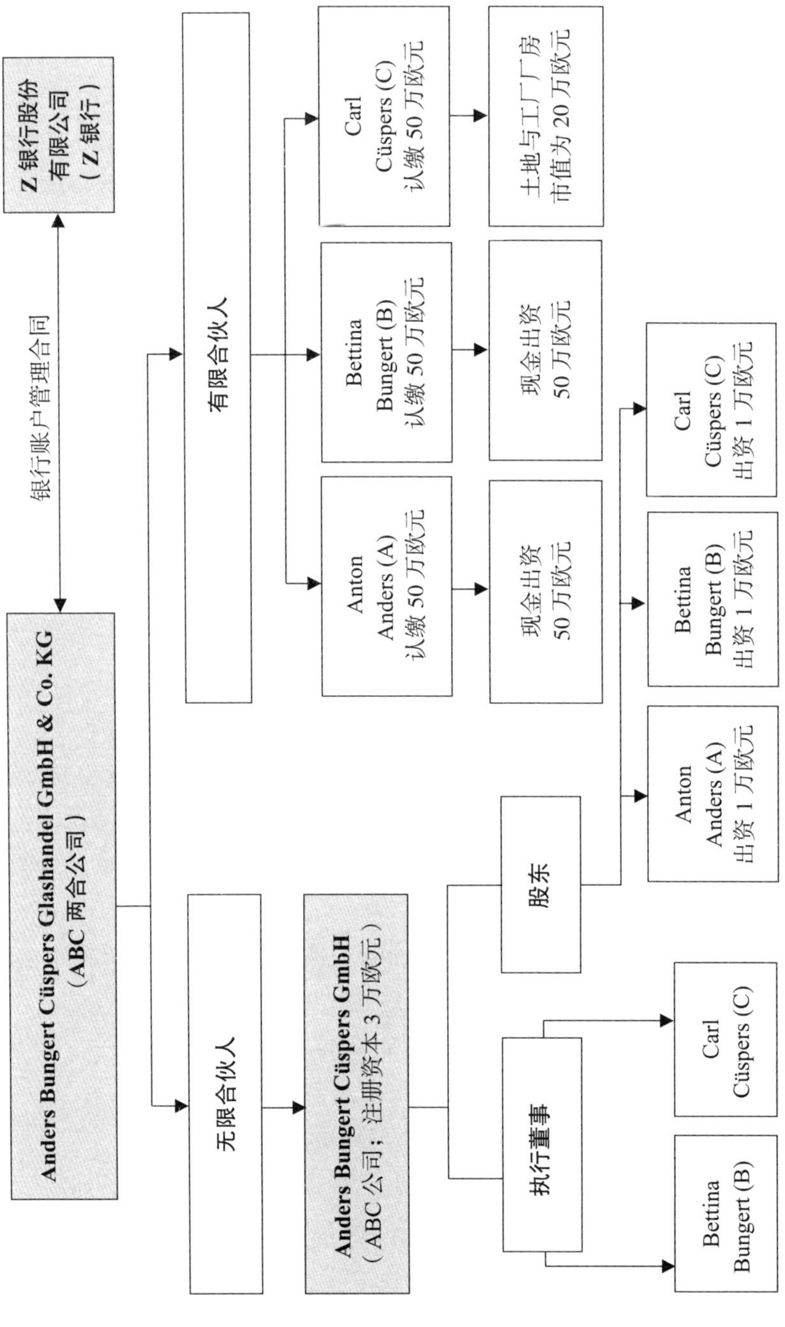

解题结构

问题 1

I. Y 公司可否根据《民法典》第 433 条第 2 款、《有限责任公司法》第 13 条第 1 款，主张要求 ABC 公司支付 8000 欧元的请求权

II. Y 公司可否根据《民法典》第 433 条第 2 款，主张要求 ABC 公司（筹）支付 8000 欧元的请求权

1. 有限责任公司（筹）的法律性质
2. 有限责任公司（筹）的成立
   a）缔结公司章程
   b）根据《有限责任公司法》第 2 条，公司章程的形式有效性
   c）创办人合伙企业与有限责任公司（筹）之间的主体不一致

III. Y 公司可否根据《民法典》第 433 条第 2 款、《商法典》第 124 条第 1 款，主张要求商事合伙企业支付 8000 欧元的请求权

1. 商事合伙企业的成立
   a）缔结公司章程
   b）公司章程的形式有效性
   c）根据《商法典》第 105 条第 1 款与第 1 条第 2 款，经营商事活动
      aa）个人承担无限责任的无限合伙人
         （1）判例与部分学者观点
         （2）另一种观点
         （3）小结
      bb）有限责任公司的行为
   d）在商事登记机关处登记
   e）结论

IV. Y 公司可否根据《民法典》第 433 条第 2 款、类推适用《商法典》第 124 条第 1 款，主张要求民事合伙企业支付 8000 欧元的请求权

1. 民事合伙企业的成立
2. 民事合伙企业的权利能力
   a）传统个体理论：没有权利能力
   b）主流观点：享有（共同共有的）权利能力
   c）小结

3. Y公司与民事合伙企业之间的买卖合同

4. 结论

V. Y公司可否根据《民法典》第433条第2款，主张要求A、B、C（作为民事合伙企业的合伙人）支付8000欧元的请求权

1. 双重责任理论

2. 从属理论

3. 观点与结论

VI. Y公司可否类推适用《商法典》第128条第1句与依据《民法典》第433条第2款，并类推适用《商法典》第124条第1款，主张要求A、B、C（作为民事合伙企业的合伙人）支付8000欧元的请求权

VII. Y公司可否根据《有限责任公司法》第11条第2款，主张要求B支付8000欧元的请求权

问题2

I. Z银行可否根据《民法典》第488条第1款第2句、《商法典》第124条第1款、第161条第2款，主张要求两合公司支付1万欧元的请求权

1. 两合公司的存在（《商法典》第161条第1款）

a）GmbH & Co. KG法律形式的合法性

b）无限合伙人与有限合伙人

aa）有限责任公司作为无限合伙人

bb）有限责任公司（筹）作为无限合伙人

（1）有限责任公司（筹）的成立

（2）有限责任公司（筹）参加两合公司行为有效

（a）观点1：执行董事只有有限的代表权

（b）观点2：执行董事拥有无限代表权

（c）小结

cc）A、B、C作为有限合伙人

dd）小结

c）从事商事活动

d）在共同的公司名称下行事

e）小结

f）根据《商法典》第123条、第161条第2款，两合公司在外部关系的成立

aa)《商法典》第 123 条第 1.款、第 161 条第 2 款

bb)《商法典》第 123 条第 2 款、第 161 条第 2 款

2. 两合公司的行为

3. 结论

II. Z 银行可否根据《商法典》第 128 条第 1 款、第 161 条第 2 款与《民法典》第 488 条第 1 款第 2 句,《商法典》第 124 条第 1 款、第 161 条第 2 款,主张要求有限责任公司(筹)支付 1 万欧元的请求权

III. Z 银行可否主张要求 A、B、C 支付 1 万欧元的请求权

1. A、B、C 作为有限责任公司(筹)的创始股东对于其债务的责任

a)德意志联邦最高法院与部分学者的观点

aa)原则:无限对内责任

(1)股东对于有限责任公司(筹)的无限责任

(2)股东仅有对内责任

(3)小结

bb)需承担无限责任的例外情况

(1)有限责任公司(筹)的公司资产匮乏

(2)有限责任公司(筹)行为能力丧失

(3)只有一位债权人

(4)一人公司

(5)所谓的“非真实”有限责任公司(筹)

cc)小结

b)另一种观点:股东始终应承担(对外)无限责任

c)本书观点

d)结论

2. A、B、C 作为有限合伙人的责任

a)《商法典》第 176 条第 1 款

b)《商法典》第 171 条第 1 款

3. 根据《有限责任公司法》第 11 条第 2 款,A、B、C 的责任

a)C 作为(行事的)执行董事的责任

b)A 和 B 的责任

解答

问题 1

I. Y 公司可否根据《民法典》第 433 条第 2 款、《有限责任公司法》第 13 条第 1 款，主张要求 ABC 公司支付 8000 欧元的请求权

【1】有限责任公司是一个独立承担权利与义务的法人（《有限责任公司法》第 13 条第 1 款）。执行董事对外代表公司（《有限责任公司法》第 35 条第 1 款）。当 Y 公司与 ABC 公司之间订立的买卖合同成立有效时，根据《民法典》第 433 条第 2 款的规定，Y 公司享有向 ABC 公司主张支付 8000 欧元的请求权。但是必先满足以下前提：ABC 公司已成立，并且执行董事（《有限责任公司法》第 35 条第 1 款第 1 句）代表公司与 Y 公司缔结合同的行为有效。然而在公司登记以前，有限责任公司并不存在（《有限责任公司法》第 11 条第 1 款）。这就意味着，有限责任公司的成立是以其在商事登记机关处注册为标志的。而在本案中，ABC 公司并未在商事登记机关进行登记。并且，A、B、C 在 2020 年 2 月 15 日已经放弃了公司登记。因此，ABC 公司并未成立，无法成为支付买价请求权的债务人。

II. Y 公司可否根据《民法典》第 433 条第 2 款，主张要求 ABC 公司（筹）支付 8000 欧元的请求权

1. 有限责任公司（筹）的法律性质

【2】当缔结了经过公证书证的公司章程之后，有限责任公司（筹）也就此诞生。而这种形式是为了成立有限责任公司作准备。有限责任公司（筹）既不是民事合伙企业，也不是非法人组织或商事合伙企业，而是一种独特的主体，虽然目前仍然缺乏权利能力，但是在依法登记之后就可适用《有限责任公司法》的规定[1]。这种有限责任公司（筹）虽缺乏有限责任公司的权利能力（《有限责任公司法》第 11 条第 1 款、

[1] BGHZ 80，212，214；k. Schmidt § 34 III 3；Windbichler § 21 Rn. 18.

第 13 条第 1 款），但却是有限责任公司必经的前期阶段。因而，这种有限责任公司（筹）可以承担权利与义务，并能成为支付买价请求权的债务人[2]。但是有限责任公司（筹）并不是法人，而是一种共同共有关系的主体，因而（根据《有限责任公司法》第 7 条第 2 款、第 3 款）用以形成公司的财产将以共同共有的形式归属于全体股东。在公司登记前的最低注资义务（《有限责任公司法》第 7 条第 2 款、第 3 款）与拟制的法律主体都说明了这样一点：有限责任公司在商事登记机关登记前，已经成为一种公司法上的实体。因而，Y 公司（《有限责任公司法》第 13 条第 1 款、第 35 条第 1 款第 1 句）可以根据《民法典》第 433 条第 2 款，向 ABC 公司（筹）主张支付 8000 欧元的请求权，只要这个 ABC 公司（筹）符合以下条件：①已经成立；并且②执行董事（《有限责任公司法》第 35 条第 1 款第 1 句）在与 Y 公司缔结合同时，代表公司的行为是有效的。

提示：GmbH & Co. KG 是一种由有限责任公司担任无限责任股东，并由其对外代表企业的两合公司。当有限责任公司尚处于成立阶段，针对第三方债务承担问题应探求，该债务是在何时发生的？成立阶段的第一个时期，被称为成立前期。在这个时期，主要任务是拟定公司章程。这个时期的主体是一种内部企业，如果在此时期进行了法律行为，那么它就被视作（对外）民事合伙企业或者商事合伙企业或者个体商户。在这个时期产生的债务并不会由（后来成立的）有限责任公司承担。如果要有限责任公司（筹）或之后的有限责任公司来承担这笔债务，那么必须征得债权人的许可（即根据《民法典》第 414 条、第 415 条的规定，同意债务转让）。当缔结完成公司章程后，有限责任公司（筹）就成立了（第二个时期）。有限责任公司（筹）具有权利能力，并由执行董事对外代表本企业。而最终（第三个时期），随着在登记机关处的登记，有限责任公司就真正成立了（《有限责任公司法》第 11 条第 1 款）。有限责任公司与有限责任公司（筹）主体一致，因而有限责任公司应承担有限责任公司（筹）的债务。有限责任公司成立的三个时期可见下图（股份有限公司的成立也类似于这三个时期）：

[2] BGH NJW 1998, 1079, 1080; BGHZ 80, 129 ff.; 117, 323, 326.

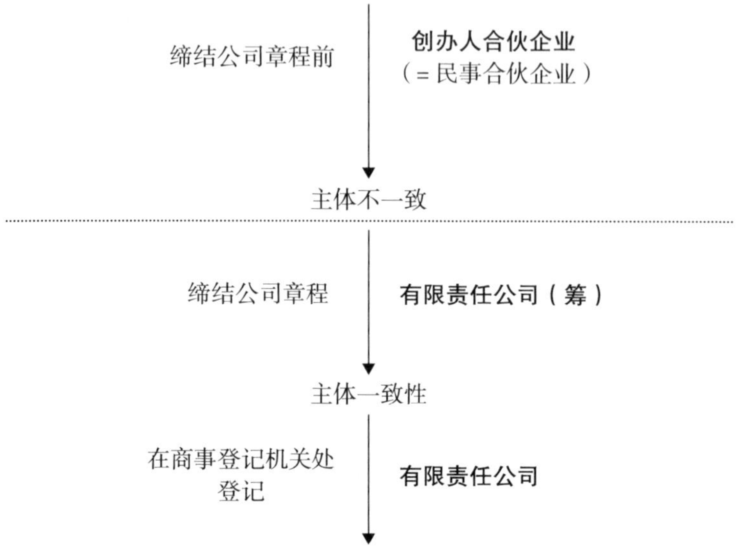

2. 有限责任公司（筹）的成立

a）缔结公司章程

【3】有限责任公司（筹）的形成是以缔结有效的公司章程为标志的，易言之，形成这种有限责任公司（筹）是为了（日后）正式设立有限责任公司。股东必须做出旨在缔结法律关系（具有法律约束力）的意思表示，该意思表示必须包含为成立有限责任公司而必要的法律架构，例如确认公司参股比例（对于以简易程序设立公司的规定，参见《有限责任公司法》第 2 条第 1a 款）[3]。

【4】A、B、C 所作出的意思表示包括了缔结法律关系的意思。因为（客观的）意思表示接受方，在这种（意思表示涉及较大经济义务的）情境下，会认为该意思表示具有法律约束力（《民法典》第 133 条、第 157 条）。此外，为成立有限责任公司而做出的法律架构也是充分的。A、B、C 确认了公司的注册资本，并明确了各自的参股比例与对外代表公司的权限。

b）根据《有限责任公司法》第 2 条，公司章程的形式有效性

【5】有限责任公司章程只有在满足《有限责任公司法》第 2 条规定的情况下，方才符合形式有效性的要求。根据《有限责任公司法》第 2 条第

[3] K. Schmidt § 34 III 2a.

1 款第 1 句的规定，公司章程必须以公证书证的形式缔结。

【6】2019 年 7 月 1 日所作出的决议并未形成公司章程。因此，在该日期并未成立有限责任公司。因而，在与 Y 公司订立买卖合同之际，并未形成有限责任公司（筹）。若当时已存在有限责任公司（筹），则 Y 公司可依《民法典》第 433 条第 2 款向该公司主张 8000 欧元的买价请求权。易言之，在与 Y 公司订立买卖合同之时，ABC 公司尚处于成立前期。

c）创办人合伙企业与有限责任公司（筹）之间的主体不一致

【7】2019 年 10 月 1 日，A、B 与 C 缔结了符合形式要件的有限责任公司章程，ABC 公司就此形成，但该情况并不会使其承担在成立前期对 Y 公司的债务。因为，在成立前期所产生的债务，并不是自动由有限责任公司（筹）或（经过商事机关登记的）有限责任公司承担[4]。在此情况下，所有的债务承担必须经过债务转让行为方得行之。这是因为，在创办人合伙企业与有限责任公司（筹）之间并不存在主体的一致性[5]。

【8】在案情部分并未提及（关于在成立前期所产生的 8000 欧元的）债务转让。因而，Y 公司不得依《民法典》第 433 条第 2 款向（于 2019 年 10 月 1 日所成立的）有限责任公司（筹）主张 8000 欧元的买价请求权。

III. Y 公司可否根据《民法典》第 433 条第 2 款、《商法典》第 124 条第 1 款，主张要求商事合伙企业支付 8000 欧元的请求权

【9】通过缔结旨在成立有限责任公司的先合同，就会产生一种内部关系，即所谓的创办人合伙企业。而这种创办人合伙企业可以是民事合伙企业，或者是商事合伙企业。

1. 商事合伙企业的成立

a）缔结公司章程

【10】商事合伙企业可为权利义务的主体（《商法典》第 124 条第 1 款）。合伙人对外代表商事合伙企业（《商法典》第 125 条第 1 款）。A、B、C 之间达成的决议是为了成立有限责任公司，而这至少代表存在《民法典》第 705 条所规定的民事合伙关系（内部企业）。A、B、C 所作出的意思表示包

[4] BGH NJW 1998, 1645, 1646; BGHZ 91, 148, 151; Windbichler § 21 Rn. 17.

[5] BGH NJW 1998, 1645, 1646; BGHZ 91, 148, 151.

括了缔结法律关系的意思。因为（客观的）意思表示接受方，在这种（意思表示涉及较大经济义务的）情境下，会认为该意思表示具有法律约束力（《民法典》第 133 条、第 157 条）。此外，为共同成立有限责任公司而做出的法律架构也是充分的。A、B、C 确认了公司的注册资本，并明确了各自的参股比例与对外代表公司的权限。

b）公司章程的形式有效性

【11】公司章程可能满足《有限责任公司法》第 2 条第 1 款所规定的形式要件。

题外话：一份（股东之间互负成立公司义务的）先合同根据最主流的观点，需要满足《有限责任公司法》第 2 条第 1 款所规定的公证书证的形式要件[6]。因为在此情境下，股东权益如同缔结公司章程一般需要得到充分的保障。若先合同缺乏形式要件，则依《民法典》第 125 条第 1 句而无效。而《有限责任公司法》第 2 条第 1 款第 1 句所规定的公证书证要求并不适用于单纯的（不具义务约束力的）准备协商[7]。例如仅仅是为了成立有限责任公司的准备工作而缔结的决议，就属于前述的准备协商。若将 A、B、C 之间的协商决议认定为此种准备协商，则即使缺乏公证书证的形式要件，该协议仍然成立有效。若事后协议（合伙企业章程）被认定为无效，则根据瑕疵企业的原则，该企业在被解散之日前都应被认定为存续。据此，旨在成立有限责任公司的先合同，并不需要《有限责任公司法》第 2 条第 1 款所规定的公证书证形式，而企业章程可仍然有效[8]。这是因为《有限责任公司法》第 2 条第 1 款的规定并不是为了保护股东，而是为了法律的确定性。而该点也可被以下事实所印证：成立无限个人责任的商事合伙企业或两合公司，并不需要合伙人以公证书证的形式缔结企业章程。

【12】A、B 与 C 于 2019 年 7 月 1 日所签订的合伙协议是否无效，在此可先搁置讨论。因为（未来的有限责任公司的）股东共同以事实上尚未成立的有限责任公司之名进行法律行为，就会产生（无需形式要件的、默认的）合伙企业[9]。这种企业章程的形式无效性只会影响内部企业，而不会影响到与第三方缔结法律行为的外部企业[10]。当该外部企业从事《商法典》

---

[6] BGH DB 1998, 223; MünchKommGmbHG/J. Mayer, § 2 GmbHG Rn. 209; Baumbach/Hueck/Fastrich § 2 GmbHG Rn. 29.

[7] MünchKommGmbHG/J. Mayer, § 2 GmbHG Rn. 209.

[8] Flume, FS F. Geßler, 197, S. 18 f.

[9] K. Schmidt § 34 III 2b.

[10] K. Schmidt § 34 III 2b, § 11 II 2c.

第 105 条第 1 款与第 1 条第 2 款所规定的商事活动或根据《商法典》第 105 条第 2 款第 1 句的规定（在商事登记机关处）进行登记时，该外部企业就是商事合伙企业，否则即为民事合伙企业。

c）根据《商法典》第 105 条第 1 款与第 1 条第 2 款，经营商事活动

【13】就创办人合伙企业而言，不仅需要考察是否其以设立有限责任公司为目的，更需要（在审度《商法典》第 105 条第 1 款的前提条件时）考量未来有限责任公司的经营业务。亦即需要探讨，创办人合伙企业是否已经经营相关的业务以及经营业务是否属于《商法典》第 1 条第 2 款所规定的商事活动。

【14】A、B、C（可以被认为）于 2019 年 7 月 1 日通过决议成立了一家商事合伙企业，如果当时他们决议是为了共同设立一家经营商事活动的企业（《商法典》第 105 条第 1 款）。此处所指的商事活动，根据《商法典》第 1 条第 2 款之规定系指任意的生意，除非该企业根据其形式与经营范围不需要以商人的方式经营生意。根据判例，生意是指任意自主的、外向型的、具有规划性的、以营利为目的的行为[11]。而根据学者观点，生意也可以不以营利为目的[12]。

aa）个人承担无限责任的无限合伙人

（1）判例与部分学者观点

【15】部分学者认为，商事合伙企业或两合公司中个人承担无限责任的合伙人是经营商事活动的商人，因为这些合伙人亲自经营着商事合伙企业的业务。这些无限合伙人自从事商事合伙企业或两合公司的经营业务起，就成为商人，因为商事合伙企业或两合公司的商事活动都可被归于这些合伙人自身[13]。

【16】2019 年 7 月 2 日，在与 Y 公司缔结买卖合同时，ABC 两合公司并未（在内部关系或外部关系中）成立。ABC 两合公司最早只可能自 2019 年 10 月 3 日缔结企业章程之际成立。（待成立的）两合公司并未在商事登记机关处登记（《商法典》第 123 条第 1 款），并且 A、B、C 已在 2020 年 2 月 15 日放弃登记意图，而且两合公司的成立时间也并不是 2019 年 7 月 1

[11] BGHZ 33, 321, 324; 74 273, 276.

[12] 《商法典》第 1 条中所规定的经营商事活动的概念参见 Lettl § 2 Rn. 5 ff.。

[13] BGHZ 34, 293, 296; 45, 282, 284; Canaris § 2 Rn. 20，尤其是《商法典》第 128 条所涉及的个人责任。

日或者自其经营业务起算（《商法典》第 123 条第 2 款）。两合公司也并未自 2019 年 7 月 1 日起就从事商事活动。作为两合公司中承担无限责任的无限合伙人，其所进行的法律行为并不一定就具有商人属性[14]。在本案中，与 Y 公司所进行的法律行为并不是为了 ABC 两合公司，而是为了 ABC 公司（筹）。ABC 公司（筹）并未从事商事活动（不被认定为商人），而只是 ABC 两合公司的无限合伙人。

（2）另一种观点

【17】另一种观点认为，仅有企业可以从事商事活动，而且只有企业可以是商人，而无限合伙人并不能因为其在企业中的地位就被承认为商人[15]。这些无限合伙人只有在满足《商法典》第 1 条（与之后条款）的前提下，才能被认定为从事商事活动的商人。

【18】据此，ABC 公司（筹）并未从事商事活动（不是商人），而只是 ABC 两合公司的无限合伙人。

（3）小结

【19】根据上述两种观点，ABC 公司（筹）并未从事商事活动，其只是 ABC 两合公司的无限合伙人。

bb）有限责任公司的行为

【20】A、B、C 共同决定准备成立一家有限责任公司，并不是《商法典》第 1 条第 2 款所谓的商事活动。商事活动是一种以市场为导向的经营行为，例如提供商品或服务。如果公司只是满足了自己的需求（就像本案），就并不满足前述商事活动的要求[16]。此外，除了与 Y 公司之间的买卖合同，并没有其他与第三方开展的法律行为，而且成立有限责任公司的准备工作也不属于商事活动。因而，《商法典》第 1 条第 2 款所规定的商事要求也不适用于此。而 A、B、C 共同达成的决议也并非《商法典》第 1 条第 2 款所指的商事活动。

d）在商事登记机关处登记

【21】该企业并未在商事登记机关进行登记。并且，A、B 与 C 在

---

[14] BGH NJW 1960, 1852, 1853; BB 1968, 1053 (zur oHG); Baumbach/Hopt/Roth § 105 HGB Rn. 23.

[15] K. Schmidt § 56 II 3 f.

[16] KKRD/Roth § 1 HGB Rn. 6.

2020年2月15日放弃了登记意图。因而，《商法典》第105条第2款所规定的（关于成立商事合伙企业的）前提条件也并未得到满足。

e）结论

【22】在本案中并未成立商事合伙企业，因而Y公司也不得依《民法典》第433条第2款、《商法典》第124条第1款主张支付8000欧元的请求权。

IV. Y公司可否根据《民法典》第433条第2款、类推适用《商法典》第124条第1款，主张要求民事合伙企业支付8000欧元的请求权

1. 民事合伙企业的成立

【23】A、B、C共同决定（带着共同的目的）成立一家有限责任公司，这样的行为就产生了一家企业。由于这家企业并非商事合伙企业，因此就属于民事合伙企业。如果这家民事合伙企业是买价请求权的债务人，那么Y公司就可以根据《民法典》第433条第2款向该企业主张支付8000欧元的请求权。

2. 民事合伙企业的权利能力

【24】《民法典》第705条（与之后条款）并没有与《商法典》第124条第1款一般，赋予民事合伙企业权利能力。对于民事合伙企业而言，以下问题的答案决定了其是否能享有权利能力：民事合伙企业自身是否可被认为是权利主体，还是只有合伙人才是权利主体呢？只有在前者被肯定的情况下，Y公司才可以向民事合伙企业主张买价请求权。对于谁是民事合伙企业的权利主体的问题，存在以下不同的理论。

a）传统个体理论：没有权利能力

【25】根据传统个体理论，民事合伙企业只有在财产权方面是独立的。

【26】根据这种观点，Y公司只能向合伙人主张请求权，而不能向民事合伙企业主张。据此，Y公司不能根据《民法典》第433条第2款向民事合伙企业主张支付8000欧元的请求权。

b）主流观点：享有（共同共有的）权利能力

【27】根据现今主流观点，（外向型）民事合伙企业具有权利能力，在参与法律往来时会产生自己的权利义务。

【28】由于人合公司的（个体）同一性要求，民事合伙企业必须具有承担权利与义务的能力[17]。如果一家民事合伙企业从事商事活动，只要该企业根据其形式与经营范围从事商人性质的生意，那么它就可依法成为商事合伙企业（《商法典》第 105 条第 1 款与第 1 条第 2 款）。

【29】由于民事合伙企业与商事合伙企业之间的界限并不明确，因此民事合伙企业也应享有如商事合伙企业般的权利主体能力[18]。此外，根据《转型法》的规定，资合公司可以在同一性的基础上转型为人合公司（《转型法》第 191 条第 1 款第 2 项与第 191 条第 2 款第 1 项），例如转型为民事合伙企业。而这就必须得承认民事合伙企业具有权利主体地位[19]。新的法律规定也接纳了民事合伙企业具有权利能力的学说。例如《破产法》第 11 条第 2 款第 1 项就承认，民事合伙企业可以进入破产程序（具有破产能力）。进而，《民法典》第 14 条第 2 款规定也表明，人合公司具有权利能力[20]。此外，有限责任公司（筹）作为人合公司具有权利能力，以及《民事诉讼法》第 50 条第 1 款的当事人能力与《民事诉讼法》第 51 条第 1 款的诉讼能力[21]。若企业被清算，那么在清算程序中企业仍然可享有权利能力（这种清算中的企业是一种民事合伙企业）。据此，在清算中的有限责任公司（筹）也是具有权利能力的企业。

【30】根据这种观点，Y 公司根据《民法典》第 433 条第 2 款、类推适用《商法典》第 124 条第 1 款，可享有对民事合伙企业主张支付 8000 欧元的请求权，只要双方之间订立的买卖合同成立且有效。

c）小结

【31】主流观点更具说服力（民事合伙企业具有权利能力）。继而，另一个问题接踵而来：Y 公司与民事合伙企业之间订立的买卖合同是否成立且有效？

3. Y 公司与民事合伙企业之间的买卖合同

【32】Y 公司与民事合伙企业之间订立的买卖合同有效成立的前提条

---

[17] BGHZ 146, 341, 344.

[18] BGHZ 146, 341, 346.

[19] BGHZ 146, 341, 346.

[20] BGHZ 146, 341, 347.

[21] BGH WM 2008, 984 Rn. 6.

件，就是订立合同时民事合伙企业被合法代表。而这就意味着：①以该民事合伙企业之名，并且② B 具有代表权（《民法典》第 164 条第 1 款）。

【33】在与 Y 公司交易时，B 是以 ABC 公司（筹）的名义行事。但事实上，有限责任公司（筹）或有限责任公司并没有创建，而 B 却以 ABC 公司（筹）的名义订立合同，这种做法是不正确的。在这种情况下，根据企业关联行为原则[22]，只有真实的权利主体需要对相应的法律行为承担权利与义务[23]。因此，B 所作出的意思表示可被理解为是以民事合伙企业的名义作出。故而，只有创办人合伙企业承担相应的权利与义务。

【34】根据法律规定，民事合伙企业的代表权由合伙人集体行使（《民法典》第 714 条与第 709 条第 1 款）。但是，在本案中，B 是征得 A 与 C 的同意后方才行事，因此也就不存在争议问题。

【35】B 合法地代表了民事合伙企业行事，因此 Y 公司与该民事合伙企业的买卖合同成立。

【36】只有民事合伙企业与债权人就债务问题达成协议，并在协议中约定，民事合伙企业对于债务的责任（该债务产生于有限责任公司成立之前）终止于有限责任公司的成立或正式登记时，民事合伙企业的债务责任才可在日后有限责任公司成立或登记后终止[24]。而以（并未成立的）有限责任公司（筹）的名义订立合同并不代表达成了这种协议[25]。并且，也没有明确说明民事合伙企业与 Y 公司事后订立了协议约定其免于（依据《民法典》第 433 条第 2 款的）买价请求权。尽管这种协议的确可以事后在保证债权安全性的前提下达成。例如，当有限责任公司成立的事实已被债权人明确知晓，并且该债权的安全性也不会被（后来的）有限责任公司的其他预期债务所影响[26]。但是这些情况在本案中都没有进行交代，尤其是 Y 公司并不知道，当时 ABC 公司（筹）并未成立。

4. 结论

【37】根据《民法典》第 433 条第 2 款、类推适用《商法典》第 124 条

---

[22] Vgl. dazu Lettl § 6 Rn. 5.

[23] BGH NJW 1998, 1645; BGHZ 91, 148, 152.

[24] BGH NJW 1983, 2822.

[25] BGH NJW 1983, 2822, 2823.

[26] BGH NJW 1982, 932, 933.

第 1 款，Y 公司享有对民事合伙企业主张支付 8000 欧元的请求权。

V. Y 公司可否根据《民法典》第 433 条第 2 款，主张要求 A、B、C（作为民事合伙企业的合伙人）支付 8000 欧元的请求权

【38】根据《民法典》第 433 条第 2 款，只要在订立买卖合同时 A、C 是被 B 有效代理的，Y 公司就可享有要求 A、B、C 支付 8000 欧元的请求权。而代理行为有效的前提之一是，代理人以他人之名行事（《民法典》第 164 条第 1 款）。在此有个关键的问题：民事合伙企业是否被视为权利主体？若遵循传统理论的观点，认为民事合伙企业只有在财产方面是独立的，那么 B 就只是代表合伙人。据此，合同的一方就只是这些合伙人（个人）。若赞成前述的主流观点，将民事合伙企业视为权利主体，那么 B 代表的就是民事合伙企业。据此，合同的一方就是民事合伙企业。然而，在此又产生了一个疑问：代理人（B）是同时以企业与合伙人之名行事（双重责任理论），还是只代表了企业（从属理论）？

1. 双重责任理论

【39】根据双重责任理论，企业与全体合伙人都需承担责任。企业需以所有企业资产担责，而合伙人需以私人资产担责[27]。据此，企业与合伙人都需对代理行为承担责任。而代理人是以企业与合伙人双重名义行事，并在相应的代理权下会产生企业的责任（企业需以企业资产担责）与合伙人的责任（合伙人需以私人资产担责）。

2. 从属理论

【40】根据从属理论，对于企业的债务主要以企业资产担责。而合伙人只有在法定的情况下，才需以私人资产对企业债务承担附随责任（类推适用《商法典》第 128 条第 1 句）。在代表民事合伙企业的情况下，企业代表人只是代表了该民事合伙企业。合伙人的责任并非源于法律行为（代理），而只可能依据法律规定所产生[28]。

[27] Habersack JuS 1993, 1 ff.; Hommelhoff ZIP 1998, 8 f.

[28] BGH NJW 2003, 1445, 1146 f.; 2003, 1803, 1804; BGHZ 142, 315; 146, 341; 150, 1; Altmeppen NJW 2003, 1553 ff.

3. 观点与结论

【41】由于双重责任理论部分基于拟制意思表示，因而从属理论相较而言更胜一筹。据此，A、B、C 并不是（与 Y 公司订立的）买卖合同的合同方。因此，A、B 与 C 依法需以私人资产对企业债务承担附随责任（类推适用《商法典》第 128 条第 1 句）。

VI. Y 公司可否类推适用《商法典》第 128 条第 1 句与依据《民法典》第 433 条第 2 款，并类推适用《商法典》第 124 条第 1 款，主张要求 A、B、C（作为民事合伙企业的合伙人）支付 8000 欧元的请求权

【42】由于合伙人 A、B、C 依法需以私人资产对民事合伙企业的债务承担附随责任（类推适用《商法典》第 128 条第 1 句），而且民事合伙企业对 Y 公司需承担 8000 欧元的债务（根据《民法典》第 433 条第 2 款，类推适用《商法典》第 124 条第 1 款），所以 Y 公司除了可以向民事合伙企业主张请求权外，还可以向 A、B、C（作为共同债务人）同时主张请求权。

VII. Y 公司可否根据《有限责任公司法》第 11 条第 2 款，主张要求 B 支付 8000 欧元的请求权

【43】《有限责任公司法》第 11 条第 2 款并不适用于创办人合伙企业，而只适用于有限责任公司（筹）设立之后（对于股份有限公司，请参阅《股份有限公司法》第 41 条第 1 款第 2 句）[29]，因为创办人合伙企业（民事合伙企业）与有限责任公司（筹）之间并不存在一致性。此外，对于《有限责任公司法》第 11 条第 2 款的规定能适用于创办人合伙企业的理论，也不存在令人信服的理由。《有限责任公司法》第 11 条第 2 款是为了提供一种补偿，通过创设（至少一个）自然人的无限责任为手段，使得企业能与（经过法院登记管理、公告并被注资义务所确保的）有限责任公司一样得到保障[30]。而在有限责任公司设立的前期（创办人合伙企业）并不需要如此补偿。因为代理人在有权代理的情况下，创办人合伙企业与合伙人都会对企业的

[29] BGHZ 91, 148, 150 ff.

[30] BGHZ 91, 148, 152.

债务承担责任。若在无权代理的情况下，代理人将根据《民法典》第 179 条的规定自行担责。

【44】由于在订立买卖合同时尚未成立有限责任公司（筹），只是处于公司设立的前期阶段，因此《有限责任公司法》第 11 条第 2 款不能适用。

问题 2

I. Z 银行可否根据《民法典》第 488 条第 1 款第 2 句、《商法典》第 124 条第 1 款、第 161 条第 2 款，主张要求两合公司支付 1 万欧元的请求权

1. 两合公司的存在（《商法典》第 161 条第 1 款）

a）GmbH & Co. KG 法律形式的合法性

【45】GmbH & Co. KG（由有限责任公司担任无限合伙人的两合公司）是一种企业形式混合的产物，其被判例与法律规定所认可（参阅《商法典》第 19 条第 2 款、第 125a 条第 1 款第 2 句、第 130a 条第 1 款第 1 句、第 172 条第 6 款第 1 句）。

b）无限合伙人与有限合伙人

【46】两合公司是由无限合伙人与有限合伙人所组成。

【47】A、B、C 是有限合伙人，而由 A、B、C 共同成立的有限责任公司是两合公司的无限合伙人。

aa）有限责任公司作为无限合伙人

【48】有限责任公司可以作为两合公司的无限合伙人。然而在本案中，有限责任公司尚未在商事登记机关处登记。根据《有限责任公司法》第 11 条第 1 款，在未经登记前，有限责任公司并未成立。由于缺乏登记程序，因此有限责任公司并非该两合公司的无限合伙人。

bb）有限责任公司（筹）作为无限合伙人

（1）有限责任公司（筹）的成立

【49】有限责任公司（筹）可以成为两合公司的无限合伙人[31]。因为有限责任公司（筹）具有组织框架，并且能由执行董事对外代表该有限责任

---

[31] BGHZ 80, 129, 132; K. Schmidt § 34 III 3; Müller-Graff/Blank JuS 1992, 493, 494.

公司（筹）[32]。此外，出于保护债权人的目的，根据法律规定与公司章程，有限责任公司（筹）（通过注资或获得要求注资的债权）已掌握了一定的资本[33]。

【50】A、B 和 C 已完全完成了其注资义务，并且通过了（于 2019 年 10 月 1 日所缔结的）形式有效的公司章程，有限责任公司（筹）也事实上成立了。

（2）有限责任公司（筹）参加两合公司行为有效

【51】当执行董事代表有限责任公司（筹）有效表达参加两合公司的意愿（《民法典》第 164 条第 1 款），那么有限责任公司（筹）参加两合公司的行为就是有效的。而这一切又需要满足两个前提条件：以被代表人之名行事［以有限责任公司（筹）之名］与有效的代表权。然而问题在于，执行董事的代表权是否也包括了能够代表有限责任公司（筹）表达，以无限合伙人的身份参加两合公司[34]？

（a）观点 1：执行董事只有有限的代表权

【52】根据判例[35]与主流[36]观点，有限责任公司（筹）的执行董事的代表权受限于有限责任公司（筹）的目的。而其目的在于，推动有限责任公司（筹）向法人发展。此外，有限责任公司（筹）的目的还在于管理与维持已有的公司资产。因此，有限责任公司（筹）的执行董事的代表权受限于必要的公司基本行为，例如接收股东注资（《有限责任公司法》第 7 条第 3 款）与在商事登记机关进行公司登记。而这种限制的目的在于保护公司创始股东的权益，并且能降低法律表象责任与保护交易利益。

【53】对于超过前述范围的代表权，可以通过股东的授权予以扩展[37]。《有限责任公司法》第 2 条的形式要件在此并非必要，因为对于公司机关代表权的限制仅对公司正式注册前有意义，如果有限责任公司注册成立后，就应适用《有限责任公司法》第 37 条第 2 款之规定[38]。

---

[32] BGHZ 80, 129, 132.

[33] BGHZ 80, 129, 132.

[34] 有限责任公司（筹）的代表权的权限范畴参见 Windbichler § 21 Rn. 22。

[35] BGHZ 80, 129, 139 f.

[36] Vgl. MünchKommGmbHG/Merkt, § 11 GmbHG Rn. 25.

[37] BGHZ 80, 129, 139.

[38] BGHZ 80, 129, 139.

（b）观点 2：执行董事拥有无限代表权

【54】根据另一派的观点，依据《有限责任公司法》第 35 条、第 37 条，有限责任公司（筹）的执行董事拥有无限代表权[39]。因为有限责任公司（筹）的公司目的并不仅限于前往商事登记机关进行登记，还与日后的有限责任公司一致。股东仅能在内部关系上对执行董事的权限加以限制，除了几个明显的例外情况外［《民法典》第 138 条第 1 款的共谋行为、第 242 条与类推适用第 171 条（与后续条款）的滥用代理权行为、第 181 条的自我交易］，其他情况下都需要承担越权代表的责任。

（c）小结

【55】由于参加两合公司的行为是征得 A、B、C 一致同意的，因此上述两种观点的争论结果并不会影响到本案的结论。因为根据上述两种观点，有限责任公司（筹）加入两合公司的行为都是有效的。自我交易的禁止（《民法典》第 181 条）在本案中并不适用，虽然 A、B、C 都是两合公司的有限合伙人，且由其代表有限责任公司（筹）加入两合公司，但是 A、B、C 并不受制于自我交易的禁止性规定。

cc）A、B、C 作为有限合伙人

【56】在两合公司中，A、B、C 分别担任有限合伙人。而 A、B、C 是否根据规定完成了其作为有限合伙人的出资义务，与其有限合伙人的身份地位无涉。

dd）小结

【57】在两合公司中，既有有限责任公司（筹）担任无限合伙人，又有 A、B、C 作为有限合伙人。

c）从事商事活动

【58】玻璃贸易必须属于《商法典》第 1 条第 2 款所规定的商事活动（《商法典》第 105 条第 1 款、第 161 条第 2 款）。《商法典》第 1 条第 2 款所规定的例外情况并不存在，因为两合公司经营各种玻璃制品，并能预期营收数百万欧元。该两合公司的全部资金需求为 300 万欧元，并通过 C 的出资获得了一块经营性土地。通过整体评价这些条件，可以得出相应的结论，即该企业是商人为经营生意所搭建的企业架构。据此，其所从事的业

[39] Vgl. nur K. Schmidt § 34 III 3b bb.

务属于《商法典》第 1 条第 2 款所规定的商事活动[40]。

d）在共同的公司名称下行事

【59】经营商事活动需在共同的公司名称下进行，而在本案中，公司被命名为 ABC 两合公司。

e）小结

【60】在 A、B、C 的内部关系中，两合公司通过 2019 年 10 月 4 日的企业章程成立。然而，如果 Z 银行想要根据《民法典》第 488 条第 1 款第 2 句，《商法典》第 124 条第 1 款、第 161 条第 2 款要求两合公司支付 1 万欧元，那么两合公司必须在外部关系中也有效成立。

f）根据《商法典》第 123 条、第 161 条第 2 款，两合公司在外部关系的成立

aa）《商法典》第 123 条第 1 款、第 161 条第 2 款

【61】根据《商法典》第 123 条第 1 款、第 161 条第 2 款，判断两合公司与第三方关系的有效性的关键节点在于，两合公司是否在商事登记机关处进行登记。

【62】《商法典》第 123 条第 1 款所规定的登记并未发生。并且，A、B、C 已经放弃了登记意图。

bb）《商法典》第 123 条第 2 款、第 161 条第 2 款

【63】根据《商法典》第 123 条第 2 款、第 161 条第 2 款，除非另有《商法典》第 2 条或第 105 条第 2 款中规定的情形，两合公司与对外关系的有效性可无关于企业登记，而直接取决于企业经营之始。一家企业对外的经营之始，并不是指其完全开展了所有业务，而是该企业为实现企业目的，开始与第三方开展法律行为，哪怕只是准备性协商[41]。因此，《商法典》第 123 条第 2 款、第 161 条第 2 款所规定的经营之始是指，以企业之名与第三方开展活动之际，只要能证明该企业会在未来短时间内进行相应商事活动即可[42]。在个案中，前述准备性协商必须能推论出企业会在近期内开展完全的商业活动[43]。

---

[40] 参见 Baumbach/Hopt/Roth § 123 HGB Rn. 10 所列举的例子。

[41] BGH ZIP 2004, 1208, 1209 f., besprochen von Staake JA 2004, 780.

[42] BGH ZIP 1990, 505, 507; 2004, 1208, 1210; BGHZ 10, 91, 96.

[43] Staake JA 2004, 780, 781.

【64】由于 ABC 两合公司是为了从事《商法典》第 1 条第 2 款所规定的商事活动，因此《商法典》第 2 条或第 105 条第 2 款并不适用。在此需要探讨的是，ABC 两合公司是否已经开始了经营？购买计算机软件、租赁办公场所与银行开户都能充分证明该企业已经开始经营[44]。此外，ABC 两合公司在 2019 年 11 月 10 日参加博览会时宣告可以自 2019 年 12 月起发货的行为，也属于《商法典》第 123 条第 2 款、第 161 条第 2 款所规定的经营之始。由于在本案中，企业参加博览会的决议是经由全体合伙人一致决定的，因此也不涉及另一个问题（即《商法典》第 123 条第 2 款的法律结果是否只有在全体合伙人一致同意开始经营的情况下才会发生）[45]。ABC 两合公司的经营之始（《商法典》第 123 条第 2 款、第 161 条第 2 款）至少可以定为 2019 年 11 月 10 日。

【65】尽管 ABC 两合公司的开户日期（2019 年 10 月 5 日）早于该日期，但在此最为关键的是偿还请求权的产生时间，也就是两合公司透支（透支行为可被默示为缔结了《民法典》第 488 条所规定的借贷合同）的时间。企业透支发生于 2020 年 1 月 28 日，晚于企业经营开始时间。根据《商法典》第 123 条第 2 款、第 161 条第 2 款，ABC 两合公司透支时间发生于两合公司对外关系成立之后（对外关系成立的时间点为 2019 年 11 月 10 日企业参加博览会宣告可以自 2019 年 12 月起发货之际）。至于两合公司在 2019 年 10 月 5 日所进行的开户活动是否属于《商法典》第 123 条第 2 款、第 161 条第 2 款所规定的经营之始的问题，可以暂且搁置。

2. 两合公司的行为

【66】有限责任公司（筹）作为两合公司的无限合伙人，是两合公司具有对外代表权的合伙人（《商法典》第 125 条第 1 款、第 126 条第 1 款、第 161 条第 2 款）。而根据《有限责任公司法》第 35 条第 1 款第 1 句，有限责任公司（筹）的执行董事对外代表有限责任公司（筹）。有限合伙人无权对外代表两合公司（《商法典》第 170 条）。

【67】C 作为有限责任公司（筹）享有独立代表权的代表人，在 Z 银

[44] Baumbach/Hopt/Roth § 123 HGB Rn. 10.

[45] 需要得到全体股东的一致同意，Baumbach/Hopt/Roth § 123 HGB Rn. 12；a. A. MünchKommHGB/K. Schmidt § 123 HGB Rn. 10.

行（Z 银行是具有权利能力的法人，参见《股份有限公司法》第 1 条第 1 款第 1 句）处以 ABC 两合公司的名义开户。因此，C 在此也代表 ABC 两合公司。因为在本案中并未提及是否在合同中有相关条款，约定银行合同自有限责任公司登记之日起有效或者相关偿付义务应在有限责任公司登记之日后到期，所以在此不做探讨。因而，Z 银行要求两合公司偿还 1 万欧元贷款的债权，在该企业关闭银行账户后，于 2020 年 2 月 1 日到期。

3. 结论

【68】根据《民法典》第 488 条第 1 款第 2 句、《商法典》第 124 条第 1 款、第 161 条第 2 款，Z 银行要求两合公司支付 1 万欧元的请求权成立。

II. Z 银行可否根据《商法典》第 128 条第 1 款、第 161 条第 2 款与《民法典》第 488 条第 1 款第 2 句，《商法典》第 124 条第 1 款、第 161 条第 2 款，主张要求有限责任公司（筹）支付 1 万欧元的请求权

【69】由于有限责任公司（筹）是两合公司的无限合伙人，其涉及《商法典》第 128 条第 1 款、第 161 条第 2 款所规定的个人责任。有限责任公司（筹）是登记成立有限责任公司的必要前提。两合公司拖欠 Z 银行的债务为 1 万欧元。根据《商法典》第 128 条第 1 款、第 161 条第 2 款，有限责任公司（筹）对该债务应承担附随责任。因而，根据《商法典》第 128 条第 1 款、第 161 条第 2 款与《民法典》第 488 条第 1 款第 2 句，《商法典》第 124 条第 1 款、第 161 条第 2 款，Z 银行要求有限责任公司（筹）支付 1 万欧元的请求权成立。

III. Z 银行可否主张要求 A、B、C 支付 1 万欧元的请求权

1.A、B、C 作为有限责任公司（筹）的创始股东对于其债务的责任

a）德意志联邦最高法院与部分学者的观点

aa）原则：无限对内责任

（1）股东对于有限责任公司（筹）的无限责任

【70】根据德意志联邦最高法院的观点[46]，有限责任公司（筹）的创始

[46] BGHZ 134，333，335. 关于有限责任公司（筹）的责任范畴参见 Drygala Jura 2003，433 ff.; Langenbucher JuS 2004，387，388 f. und Lutter JuS 1998，1073，1075 ff.

股东理论上来说应承担无限责任。因为根据民法与商法一般原则，单独个人或与其他个人共同进行某项行为，应当对该行为所产生的结果承担无限责任。该原则可以通过法律规定［例如《商法典》第 171 条（与之后条款）、《股份有限公司法》第 1 条第 1 款第 2 句、《有限责任公司法》第 13 条第 2 款］或协议予以变更。因此，除了法定情况外，也可以存在有限责任。

【71】《有限责任公司法》第 13 条第 2 款与无限责任的推定并无冲突。因为该法律规定是为已登记的有限责任公司量身定做的，并且由于《有限责任公司法》第 11 条第 1 款的规定，不能将有限责任扩展至有限责任公司（筹）[47]。此外，这样也会产生价值冲突，若有限责任公司（筹）的股东责任可以是有限责任，那么股东责任在公司登记前后并无差别，从而会导致股东消极对待公司注册[48]。为了避免这种情况，就必须让股东责任在有限责任公司登记前后有所区别。

【72】创始股东应对有限责任公司（筹）在开始经营活动后所产生的所有损失承担责任[49]。因此在公司成立阶段，股东将承担所有经营风险。因为，股东必须消弭公司经营活动所产生的“预设负担账户”的账户缺口，只要这些账户缺口不涉及法定的或公司章程所规定的公司成立费用（例如公证费用或不动产过户费用等）。只有在股东消弭公司资产（扣减债务后）与注册资本之间的缺口后，股东对于公司注册资本的义务才可以被免除。并且股东还必须按比例承担出资责任（例如根据《有限责任公司法》第 24 条，其余股东应对出资不足承担补充责任）。在此还需探讨一个问题：股东的无限责任是仅仅针对本企业（对内责任）还是也针对企业债权人（对外责任）的？

（2）股东仅有对内责任

【73】有一种观点认为，股东只对有限责任公司（筹）承担对内的无限责任[50]。德意志联邦最高法院也赞成这种观点[51]，认为由于有限责任公司（筹）已经接近具有权利能力的有限责任公司，其股东的责任应与商事合伙企业的合伙人共同对外责任相异。而且在此情况下，债权人也不会遭受

---

[47] BGHZ 134, 333, 336.

[48] BGHZ 134, 333, 337.

[49] BGHZ 134, 333, 337.

[50] BGHZ 134, 333, 336, 338 ff.

[51] BGHZ 134, 333, 336, 339.

不合理的损失。因为他们可通过财产保全的方式，向创始股东主张有限责任公司（筹）的亏缺填补请求权。

（3）小结

【74】根据德意志联邦最高法院的观点[52]，有限责任公司（筹）的股东对外不存在直接的个人责任。因此，股东不必对有限责任公司（筹）的债权人承担责任，而是仅需在内部关系中，根据其股权占比，对有限责任公司（筹）承担无限责任（即所谓的“亏缺填补责任”）。

bb）需承担无限责任的例外情况

【75】根据德意志联邦最高法院的判例[53]，当（亏缺填补请求权所涉及的）财产保全所要求的形式要件过于烦琐，那么就会产生有限责任公司（筹）股东的对外责任（对债权人）。继而，德意志联邦最高法院发展了不同的例外情况，具体有：①有限责任公司（筹）的公司资产缺乏；②有限责任公司（筹）行为能力丧失；③只有一位债权人；④一人公司；⑤所谓的“非真实”有限责任公司（筹）。

（1）有限责任公司（筹）的公司资产匮乏

【76】有限责任公司（筹）可以没有资产或没有重要资产。例如有限责任公司（筹）（除了对股东的亏缺填补请求权外）没有任何其他的资产。以下线索也能证明企业匮乏资产，例如破产申请无法保证会被接纳或因为缺乏（用于破产程序必要的）财产而被拒绝。

【77】ABC 公司（筹）并不匮乏资产，因为所缴纳的注册资本共计 3 万欧元，（扣减购买计算机软件的 2000 欧元与每月房租 1500 欧元后）仍有余额。而且 ABC 公司（筹）并不需承担向 Y 公司支付家具费 8000 欧元的义务。

（2）有限责任公司（筹）行为能力丧失

【78】当有限责任公司（筹）没有执行董事时，有限责任公司（筹）就丧失其行为能力。

【79】ABC 公司（筹）并未丧失行为能力，因为它还有 B、C 两位执行董事。

（3）只有一位债权人

【80】ABC 公司（筹）并不只有一位债权人，而是至少还存在两位债

[52] BGHZ 134，333 ff.

[53] BGH NJW 2003，429 ff.；BGHZ 134，333，341；vgl. auch Windbichler § 21 Rn. 25.

权人。在经得A、B同意后，C以ABC公司（筹）的名义：①于F处购得价值2000欧元的计算机软件；②向V以每月1500欧元的价格租赁办公室。由于A、B已经对这些法律行为表示同意，也就不必再讨论另一个问题，即有限责任公司（筹）的执行董事的代表权是否只限于必要的基础性事务，还是说没有任何限制。

（4）一人公司

【81】ABC公司（筹）并不是一人公司，因为A、B、C都是该企业的股东。

（5）所谓的“非真实”有限责任公司（筹）

【82】当有限责任公司（筹）的股东在放弃公司登记意图后，还继续活跃地经营公司业务（不只是单纯地进行公司清算），就被称为“非真实”有限责任公司（筹）[54]。“非真实”有限责任公司（筹）有如下情况：①尽管有格式正确的有限责任公司章程，但是（股东）自始不希望成立真正的有限责任公司，但是对外又以有限责任公司（筹）的名义进行活动。或②尽管股东已经知晓无法成立有限责任公司，但是股东仍然经营公司的业务。对此的判断标准在于，股东无法推进公司在商事登记机关处的公司登记（例如撤回公司登记申请、未能解决公司登记障碍），但即便如此，对外仍然以有限责任公司（筹）的名义进行活动。在上述情况下，若公司登记意图自始缺乏或者之后消失，那么就将该企业视作人合公司[55]。也就是说，这样的企业是民事合伙企业或者（在商事登记后）商事合伙企业。在这种情况下，有限责任公司（筹）的权利无法适用。因为有限责任公司（筹）只是成立有限责任公司的过渡阶段。而“非真实”有限责任公司（筹）并不是这种过渡阶段，因为这种企业早已放弃公司登记意图，从而不可能成立有限责任公司。

【83】“非真实”有限责任公司（筹）的股东需根据人合公司的原则承担责任。亦即，股东需要承担对外无限责任。若有限责任公司成立失败，针对公司登记前股东一致同意进行的法律行为，只有在有限责任公司（筹）（自公司成立失败后）立即停止经营活动并且展开清算活动的情况下，亏缺填补责任方才适用。如果有限责任公司（筹）延迟停止经营活动，那么

[54] BGH NJW 2003, 429.

[55] BGH NJW 2003, 429, 430.

创始股东就需根据人合公司的原则对企业全部债务承担责任（相关法律思想参见《商法典》第 25 条、第 28 条）[56]。

【84】在本案中，A、B、C 尽管在 2020 年 2 月 15 日放弃了公司登记意图，然而自此之后并无任何的企业经营活动。而且 A、B、C 还进行了公司清算。因此 A、B、C 不必根据人合公司的原则，对（至公司登记为止所产生的）债务承担责任。

cc）小结

【85】在本案中并不存在（根据判例所确定的）需承担对外无限责任的例外情况。A、B、C 不必根据人合公司的原则对 ABC 公司（筹）的债务承担责任。而且本案也不涉及以下问题；即是否存在例外情况［例如有限责任公司（筹）的资产匮乏、行为能力丧失、只有一个债权人］，导致股东需按比例[57]或共同[58]对外承担无限责任？ Z 银行不能向 A、B、C 主张支付 1 万欧元的请求权。但是 Z 银行可以要求，有限责任公司（筹）对 A、B、C 采取财产保全措施，并将相关金额向 Z 银行转账（《民事诉讼法》第 829 条、第 835 条）。

b）另一种观点：股东始终应承担（对外）无限责任

【86】部分学者认为，有限责任公司（筹）的股东对外应始终承担无限责任[59]。他们赞同德意志联邦最高法院的初始观点，即根据法律规定，相关股东应承担无限责任。根据法律概念，这种责任也应该为对外责任。而股东的对内（无限）责任事实上限制了其无限的个人责任，而且这种限制必须是建立于法律规范基础之上的，而这种法律基础（在本案中）并不存在。他们认为，若遵循德意志联邦最高法院的观点，那么债权人只能先获得对企业的某项权利，然后才能对股东强制执行其债权。临时法律保护措施也无法向股东直接执行。因而，只要企业还尚未满足（法律所承认的）有限责任法律形式的要求时，股东就有必要对外承担无限责任[60]。

【87】根据这种观点，A、B、C 应向 Z 银行直接承担 1 万欧元的债务。

[56] BGH NJW 2003, 429, 430; BGHZ 80, 129, 142.

[57] So BAG BB 1997, 2535 f.; NJW 1998, 628, 629; BFH NJW 1998, 2926, 2927; BSG ZIP 2000, 494, 496; Baumbach/Hueck/Fastrich § 11 GmbHG Rn. 26; Ulmer ZIP 1996, 736, 737 f.

[58] So LAG Hessen GmbHR 1998, 782, 783; Ensthaler BB 1997, 1210 f.

[59] K. Schmidt § 34 III 3 c aa; Altmeppen NJW 1997, 3272.

[60] K. Schmidt § 18 IV 1b, bb.

c）本书观点

【88】根据德意志联邦最高法院的观点，有限责任公司（筹）的股东只需对有限责任公司（筹）的债务承担对内的无限责任即可。对外无限责任对于这种资合公司并不适用。因为根据资合公司的特征，股东仅需对内按份缴纳与维持注册资本即可。若仅是为获得债权人的信赖，而要求有限责任公司（筹）的股东承担对外无限责任显得并不合理。而认为只有在企业满足了有限责任法律形式的要求后，股东才可摆脱对外无限责任的观点，与《商法典》第176条第1款所体现的内涵精神不符。因为根据该条款规定，在两合公司登记之前，只有在债权人并不知晓有限合伙人身份的情况下，有限合伙人才会对其所同意进行的公司债务对外承担无限责任（在其他情况下，有限合伙人也只需承担有限责任）。同样的道理，以“有限责任公司”或“有限责任公司（筹）”的名义开展活动，能明确地让第三方知道该企业是 GmbH & Co. KG 的无限合伙人，而其他的合伙人就是有限合伙人。

d）结论

【89】Z银行要求A、B、C［作为有限责任公司（筹）的股东］支付1万欧元的请求权不成立。

2. A、B、C作为有限合伙人的责任

a）《商法典》第176条第1款

【90】根据《商法典》第176条第1款，A、B、C作为有限合伙人可以排除个人责任。尽管两合公司在登记之前就开展了业务（在全体合伙人同意之下），但是由于 GmbH & Co. KG 的形式明确表明有限责任公司为无限合伙人，所以第三方可以知晓其余的合伙人为有限合伙人。这属于《商法典》第176条第1款所规定的“债权人知晓”的情况[61]。这也符合《商法典》第19条第2款的规定。

b）《商法典》第171条第1款

【91】根据《商法典》第171条第1款，有限合伙人以其出资额为限对债权人直接承担责任。在此需要区别，对外关系中以欧元金额为准的责任金额与对内关系中出资义务的差别。

[61] BGH NJW 1983, 2258, 2260; WM 1986, 1280; K. Schmidt § 56 III 3 b; Müller-Graff/Blank JuS 1992, 493, 495 f.

【92】对于 A 与 B 而言，他们俩的责任金额与出资义务一致（都为 50 万欧元）；两人都完全履行了其出资义务，因而他们不必再承担其他个人责任（《商法典》第 171 条第 1 款第 2 个半句）。

【93】而对于 C 而言，其责任金额为 50 万欧元，但他注资所提供的不动产连带工厂厂房市值仅为 20 万欧元。根据《商法典》第 171 条第 1 款第 2 个半句，出资义务的完成程度应根据客观价值进行考量[62]。由于责任金额与出资义务存在差别，因此 C 的个人责任仍然存在。因而 C 应向 Z 银行承担最高金额为 30 万欧元的责任。

【94】根据《商法典》第 171 条第 1 款，Z 银行可以向 C（但不能向 A 与 B）主张支付 1 万欧元的请求权。

3. 根据《有限责任公司法》第 11 条第 2 款，A、B、C 的责任

a）C 作为（行事的）执行董事的责任

【95】根据《有限责任公司法》第 11 条第 2 款，在公司登记以前，以未来有限责任公司之名从事法律行为或类法律行为者，需承担相应的责任。《有限责任公司法》第 11 条第 2 款所规定的责任是为了保护债权人，因为（在那种情况下）没有具备资本的法人能向其承担责任。此外，执行董事应尽快安排进行公司登记。《有限责任公司法》第 11 条第 2 款所规定的行为人，只能是（未来公司的）执行董事或者类执行董事之人[63]。《有限责任公司法》第 11 条第 2 款包含了对外的法律行为与类法律行为。该规定并不适用于依法所产生的债务（例如缴纳社会保险金）。只有当损害赔偿请求权涉及公司业务联系，损害赔偿请求权才能被包括在该条款之内（《民法典》第 288 条第 1 款）。《有限责任公司法》第 11 条第 2 款也总能适用于不当得利请求权。但是，该条规定不能适用于公司与股东之间的（非公司法上股东义务的）其他交易行为。此外，细究《有限责任公司法》第 11 条第 2 款的规定，法律条款中规定的是“以未来有限责任公司之名行事”，而并没说是“以有限责任公司（筹）之名行事”。有学者认为[64]，这里既包括以未来有限责任公司之名，也包括以有限责任公司（筹）之名，因为这

[62] BGHZ 61, 59, 72.

[63] BGHZ 47, 25, 28; 65, 378, 380; 91, 148, 149.

[64] Roth/Altmeppen § 11 GmbHG Rn. 21–27.

两者往往难以区分。而且，有限责任公司（筹）与有限责任公司两者的主体一致。根据主流观点，《有限责任公司法》第 11 条第 2 款并不涉及第三者是否知晓，因为该条款并不构成信赖责任。《有限责任公司法》第 11 条第 2 款是任意性条款，因此可以通过缔结协议来排除相关责任[65]。

【96】根据《有限责任公司法》第 11 条第 2 款的规定，行为人必须像该合同已经成立一般履行相应的义务。而行为人本身并无基于合同的相对请求权。这是源于行为人所应承担的附随责任。行为人只能在履行完义务后，基于无因管理［《民法典》第 677 条（与之后条款）］向有限责任公司（筹）主张追索请求权或者根据亏缺填补责任向创始股东主张请求权[66]。而当有限责任公司（筹）的债务转移给有限责任公司后，《有限责任公司法》第 11 条第 2 款所规定的责任也随之消失。由于有限责任公司（筹）与有限责任公司之间存在主体一致性，当有限责任公司（筹）在商事登记机关登记后，其债务自然转移给（新成立的）有限责任公司。《有限责任公司法》第 11 条第 2 款的条款目的自此之后不再有意义。但是在此还存在例外情况，即行为人越权代表。

【97】C 是 ABC 公司（筹）的执行董事，并通过法律行为产生了债务。他并不是以未来有限责任公司之名行事，而是以 ABC 两合公司之名行事。德意志联邦最高法院[67]也将这种情况纳入《有限责任公司法》第 11 条第 2 款之内：如果无限合伙人的执行董事以两合公司之名行事，而当时（作为无限合伙人的公司）尚处于有限责任公司（筹）阶段，那么就会根据《商法典》第 128 条第 1 句、第 161 条第 2 款产生有限责任公司（筹）责任，至公司登记为止，该执行董事必须根据《有限责任公司法》第 11 条第 2 款承担个人责任。只有在强调执行董事必须承担行为责任的基础上，才能确保有限责任公司（筹）可以成为（两合公司中）合适的无限合伙人。《有限责任公司法》第 11 条第 2 款是针对缺乏公司登记管理、缺乏公开性与无法完全适用资本保护条款的（未登记公司）一种补充性规定[68]。根据《商法典》第 128 条第 1 款、第 161 条第 2 款，C 应向 Z 银行承担 ABC 公司（筹）

---

[65] Baumbach/Hueck/Fastrich § 11 GmbHG Rn. 48.

[66] OLG Oldenburg NZG 2000, 378, 379.

[67] BGHZ 80, 129, 133.

[68] BGHZ 80, 129, 133.

的债务 1 万欧元。因而，C 应根据《有限责任公司法》第 11 条第 2 款，向 Z 银行支付 1 万欧元。

b）A 和 B 的责任

【98】《有限责任公司法》第 11 条第 2 款所规定的行为人，只能是执行董事或者类执行董事之人[69]。只是同意有限责任公司（筹）从事某项事宜并不构成行为人。因而，股东若只是同意企业从事经营活动，并不会使其成为《有限责任公司法》第 11 条第 2 款所规定的行为人[70]。据此，A、B 不必根据《有限责任公司法》第 11 条第 2 款的规定，向 Z 银行承担 1 万欧元的债务。

[69] MünchKommGmbHG/Merkt § 11 GmbHG Rn. 131.

[70] Baumbach/Hueck/Fastrich § 11 GmbHG Rn. 43; Beuthien ZIP 1996, 309 ff.; Wilhelm DB 1996, 921, 923.

案例六　分别总是痛苦的

——有限责任公司股权回购协议内容的有效性

案例根据 BGHZ 164，98 和 BGHZ 164，107 改编。

案件事实

第一部分

Allerbeste 饮料有限责任公司（以下简称 A 公司）经营着许多饮料超市，而这些饮料超市也都各自以有限责任公司的形式组建。每家饮料超市的日常运营都由本店店长（他们同时也都是这些超市的执行董事）自己直接管理。而相关的行政管理则是由 A 公司的执行董事负责。这种管理结构是基于 A 公司的理念，促进这些管理者的积极性，使他们觉得卖场属于自己。为了实现这一企业理念，A 公司还让每个店长在自己管理的饮料超市（有限责任公司）中至多参股 10%。而剩余的其他注册资本则由 A 公司认缴。店长购买股权只需支付票面金额，并且只参与饮料超市的盈利分红，不必承担饮料超市的亏损。并且，A 公司还与店长们达成协议，如果 A 公司取消他们店长职位或者他们的店长雇佣合同终止，他们的股东身份也自动终止。为此，在获得股权时，店长们也作出了以下要约：如果他们被撤销职位或雇佣合同终止，股权将被回购。而 A 公司必须在上述情况发生后的两周内对该要约作出承诺。而股权回购的买价，应该根据运营资产的单位价格与三年的平均收入而定，但不得超过票面金额的十倍。此外，在各公司（即各饮料超市）的公司章程中规定，转让公司股权必须征得该公司的同意。

Bertram Beiersdorfer（以下简称 B）是“Drinky–Markt GmbH Berlin”（以下简称 D 公司）的执行董事，该公司的注册资本为 100000 欧元。B 担任 D

公司的执行董事，每月的税前工资为8000欧元。基于前述企业理念，B于2014年12月30日签订一份协议，从而成为D公司的股东之一。根据该协议，B支付票面金额价格20000欧元，（从A公司处）获得相应股权。同样在2014年12月30日，B将前述股权回购预制要约，在公证人处进行了公证书证。在2015年与2016年，B均获得了D公司的盈利分红148556.89欧元。

2018年5月28日，根据A公司决议，B被撤销D公司执行董事职位，并被通知终止雇佣合同（A公司在D公司处拥有超过必要多数的股权）。2018年6月1日，A公司承诺接受B于2014年12月30日所作的股权回购要约。A公司支付给B共计20000欧元的补偿费。B认为股权回购协议是无效的。B认为，该协议违背了公司法所规定的同等对待原则。因此，B在律师Horst Hurtig（以下简称H）处咨询法律意见。

第二部分

Ernst Ettaler（以下简称E）是D公司205名员工之一。为了践行企业理念，A公司决定，即使是子公司员工也可以成为子公司的股东。2010年，E在支付票面金额1000欧元后，从A公司处获得了D公司的相应股权。2011年，在D公司增资后，A公司赠送给了E票面金额价值为1000欧元的股权。在这两次获得股权的同时，E也分别作出了股权回购的要约，前提条件为当E不再为D公司工作。而相应地，当股权被回购时，E有权获得他为股权所支付的买价。在D公司的公司章程第9条中规定：

“（1）若股权转让并非A公司或者A公司的法律继承者所为，则股权转让仅可转让于A公司，或其法律继承者，或者A公司或其法律继承者所指定的第三方。禁止股权质押。

“（2）若股东不再为本公司服务（无论何种缘由），则该股东有义务（若股东死亡，则由其继承人代行）将其所拥有的股权，转让给A公司或其法律继承者或者A公司或其法律继承者所指定的第三方。该义务应在终止劳动合同关系时（在通知解雇劳动合同关系时，不损异议提出的情况下）毫不延迟地予以履行。

“（3）在所有情况下，股权转让的价格都以股东为获取该股权所支付的价格为准。”

2012年5月2日，在D公司增资之后，E又免费获得了票面价值为10000欧元的股权。

2018年10月19日，由于个人健康问题，E终止了劳动合同关系。据此，

A 公司对 E 于 2010 年与 2011 年的股权回购要约作出了承诺。同时，A 公司支付给 E 共计 4000 欧元的补偿费。此外，A 公司还要求回购 E 所拥有的票面价值为 10000 欧元的股权，基于上述情况，E 向律师 Stefan Schlau（以下简称 S）咨询，对此他是否有相关义务？

上述两部分的问题将以下列顺序分别在解答部分予以回答：

1. H 将给 B 怎样的答复？

2. S 将给 E 怎样的答复？

示意图

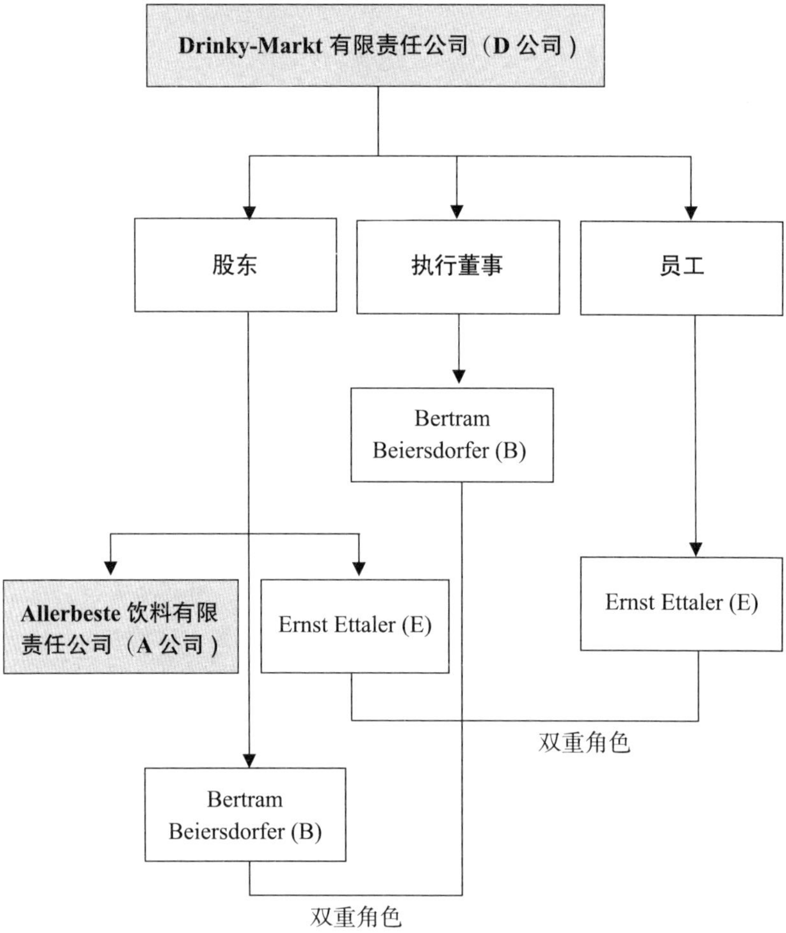

解题结构

问题 1: H 给 B 的答复

I. 回购协议的成立

II. 回购协议的有效性

1. 是否违反《民法典》第 138 条第 1 款

a）一般评判标准

b）股东开除条款的评价

aa）原则：根据《民法典》第 138 条第 1 款，股东开除条款无效

bb）例外

（1）实质性合理要求

（2）股权回购协议的实质性合理

2. 是否违反公司法上的同等对待原则

3. 是否违反《民法典》第 134 条、第 622 条第 6 款

a）原则：不得以财产损害的方式侵犯解除雇佣关系的自由

b）例外

4. 是否违反《民法典》第 305 条（与之后条款）

a）实际的适用范围

b）是否违反《民法典》第 308 条第 1 项

c）是否违反《民法典》第 308 条第 3 项

d）是否违反《民法典》第 307 条第 1 款第 1 句

5.《民法典》第 162 条第 2 款所规定的发生条件

6. 结论

问题 2：S 给 E 的答复

I. 股权回购协议的成立

II. 股权回购协议的有效性

1. 是否违反《民法典》第 138 条第 1 款

2. 是否违反公司法上的同等对待原则

3. 是否违反《民法典》第 134 条、第 622 条第 6 款

4. 是否由于补偿费限制，而违背补偿义务

a）原则：合理补偿费的请求权

b）例外：合法的补偿费限制

5. 是否违反《民法典》第 305 条（与之后条款）
6.《民法典》第 162 条第 2 款所规定的发生条件
7. 结论

解答

问题 1：H 给 B 的答复

【1】B 可能会因为其与 A 公司之间的协议，丧失股东的地位。

I. 回购协议的成立

【2】A 公司与 B 之间的回购协议成立。B 于 2014 年 12 月 30 日，对 A 公司作出了关于股权回购协议的要约（《民法典》第 145 条）。而 A 公司于 2018 年 6 月 1 日，对此作出了承诺［《民法典》第 146 条（与之后条款）］。但是，仍存有一个疑问：该协议是否有效？

II. 回购协议的有效性

1. 是否违反《民法典》第 138 条第 1 款

a）一般评判标准

【3】《民法典》第 138 条第 1 款作为一项通用条款，是为规范在（法律行为）往来中基本的道德要求。因而，违背善良风俗的法律行为是无效的。也就是说，该法律行为违背了理性与正直的，且具有思考能力的个人的正常感受[1]。而具体界定“善良风俗”的概念需要考虑到秩序原则与法律规范的价值标准[2]。尤其是可以通过探求宪法的价值取向来求得。因为由于宪法的间接第三方作用，民法中的通用条款也会被宪法所影响[3]。在不同的个案中，只有通过针对具体案情的整体情况评判，才能对法律行为的道

[1] BGH NJW 1999, 2266, 2267.

[2] BGHZ 80, 153, 156; 106, 336, 338.

[3] BVerfG NJW 1994, 36, 38; BGHZ 70, 313, 324. Demgegenüber will Canaris Grundrechte S. 47 ff. auf die Funktion der Grundrechte als „Eingriffsverbote“ und „Schutzgebote“ abstellen.

德违反性加以评价。具体而言，需要考虑到法律行为的内容、情节与作用，以及参与者的动机等[4]。

b）股东开除条款的评价

aa）原则：根据《民法典》第 138 条第 1 款，股东开除条款无效

【4】股东开除条款是指，在有限责任公司的公司章程中（或合伙企业的章程中）规定其他股东或占多数的股东有权，在没有任何实质性理由的情况下，将一位股东从公司中排挤出去。而该股东开除条款可能由于违背了《民法典》第 138 条第 1 款的善良风俗而无效[5]。如果一份（除公司章程以外）协议会造成如此的结果，那么该协议内容就是无效的[6]。这样的规定是为了保护相关的股东利益。这种自由开除股东的权利，可能会导致股东由于惧怕其他股东随意地开除自己，而不敢自由地行使开除权（犹如“达摩克利斯剑”）[7]。因此，为了保护股东的自主决定，根据《民法典》第 138 条第 1 款，股东开除条款被认定为无效[8]。

bb）例外

（1）实质性合理要求

【5】股东开除条款违背《民法典》第 138 条第 1 款的原则，在个案中可能存在例外的情况[9]。股东开除条款或者其他类似的债法上条款可能会被认定为有效，当这些条款在特殊情况下符合实质性合理的要求[10]。而这些特殊情况主要是：

——享有开除权的公司股东由于与另一股东个人之间亲密关系而全资注资公司，以及将公司的管理权与多数票权转让给另一股东[11]；或

——医生集体执业诊所接纳一位新成员，并保留在一定时间段内考察该新成员“是否适应集体”的权利[12]；或

——在一家有限责任公司中，全体股东都亲自参与该公司的运作，而

---

[4] BGH NJW 2002, 361, 362.

[5] Bejahend BGHZ 81, 263, 266 ff.; 105, 213, 216 f.; 112, 103, 107 f.; 164, 98, 101.

[6] Bejahend BGHZ 112, 103, 107; 164, 98, 101.

[7] BGHZ 164, 98, 101.

[8] BGHZ 164, 98, 101.

[9] BGHZ 164, 98, 102.

[10] BGHZ 164, 98, 102.

[11] BGHZ 112, 103.

[12] BGH ZIP 2004, 903, 905.

当某一股东不再在该公司中工作时[13]。

（2）股权回购协议的实质性合理

【6】A 公司与 B 之间订立的股权回购协议是否属于上述例外情况[14]？A 公司有权终止 B 的股东身份。而 A 公司的该权利并非基于实质性理由，而是基于 A 公司的自由裁量。根据《有限责任公司法》第 38 条第 1 款，A 公司可以通过多数决在股东会上（无理由）开除执行董事，从而（人为地）造成回购股权的条件既成。考察是否实质性合理就需要考虑 A 公司相关权利的作用。根据 A 公司的企业理念，执行董事（在本案中，如 B）在公司事务上的参与能使其与企业更加紧密地结合。从经济的角度看，这点表现在参与企业的盈利分红。因而，B 在 2015 年与 2016 年均获得 148556.89 欧元的分红。而这分红又比执行董事的工资高。

【7】与此相对的是，B 在股东会上无法与 A 公司的意志相抗衡。A 公司占有法定与公司章程所规定的多数。B 所承担的经济风险又很小，并且 B 也仅需为其所获得股权支付相应的票面价格。在 B 的股东身份终止后，B 也就没有与公司之间的关联了。只有通过股权回购的形式，A 公司才能让 B 的接班人成为公司执行董事，并以相同的方式参与公司经营。因此，股权回购关系到 A 公司的经营模式是否可以维持。

【8】在成为公司股东之际，B 并非处于不合理的情况之下（“达摩克利斯剑”）。根据《有限责任公司法》第 38 条第 1 款，B 依附于 A 公司（大股东）之下。因此，解除执行董事职位的同时，终止股东身份的协议也是可以接受的。因为自始至终，这种“经营者股权激励模式”只是执行董事岗位的附赠品[15]。而股东开除条款的有效性也与解雇执行董事补偿费的合理性无关。因而，股东开除条款并不违反《民法典》第 138 条第 1 款。

2. 是否违反公司法上的同等对待原则

【9】当不平等对待的行为存在合理性[16]，那么在解雇执行董事的情况

---

[13] BGH WM 1983, 956, 957.

[14] 对于利益比较参见 BGHZ 164, 98, 101 ff.。

[15] BGHZ 164, 98, 104; Habersack ZGR 2010, 451, 461 ff.; Kowalski/Bormann GmbHR 2004, 1438, 1440 f.; Sosnitza DStR 2010, 72, 74 f.; Büttner/Tonner BB 2010, 283, 285 f.; Goette DStR 1997, 337.

[16] BGHZ 116, 359, 372; 142, 304, 307.

下回购其股权也就并不违背公司法上的同等对待原则。在本案中，只有执行董事可以成为“经营者模式”的一员，而金主A公司无法成为该模式的一员[17]。因此，并不涉及违背公司法上的同等对待原则。

3. 是否违反《民法典》第134条、第622条第6款

a）原则：不得以财产损害的方式侵犯解除雇佣关系的自由

【10】A公司与B之间的协议也可能因为违反《民法典》第134条、第622条第6款而无效。《民法典》第622条第6款对于劳动关系的规定，也能适用于有限责任公司的执行董事的任免之上[18]。违反《民法典》第622条第6款规定的违法行为，必须是对于终止股东身份、执行董事职位与雇佣合同加以不合理的限制。由《民法典》第622条第6款的禁止性条款可以衍生出一般性的禁止规定，即在解除雇佣关系的问题上，禁止通过协议的形式对员工造成不利的情况。而这种不利情况可以是员工主动提出解除雇佣关系导致财产上的损失[19]。因为，员工应享有充分的自由权，决定自己是否要终止劳动关系[20]。

b）例外

【11】对于上述不得以财产损害的方式侵犯（B）解除雇佣关系自由的原则也存在例外，例如解雇B并不足以构成《民法典》第622条第6款所规定的财产上的损失。在此就需要基于比例原则综合地考虑整个案件的整体情况[21]。B的盈利分红权可以看作一种奖金制度。但是当雇佣关系不复存在时，该奖金制度也将被取消。由于B在公司中仅占有小额股权，B无法通过在股东会上的表决影响公司的决策。若即使如此，B仍然可以享受未来公司资产的价值增长，那么B（在不担任执行董事的情况下）将不劳而获地得到财产性利益，这显然并不合理。因此A公司与B之间的股权回购协议并不违反《民法典》第134条、第622条第6款的

---

[17] BGHZ 164, 98, 105.

[18] 对于类推适用《民法典》第626条关于通知解雇期限的规定参见BGHZ 79, 291; 91, 217, 220 f.; BGH NJW 1987, 2073, 2074; 对于可否类推适用《民法典》第622条第6款关于有限责任公司执行董事的问题仍没有确定的答案，BGHZ 164, 98, 105。

[19] BAG DB 1956, 503, 504; 1990, 434.

[20] BGHZ 164, 98, 105.

[21] BGHZ 164, 98, 105; 164, 107, 114; BAG MDR 2001, 1301, 1302.

规定[22]。

4. 是否违反《民法典》第 305 条（与之后条款）

【12】股权回购协议也可能由于违反《民法典》第 305 条（与之后条款）而被认定为无效。因为该协议是预制协议，因而应属于《民法典》第 305 条第 1 款第 1 句所规制的格式条款。

a）实际的适用范围

【13】根据《民法典》第 310 条第 4 款第 1 句,《民法典》第 305 条（与之后条款）的规定不得适用于公司法领域的合同中。股权买卖与股权回购并不在该限制范围内[23]。因此，可以进一步予以分析。

b）是否违反《民法典》第 308 条第 1 项

【14】A 公司可以对 B 的要约予以承诺的期限，被约定为自执行董事职位终止或雇佣合同终止起的两个月内。该期限是合理且充足的。而在协议中并不明确约定条件具体发生的时间，对期限有效性无碍。因此，股权回购协议并不存在违反《民法典》第 308 条第 1 项的情况。

c）是否违反《民法典》第 308 条第 3 项

【15】股权回购并不会使 A 公司免于给付义务，反而是形成了新的给付义务。尽管的确有一个给付义务得以免除，但是本案的情况并不能适用相关规定。因为根据《民法典》第 308 条第 3 项第 2 个半句的规定，该条款不得适用于持续性债务关系（例如股东之债）。因此，股权回购协议也并不存在违反《民法典》第 308 条第 3 项的情况。

d）是否违反《民法典》第 307 条第 1 款第 1 句

【16】股权回购协议也可能因为不合理地违背诚实信用原则（《民法典》第 307 条第 1 款第 1 句），而被认定为无效。在本案中，并不存在违反诚实信用原则的行为。而考察是否违反诚实信用原则，源于《民法典》第 138 条第 1 款所规定的利益比较，并在《民法典》第 307 条第 1 款第 1 句再一次予以规定。

---

[22] BGHZ 164, 98, 106.

[23] MünchKommBGB/Basedow § 310 BGB Rn. 120; offen lassend BGHZ 164, 98, 106.

5.《民法典》第 162 条第 2 款所规定的发生条件

【17】根据《民法典》第 162 条第 2 款的规定，如果 A 公司以违反诚实信用的方式解除 B 执行董事的职位，那么协议所约定的发生条件视为没有发生。也就是说，如果 A 公司那么做（解除 B 的执行董事的职位）的唯一目的是解除 B 的股东身份，那么就应被认定为违反诚实信用原则。然而，在本案中对此并无提及。

6. 结论

【18】股东开除条款、A 公司与 B 之间的股权回购条款有效。因此，B 不再是 D 公司的股东。

问题 2：S 给 E 的答复

I. 股权回购协议的成立

【19】A 公司与 E 之间的股权回购协议成立。E 于 2010 年与 2011 年向 A 公司作出了股权回购的要约（《民法典》第 145 条）。A 公司于 2018 年对此要约作出了承诺 [《民法典》第 146 条（与之后条款）]。但该股权回购协议是否生效呢？

II. 股权回购协议的有效性

1. 是否违反《民法典》第 138 条第 1 款

【20】公司章程中所规定的股东开除条款，由于违背《民法典》第 138 条第 1 款而无效（“达摩克利斯剑”）。但是，对该条款的限制存在特殊的例外情况。

【21】A 公司所推行的“员工股权激励模式”中并未授予 A 公司自由开除股东之权利。如果大股东 A 公司想要终止员工股东的股东身份必须存在实质性理由，在此而言，就是员工股东不再为公司工作后，其股东身份才会被终止。因而，也就不存在 A 公司的股东任意开除权。由于 D 公司共有 205 名员工，因此在《通知解除雇佣关系保护法》适用范围内（《通知解除雇佣关系保护法》第 23 条第 1 款）。而 D 公司解雇员工的理由只有符合《通知解除雇佣关系保护法》第 1 条之规定，才可以解雇员工。而本案中，

E 是自己主动提出解除劳动关系的[24]。因此，在本案中，并不存在违反《民法典》第 138 条第 1 款的情况。

2. 是否违反公司法上的同等对待原则

【22】在劳动关系终止时，协议约定必须出售股权回公司的义务可能因为违背同等对待原则，而被认定无效。不平等对待的行为必须得基于实质性合理的理由。A 公司注册成立了 D 公司，并且缴纳了必需的注册资本。而员工股东并未对公司出资，只是向 A 支付了股票的买价。因此，本案并不存在违反公司法上的同等对待原则的情况[25]。

3. 是否违反《民法典》第 134 条、第 622 条第 6 款

【23】当员工决定终止其与雇主之间的劳动关系时，员工不得遭受财产上的损失。

【24】本案所涉的员工股权激励模式类似于问题 1 中的奖金制度。因此，并不违反《民法典》第 134 条、第 622 条第 6 款。

> **提示**：在“经营者股权激励模式”与“员工股权激励模式”中，对于是否存在违背《民法典》第 138 条第 1 款的论证需要同时进行。

4. 是否由于补偿费限制，而违背补偿义务

【25】公司章程第 9 条第 3 款所规定的补偿费限制（仅限于员工购买股权时所支付的买价）可能是无效的[26]。

a）原则：合理补偿费的请求权

【26】当股东退出公司（例如股权被收回、股东被开除或者履行转让股权义务）时，其应当享有要求支付股票市值的请求权[27]。

b）例外：合法的补偿费限制

【27】退出公司的股东应享有合理补偿费的原则也存在例外的情况，

---

[24] BGHZ 164, 107, 112.

[25] BGHZ 164, 107, 113.

[26] BGHZ 9, 157, 168; 16, 317, 322; 116, 359, 364 ff.; 164, 107, 115; Windbichler § 22 Rn. 27.

[27] BGHZ 116, 359, 375 f.; 164, 107, 115.

即如果该补充费与股东在公司参与中的真实价值存在不合理的情况。换言之，应该比较剩余股东（在存续公司里的）利益与退出股东（在参与公司时所产生的合理的经济价值）的利益。同样需要纳入比较的是，退出股东所获赠的股权（例如本案中的 E）[28]。

【28】对于 E 补偿费的限制可能符合实质性合理的要求。如果没有这种补偿费限制，那么也就只有这第一批员工股东可以享受到"员工股权激励模式"的红利。因为若是以市场价值支付退出公司的第一批员工股东的股权，那么这将破坏"员工股权激励模式"的经济基础。如果员工是无偿地获取股权，那么他就不能主张相应的补偿费。

5. 是否违反《民法典》第 305 条（与之后条款）

【29】对于是否存在违反《民法典》第 305 条（与之后条款）的问题探讨，可以参考问题 1 中的分析。在 E 的案子中，并不存在违反《民法典》第 305 条（与之后条款）的情况。

6.《民法典》第 162 条第 2 款所规定的发生条件

【30】对于是否适用《民法典》第 162 条第 2 款的问题探讨，可以参考问题 1 中的分析。在 E 的案子中，《民法典》第 162 条第 2 款并不适用。

7. 结论

【31】股东开除条款以及 A 公司与 E 之间的股权回购协议有效。因此，E 不再为 D 公司的股东。此外，E 对于 A 公司也不存在补偿费请求权。

---

[28] BGHZ 164, 107, 116; BGH ZIP 1989, 770, 772.

案例七　挣扎于破产之际

——有限责任公司股东与执行董事在破产法上的责任

案例根据 BGHZ 164，50 改编。*

案件事实

Albert Andersson（以下简称 A）自财务年度 2003 年起，就成了 Financial Services 有限责任公司（以下简称 F 公司）的唯一股东与执行董事。F 公司的注册资本为 50 万欧元。F 公司从事于市镇债券的经纪。该项业务主要是，为市镇的融资需求寻找机构贷款方。在 2018 年的 3 月，A 将其在 F 公司所占有的 70% 的股权，作价 1480 万欧元转让给了（公司）全权代理人 Gustav Getreu（以下简称 G）。自此，G 就成了公司唯一的执行董事。G 通过银行贷款的方式获得购买股权的资金，并于 10 日之后通过 F 公司贷款的方式将该银行贷款还清。A 保留了与 F 公司之间的咨询合同，并在之后经常出席 F 公司的活动。

自 2019 年起，由于逆利率情况，F 公司为获求融资，不得不支出远高于市镇所支付利息的成本，而这又导致 F 公司陷入亏损的境况。审计师 Horst Hurtig（以下简称 H）于 2022 年 4 月 7 日所出具的财务年度 2020 年 12 月 31 日的资产负债表显示，F 公司亏损共计 4550 万欧元。该财报对公司的未来收入作出了负面预测，并告知了延迟提交破产申请的刑责。然而，A 与 G 协商后认为，仍可期待未来有利的利率变化，并认为财务年度 2021 年与 2022 年的预期财报结果将不会导致公司进入破产程序。而这点又增强了 G 不申请进入

* 本案的时间轴伸展到未来时间点，原著即如此，译文不作更改。——译者注

破产程序的决心。然而，2022年9月11日所出具的针对2021年的资产负债表显示，F公司资不抵债总计6300万欧元。财务年度2021年与2022年的资产负债表业已确认，因为A已向F公司作出申明，接受相关资产负债表。并且，A已在资产负债表中签名。2022年的资产负债表于2024年的7月27日制成，根据该财报，公司资不抵债总额为5800万欧元。H据此认为，F公司于财务年度2023年的状况将会好转，并且亏损额将会被填补，公司资产将足以偿还债务。G并未制定其他的资产负债表。在财务年度2023年，公司挣得大约5300万欧元的年净利润。而在财务年度2024年，公司的资产盈余共计166万欧元。然而在财务年度2025年，公司资不抵债总额为126万欧元。A同样也签署确认了财务年度2024年与2025年的资产负债表。

自2025年7月起，执行董事G在A不知情的情况下，以诈骗的方式将债券予以双重转让。G仅将市镇债券（仅作证明之用）的照片副本寄送给第二位债权受让方。在2024年11月，F公司“出售”共计17500万欧元的债券组合给Reiter银行股份有限公司（以下简称R银行），而这些债券大部分其实早已经转让。通过F公司的经纪，能源公司High Energy有限责任公司（以下简称HE公司），于2025年8月31日“获得”前述债券（金额共计17000万欧元）。

在该骗局被揭穿后（该骗局造成F公司约23100万欧元的负债），F公司于2026年10月进入破产程序。由于债权转让造成了HE公司共计17000万欧元的损失，而该笔损失（资不抵债的）F公司无法予以补偿。

HE公司咨询，由于F公司诈骗性质的债券双重转让，可否向富有的A主张损害赔偿？

时间表

F公司的经济状况

2020年：-4550万欧元

2021年：-6300万欧元

2022年：-5800万欧元

2023年：+5300万欧元

2024年：+166万欧元

2025年：-126万欧元

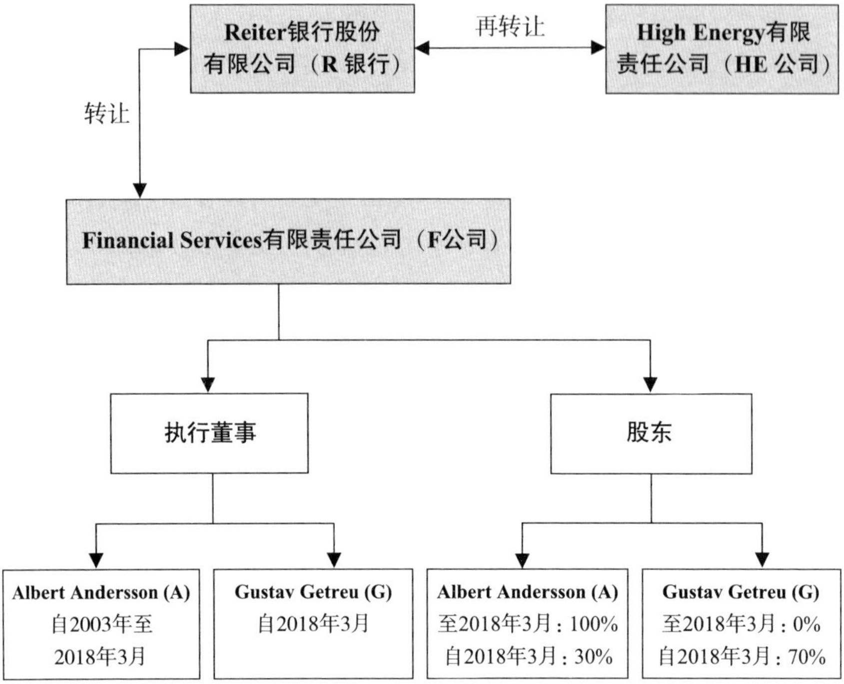

解题结构

I. HE公司可否根据《民法典》第823条第2款与《破产法》第15a条第1款第1句、《民法典》第823条第2款与《刑法典》第27条第1款，对A主张损害赔偿请求权

1. 保护（权益）的法律
2. 《破产法》第15a条第1款第1句构成相关事实的存在
3. A违背《破产法》第15a条第1款第1句规定的可归责性
   a）主犯
   b）共犯——在本案中：从犯
      aa）概念
      bb）客观前提
      cc）主观前提
      dd）小结
4. 损失

5. 根据《民法典》第 249 条（与之后条款）的规定，损害赔偿责任的方式与范围

a）损失归责

aa）不法行为与损失之间的因果关系

bb）法律条款的保护目的

b）小结

6. 结论

II. 基于公司无法存续的干涉，HE 公司对 A 是否享有损害赔偿请求权

III. HE 公司可否根据《民法典》第 826 条，对 A 主张请求权

解答

I. HE 公司可否根据《民法典》第 823 条第 2 款与《破产法》第 15a 条第 1 款第 1 句、《民法典》第 823 条第 2 款与《刑法典》第 27 条第 1 款，对 A 主张的损害赔偿请求权

1. 保护（权益）的法律

【1】根据《破产法》第 15a 条第 1 款第 1 句的规定，当法人出现偿付不能或资不抵债的情况时，代表机关的成员或者清算人应该毫不延迟地、至迟于偿付不能或资不抵债情况发生的第三周后申请进入破产程序。如果 HE 公司希望以该条规定作为其损害赔偿请求权的根据，则该规定必须属于《民法典》第 823 条第 2 款所规定的保护（权益）的法律（为保护公司债权人之利益）。而这点又需从《破产法》第 15a 条第 1 款第 1 句的内容与目的的角度入手分析。公司债权人经常会因怠于或延迟申请公司破产而蒙受损失。而这危险性又很强，因为公司股东无需以个人资产对公司债务进行偿付。因此，《破产法》第 15a 条第 1 款第 1 句所规定的申请义务是出于保护（债权人）的目的[1]。

【2】《破产法》第 15a 条第 1 款第 1 句也保护那些在公司破产条件已

[1] BGHZ 29, 100, 103; 75, 96, 106; 100, 19, 21; 126, 181, 190（jeweils zu § 64 Abs. 1 GmbHG a. F.）.

满足后，才取得债权的个体[2]。因为，当公司资不抵债或偿付不能时，执行董事申请启动破产程序的义务将一直存在。然而《破产法》第15a条第1款第1句并不保护那些（自公司破产程序开始后，方才获得请求权的）个体[3]。

2.《破产法》第15a条第1款第1句构成相关事实的存在

【3】至迟于2022年4月7日，G已经知晓F公司资不抵债。而他并未提交破产申请。G因此违反了《破产法》第15a条第1款第1句所规定的义务。而A作为该（犯罪）行为的主犯或共犯，应予以归责。

3. A违背《破产法》第15a条第1款第1句规定的可归责性

a）主犯

【4】由于《破产法》第15a条第1款第1句仅包括公司执行董事，因此A不具有主犯性质。然而，根据《民法典》第830条第2款，仍需考量A是否应承担共犯的责任，即从犯责任（参照《刑法典》第27条第1款）。

b）共犯——在本案中：从犯

aa）概念

【5】从犯的责任前提，应根据刑法原则予以判定[4]。从犯，是指为故意违法的主行为提供故意帮助者（《刑法典》第27条第1款）。

bb）客观前提

【6】帮助行为并不一定与行为的成功存在因果关系。但是帮助行为必须对主行为存在促进作用[5]。审查破产申请义务乃执行董事之义务，与资产负债表的确认无关[6]。因此，公司股东并不存在审查破产申请的义务。而该义务也无法从《有限责任公司法》第42a条第2款推得[7]。《有限责任公司法》第42a条第2款仅涉及《商法典》第325条（与之后条款）所规定的公示规则。

---

[2] BGHZ 29，100，104；100，19，21；126，182，190 f.（jeweils zu § 64 Abs. 1 GmbHG a. F.）.

[3] BGHZ 108，134，136；110，343，361（jeweils zu § 64 Abs. 1 GmbHG a. F.）.

[4] BGHZ 137，89，102；164，50，57.

[5] BGHZ 164，50，57.

[6] BGHZ 164，50，59.

[7] BGHZ 164，50，59.

【7】A 与 G 之间的协商坚定了 G 的决心，使其暂时不提交破产申请。G 通过与 A 的协商，更加确信，当前无需提交破产申请。然而该协商仅限于财务年度 2021 年与 2022 年。F 公司于 2023 年和 2024 年的负债降低，使得 H 作出了合理的判断，即自此公司资产足以偿付公司的债务。因此，也就从该时间点起，不存在《破产法》第 19 条第 2 款第 1 句所规定的资不抵债的情况。资产负债表上的亏损以及公司资产状况上的亏损并不能证明 F 公司破产条件已满足，也无法证明 G 与 A 存在故意，因此也不存在迟延提交破产申请的问题。在 2024 年年底，鉴于公司的资产盈余尚为 166 万欧元，破产条件（在客观上）也无法达成。然而在 2025 年，F 公司又资不抵债，负债额为 126 万欧元。而 A 于 2024 年与 2025 年所签署确认的资产负债表，使得 F 公司能继续存续。A 在此签署确认资产负债表的行为，可以被认为是对于 G 不提交破产申请的一种认可与支持。

cc）主观前提

【8】《破产法》第 15a 条第 1 款第 1 句主观前提为：主犯的故意与从犯至少已知晓，公司破产条件已满足，但是公司执行董事仍然违法地不提交破产申请[8]。

【9】从本案的案情出发，G 与 A 应该于 2025 年已知晓 F 公司的破产条件已满足（尽管 H 在 2024 年 7 月 27 日所作的 2022 年资产负债表中表达了乐观预期）。此外，A 签署确认了 2025 年的资产负债表。由于 2022 年 A 与 G 协商达成的默契仍然有效存在，根据前述情况，A 存在故意协助延迟提交破产申请的行为。此外，A 后续行为也并非纯粹的不作为（签署确认 2025 年的资产负债表）。而且，即使是不作为也可构成 A 的担保责任。

dd）小结

【10】A 是《刑法典》第 27 条第 1 款规定的“从犯”，存在违反义务的行为。因为 A 有违《破产法》第 15a 条第 1 款第 1 句的规定，对于 G 不提交破产申请并不予以干涉。

4. 损失

【11】HE 公司所遭受的损失额为 17000 万欧元。

---

[8] BGHZ 75, 96, 107; 164, 50, 57; BGHSt 14, 280（jeweils zu § 64 Abs. 1 GmbHG a. F.）.

5. 根据《民法典》第 249 条（与之后条款）的规定，损害赔偿责任的方式与范围

a）损失归责

aa）不法行为与损失之间的因果关系

【12】由于 A 并不知晓执行董事 G 欺诈性地进行了债券的双重转让，因此不可归责于 A。对于主犯 G 的这种行为，A 既不必承担《刑法典》第 27 条所规定的刑事责任，也不必承担《民法典》第 830 条第 2 款的民事责任[9]。但是仍然存在一种可能性，即将 HE 公司的损失归责于 A（协助）延迟提交破产申请。因为，如果 A 及时提交破产申请，也就不存在 F 公司与 HE 公司之间的交易。

【13】主犯或共犯仅对延迟破产申请期间公司持续运营期间所产生的损失承担责任。因为如果及时提交公司破产申请，这些损失将不会产生。但是他们并不需要对其后期间的损失承担责任。易言之，所涉及的法律条款的保护目的规定了一种纯粹的因果论[10]。即，只有当公司破产申请延迟在某一时间点上客观与主观皆成立，并且"新债权人"的损失也产生于该时间点上，方可构成《民法典》第 823 条第 2 款与《破产法》第 15a 条第 1 款第 1 句所规定的责任[11]。

【14】在本案中，该前提条件已满足。因为 A 已满足了协助延迟公司破产申请的主观与客观构成要件，并且（HE 公司）损失的产生时间为 2025 年。

bb）法律条款的保护目的

【15】（具有可求偿性的）损失应在所涉法律条款的保护范围内[12]。在此，违法行为应与损失存在内部联系[13]。《破产法》第 15a 条第 1 款第 1 句的保护目的为，已满足破产条件的（只有有限资产的）公司应远离市场交易，从而保护债权人免受损失[14]。如果有违《破产法》第 15a 条第 1 款第 1

---

[9] BGHZ 59, 30, 42; 63, 124, 128; 89, 383, 396; 164, 50, 59.

[10] BGHZ 27, 137; 164, 50, 56.

[11] BGHZ 164, 50, 56.

[12] BGHZ 27, 137, 140; 164, 50, 60.

[13] BGH NJW 1986, 1329, 1332; ZIP 2003, 806 f.; BGHZ 57, 137, 142.

[14] BGHZ 126, 181, 194（zu § 64 Abs. 1 GmbHG a. F.）.

句的规定，执行董事应该赔偿相关债权人的信赖利益的损害。因为这些债权人已完成己方的给付，却无法获得有价值的相对请求权。

【16】然而在本案中却并非上述情况[15]。F公司仅仅从事了市镇债券的经纪。HE公司于2025年8月31日（表象上）“获得”了要求支付市镇债券的债权（共计17000万欧元），但此债权并不可对F公司行使，而是只能对R银行行使。在此需要探讨一个问题：HE公司与F公司之间是否存在合同关系？如果债权并未向他人转让，那么HE公司就可享有债权，并据此HE公司可以要求支付17000万欧元，而不管F公司是否存在破产条件。通过F公司的经纪活动，R银行与HE公司之间存在现金交易的关系。因此，即使F公司不破产，（由于诈骗性的债券双重转让）HE公司的损失仍然会产生。据此，HE公司的损失并不是由于延迟申请破产所造成的，而是由于债券双重转让（犯罪）行为所造成的。根据主犯实行过限原则，前述双重转让不可归责于A。因为这也不符合《破产法》第15a条第1款第1句的保护目的，因此，F公司的执行董事将根据《民法典》第823条第2款、《刑法典》第263条，对HE公司承担相关责任。A不必因为其在延迟破产申请中的从犯地位而承担相应责任。《破产法》第15a条第1款第1句并不保护潜在的（侵权行为）债权人（该债权人系指在公司破产条件达成后，成为侵权行为的受害者[16]）。只有执行董事与其他参与方，须根据相应的法律规范承担相应的侵权责任，并且也并不是因为延迟申请破产的行为。因此，在延迟破产申请的期间，共犯在不知情的情况下，不必因为执行董事的犯罪行为（在本案中，G从事了违法犯罪的债券双重转让行为）而被追究损害赔偿责任（根据《民法典》第823条第2款与《破产法》第15a条第1款第1句、《民法典》第823条第2款与《刑法典》第27条第1款）。

b）小结

【17】HE公司的损失无法归责于A。

6. 结论

【18】A不必因为其在延迟破产申请中的从犯地位，而承担赔偿HE公

[15] 具体可参见BGHZ 164, 50, 60 ff.（zu § 64 Abs. 1 GmbHG a. F.）。

[16] BGHZ 164, 50, 61 f.; Bork ZGR 1995, 505, 519; Haas S. 234 ff.; Reiff/Arnold ZIP 1998, 1893, 1896（jeweils zu § 64 Abs. 1 GmbHG a. F.）.

司的责任（根据《民法典》第 823 条第 2 款与《破产法》第 15a 条第 1 款第 1 句、《民法典》第 823 条第 2 款与《刑法典》第 27 条第 1 款）。

II. 基于公司无法存续的干涉，HE 公司是否对 A 享有损害赔偿请求权

【19】由于存在“造成公司无法存续的干涉”[17] 公司资产的情况，就会产生针对公司股东的请求权。然而，如 HE 公司之类的债权人无法在破产程序中主张该请求权[18]。在破产程序中，仅有破产管理人可主张针对“造成公司无法存续的干涉”的请求权，因为该请求权涉及全体债权人（参见《破产法》第 92 条、第 93 条）。由于在本案中尚未终结或终止破产程序，因而，HE 公司不具有原告积极资格。

III. HE 公司可否根据《民法典》第 826 条，对 A 主张请求权

【20】根据《破产法》第 92 条、第 93 条，对只有破产管理人所享有的原告积极资格的限定，同样也适用于《民法典》第 826 条的请求权[19]。由于 F 公司违反道德的投机生意，而使得其债权人蒙受损失[20]，从而产生《民法典》第 826 条所规定的请求权。然而，除了 A 的损害故意外，《民法典》第 826 条的请求权还需以 A 违反道德的行为与 F 公司破产后造成的损害存在因果关系为前提。然而在本案中，已经明确缺乏（A 的）损害故意，因为 G 从事诈骗性的债券多重转让行为并未告知 A。

---

[17] Dazu Windbichler § 24 Rn. 36 ff.

[18] BGHZ 151，181，187；164，50，62 f.；最新的司法判例放弃了对单个责任形态的追究，而是以法律续造的形式适用公司内部侵权责任的规则；vgl. BGHZ 173，246 Rn. 17–TRIHOTEL；BGHZ 176，204 Rn. 10–TRIHOTEL；Dauner–Lieb ZGR 2007，34；Habersack ZGR 2008，533. 根据德国联邦最高法院关于责任的新概念（BGHZ 176，204 Rn. 10–TRIHOTEL）的规定，股东需要对造成公司资产（破产性损害的）干涉行为承担“造成公司无法存续的责任”。德国联邦最高法院（BGHZ 176，204）认为，股东承担“造成公司无法存续的责任”是对其损害公司债权人利益的补偿，并判决，只有符合《民法典》第 826 条特殊情况时（即存在故意违背道德的损害行为），股东才需对公司承担内部侵权责任。

[19] BGH ZIP 2005，117，118 f.

[20] BGH NJW 1979，2104 f.；WM 1992，735 f.；BGHZ 122，333，336.

案例八　永远的忠诚

——股东捆绑投票与股东票决对公司以及其他股东所应承担的责任

案件事实

由于营业额的下滑，位于柏林的Gurmes股份有限公司（以下简称G公司）深陷经济危机之中。自2002年起，该公司不再发放股利。在2005年度与2006年度，该公司的亏损分别为1430万欧元与1300万欧元。

在2007年2月3日召开的股东大会上，董事会汇报说，根据截至2006年12月31日的临时年度资产负债表，该公司5000万欧元的股本损失一半以上。若无（债务）重整将面临资不抵债的情况。与此同时，董事会还（向股东大会）汇报了其与公司债权人达成一致的（债务）重整方案。据此，债权人将准备放弃约合7800万欧元的债权。其他针对债务的谈判，都被公司的债权人所拒绝。为了进一步平衡（截至2006年12月31日的）临时年度资产负债表，董事会建议，公司股本应根据5∶2的比例减少3000万欧元，将股本降至2000万欧元，并继而应设立金额为1000万欧元的授权资本。（债务）重整方案被认为充满希望。

Berthold Benda（以下简称B）是“发行明镜”杂志的主编，并且在出版该杂志的公司中持有大量股份。“发行明镜”杂志通常也提供代为参加股东大会与代为行使投票权的服务。B在“发行明镜”刊载的文章中报道了G公司的发展动向，并认为，由董事会主导的（债务）重整方案单方面地损害了小股东的利益。若债权人能进一步放弃债权，公司仅需根据10∶9的比例减资即可。他在文中回顾了自己以往成功的投票代理经历，并敦促股东们授权他为代理人，使他能在2007年2月3日召开的股东大会上，代为行使投票权否定根据 5∶2 的比例进行减资的计划。在股东大会召开前，他直接宣称自己已经获得了 150000 票的授权，该票数已达足以否定决议的效果（即具有否定力的少数股东决）。

在 2007 年 2 月 3 日的股东大会上，B 以 209700 票（占公司股票总数的 21.9%，参与投票数的 39.17%）反对董事会所提出的公司减资计划，并同意接受公司破产的情况。B 拒绝透露其所代理的股东姓名。由于未达到法定的多数票要求，董事会提议的减资计划被否决。其中，共有 228 票弃权，226939 票反对，赞成票仅为 308207 票（占 57.6%）。此外，股东大会以多数票同意了授权资本的方案。

随后，董事会于 2007 年 2 月 4 日申请开始破产程序，并于 2007 年 2 月 18 日正式进入破产程序。G 公司的股票价格（其票面金额为 50 欧元），在股东大会召开以前最高曾达 87 欧元。在 2007 年 2 月 7 日至 16 日期间，价格降至 61 欧元。嗣后，该股票变得一文不值。而根据董事会所提出的减资计划，G 公司的股价本应为 70 欧元。

Anton Aigner（以下简称 A）持有 1000 股 G 公司的股票。A 并未将自己的投票权授权给 B，并指责 B 应对 G 公司的重整失败负责。

A 是否有权利要求 B 赔偿其股票损失 8.7 万欧元？

解题结构

I. A 可否根据《民法典》第 280 条第 1 款、第 241 条第 2 款，对 B 主张损害赔偿请求权

1. 债法关系

a）忠诚义务的法律基础

b）忠诚义务的形式与范围

aa）原则

bb）多数股东的忠诚义务

cc）少数股东的忠诚义务

（1）原则

（2）行使投票权的例外

（a）达成强制执行权利与阻碍决议的多数

（b）捆绑投票

（aa）有目的的捆绑投票
（bb）偶然的少数股东委托或具有否定力的少数股东决
（c）投票代理人的忠诚义务
（aa）观点 1：投票代理人应有独立的忠诚义务
（bb）观点 2：投票代理人没有独立的忠诚义务
2. 小结
II. A 可否根据《民法典》第 179 条第 1 款，对 B 主张损害赔偿请求权
III. A 可否类推适用《民法典》第 179 条第 1 款，对 B 主张损害赔偿请求权
1. 不存在公开被代理人姓名的优先请求权
2. 少数股东（在 B 的代理下）违背义务行使了投票权
a）少数股东的忠诚义务
aa）被代理的股东对于公司的忠诚义务
（1）忠诚义务的成立
（2）内涵
bb）被代理的股东对于其他股东的忠诚义务
（1）有意义、多数人主张的重整计划
（2）在重整失败时的公司破产
（3）股东在公司破产的情况下，不会优于从继续存续的公司中退出
（4）继续保证追求公司的宗旨
（5）没有更温和的重整方案
（6）小结
b）违背忠诚义务
c）过错——对于故意的限定
d）损失
aa）股价的损失
bb）公司价值的减损
3. 当股东违反忠诚义务投票时，可否类推适用《民法典》第 179 条第 1 款，追究 B 的法律责任
a）条款漏洞
b）存在相近的法益
c）小结

4. A 可否结论

IV. A 可否根据《民法典》第 280 条第 1 款，第 241 条第 2 款以及合同保护第三方的原则，对 B 主张损害赔偿请求权

1. 债法关系

2. 债法关系为保护第三方

a）与给付相近

b）债权人的特殊利益

c）被保护的必要性

V. A 可否根据《民法典》第 280 条第 1 款、第 241 条第 2 款、第 311 条第 2 款第 3 项、第 311 条第 3 款，对 B 主张损害赔偿请求权

VI. A 可否根据《民法典》第 826 条，对 B 主张损害赔偿请求权

1. 违背道德风俗

2. 故意

3. 损失

4. 小结

VII. 最终结论

解答

I. A 可否根据《民法典》第 280 条第 1 款、第 241 条第 2 款，对 B 主张损害赔偿请求权

1. 债法关系

【1】基于股东对公司与股东互相之间所存在的债法关系，可能会产生《民法典》第 241 条第 2 款所规定的忠诚义务。[1]

a）忠诚义务的法律基础

【2】平等对待原则（《股份有限公司法》第 53a 条）、《股份有限公司法》第 117 条以及《民法典》第 826 条与第 242 条，都不足以解决股东之间可能存在的冲突，尤其是多数股东决定一切的问题。股东与股份公司之间、

[1] 公司股东的忠诚义务参见 Windbichler § 30 Rn. 33 ff.。

股东互相之间的关系，是通过公司法上的忠诚义务予以规制的。考虑到每一个股东都可能影响其他股东的利益，这就需要确认股东在公司法上的义务[2]。法律之所以规定资合公司股东的忠诚义务，就是为了能同时兼顾股东对公司的影响力与股东的责任范围[3]（该责任范围包括了股东对公司利益与对其他股东利益所应尽的注意义务）。有一种观点[4]认为，该注意义务源于公司成员资格。公司成员资格基于其对公司的从属关系，建立起了股东对于股份有限公司、股东互相之间组织法上的特殊关系。而另一种观点[5]认为，忠诚义务来自公司章程，因而其并非基于组织法上的特殊关系。但总之，公司法上的忠诚义务是一种在个案中形成、借由判决所产生（即所谓“法官法”）的通用规则[6]。

b）忠诚义务的形式与范围

aa）原则

【3】对于忠诚义务的形式与范围而言，它主要是根据个案的具体情况与公司的架构所定。

bb）多数股东的忠诚义务

【4】该忠诚义务（基于股东之间应尽的注意义务）主要涉及多数股东对少数股东的行为作用[7]。因为多数股权形成了巨大影响力，并进而产生了（对公司的）管领力。

cc）少数股东的忠诚义务

（1）原则

【5】在股份有限公司之中，也存在少数股东对多数股东或者对其他少数股东的忠诚义务[8]。尽管小股东对公司仅有微弱的管领力，然而他依然有可能在个例中造成其他股东的利益受损（例如参加股东大会，并在会上阻碍股东大会顺利进行或者滥用发言权）。

---

[2] BGHZ 103, 184, 194 f. –Linotype; Zur GmbH vgl. BGHZ 65, 15, 18 f.

[3] BGHZ 129, 136, 143–Girmes; Hüffer/Koch § 53a Rn. 17; K. Schmidt § 28 I 4a; Wiedemann I § 8 II 3; M. Winter 1988, S. 69 ff.; Lutter ZHR 153 (1989), 446, 455.

[4] BGHZ 103, 184, 195–Linotype; K. Schmidt § 19 I 1b, § 20 IV 1 b.

[5] Hüffer/Koch § 53a AktG Rn.15; Büscher S. 41ff., S. 44 ff.; Henze BB 1996, 489, 492.

[6] Hüffer/Koch § 53a AktG Rn.15.

[7] BGHZ 103, 184, 195–Linotype; Windbichler § 30 Rn.35.

[8] BGHZ 129, 136, 142–Girmes.

（2）行使投票权的例外

（a）达成强制执行权利与阻碍决议的多数

【6】当少数股东的参与，能够使其有权强制执行某项权利（参照《股份有限公司法》第 122 条第 1 款与第 3 款、第 142 条第 2 款、第 147 条第 1 款）或者阻碍有效决议的形成（参照《股份有限公司法》第 179 条第 1 款、第 182 条第 1 款、第 186 条第 3 款、第 222 条第 1 款）[9]，他就对（公司）事实上产生了一种管领力。在这种情况下，就要求他在行使投票权时，必须承担一种特殊的责任。股东仅能在忠诚义务所规定的界限内，谨慎地行使这种管领力[10]。

（b）捆绑投票

（aa）有目的的捆绑投票

【7】B 能行使具有否定力的少数股东决，并不是基于其自有股票，而仅是基于其他股东所托付的投票权。在此，存在一个问题：忠诚义务是否能够限制少数股东的投票行为（当少数股东票数已经达到了具有否定力的少数股东决或行使少数股东权利的前提）？有一种学者观点[11]认为，股东们集中统一地进行投票，是为了实现共同的目标（即所谓的“与效果相关的忠诚义务”），特别是当小股东们达成一致意见进行投票（投票联盟）或者不同的小股东将投票权统一委托给（与公司无关的）第三方时。另外，如果第三方仅是要求股东告知其指令或者因为偶然的原因产生了具有否定力的少数股东决，那么对投票所涉及的忠诚义务就没有限制。

（bb）偶然的少数股东委托或具有否定力的少数股东决

【8】根据另一种观点，上述的捆绑投票仍然受限于忠诚义务[12]。因此，（偶然的少数股东委托或达成具有否定力的少数股东决的）股东们将会被要求履行更高层次的忠诚义务。股东的忠诚义务必须与其责任范围相匹配，而该责任范围又源自股东的管领力。如果股东以委托他人的形式，集体托付投票权，则相应的投票影响力与管领力都将提升，进而忠诚义务的范围也将随之扩大。而代理人也应与这些股东一样，受限于更高层

[9] BGHZ 129，136，145–Girmes.

[10] BGHZ 129，136，145–Girmes；Hüffer/Koch § 53a Rn.17；K. Schmidt § 20 IV 3；Timm WM 1991，481，484 ff.；Dreher ZHR 157（1993），150，157.

[11] Dreher ZHR 157（1993），150，158 ff.

[12] Dreher ZHR 157（1993），150，159.

次的忠诚义务[13]。

【9】在本案中，由于B的主张（即建议股东将投票权委托给他，并由其行使投票权反对以5∶2的比例减资计划）产生了捆绑的投票行为。在此，B向股东推荐了特定的投票行为。并且根据B的意图，股东们已将投票权委托予他，并最终将这些投票权集中于B一人身上，从而达到了具有否定力的少数股东决。若根据该种观点，则在本案中，少数股东应遵循更高层次的忠诚义务。然而，A并不是向这些股东，而只是向B主张损害赔偿请求权。由此，产生了一个问题：作为投票代理人的B是不是应履行更高层次的忠诚义务？

（c）投票代理人的忠诚义务

【10】在此，存在一个问题：在本案中，代理人是否会因为捆绑投票与投票所既定的目标，而违反了忠诚义务呢？对于该问题存在争议。

（aa）观点1：投票代理人应有独立的忠诚义务

【11】部分学者认为，当投票代理人在捆绑投票并有既定目标时，应要求该投票代理人遵循独立忠诚义务[14]。因为股东在此情况下并未亲自行使投票权，也未能亲自履行忠诚义务。

（bb）观点2：投票代理人没有独立的忠诚义务

【12】其他学者否定了前一种观点，认为（与公司无关的）投票代理人在捆绑投票并有既定目标时，不存在自己独立的忠诚义务[15]。因为忠诚义务源自股份有限公司的成员资格，并与这种成员资格紧密相连。股东在没有将自己的持股转让给第三方的情况下，是无法将自己的成员资格转让出去的[16]。同样，在未转让股份的情况下，股东也是无法将投票权转让出去的。但是，以他人的名义行使他人的投票权（即作为代理人）是可行的。代理人在股东大会上行使投票权时，履行的忠诚义务应与委托人（股东）一致。这是由于代理人代为行使的投票权是基于股东的授权（股东仍然保

[13] Timm WM 1991, 481, 488 f.; Marsch-Barner ZHR 157（1993）, 172, 184; Schöne WM 1992, 209, 212; Im Ergebnis ebenso Schick ZIP 1991, 938, 939.

[14] So Marsch-Barner ZHR 157（1993）, 172, 184.

[15] BGHZ 129, 136, 148-Girmes; Hüffer/Koch § 53a Rn.23; Hammen ZBB 1993, 239, 242 f.; Heermann ZIP 1994, 1243, 1244.

[16] Zum Ganzen BGHZ 129, 136, 148 f. -Girmes.

留该权利），而同样的道理也适用于被投票权所限制的忠诚义务[17]。因为这两者（投票权与忠诚义务）都是公司成员资格的一部分，体现了权利、义务和责任的统一。根据这种具有说服力的观点，（投票代理人）不存在独立的忠诚义务。

2. 小结

【13】在股东之间的法律关系中，忠诚义务仅适用于股东。违反了这种忠诚义务只会对股东产生法律上的后果。B 并非股东，因而也不必遵守公司法上的忠诚义务。因此，即使其违背了忠诚义务，也不必承担相应的责任。最终，A 不能根据《民法典》第 280 条第 1 款、第 241 条第 2 款，主张损害赔偿请求权。

II. A 可否根据《民法典》第 179 条第 1 款，对 B 主张损害赔偿请求权

【14】B 可能涉及《民法典》第 179 条第 1 款所规定的责任。但本案与该条款所规定的前提不同，本案并不涉及由代理人代为缔约合同的情况；并且作为法律后果，也排除了由另一方决定继续履行合同义务的可能性。因此，A 无法根据《民法典》第 179 条第 1 款，对 B 主张损害赔偿请求权。然而考虑到案情，可以类推适用该条款。

III. A 可否类推适用《民法典》第 179 条第 1 款，对 B 主张损害赔偿请求权

1. 不存在公开被代理人姓名的优先请求权

【15】根据《股份有限公司法》第 135 条第 5 款第 2 句、第 135 条第 8 款第 1 个半句，当授权没有另行规定的情况下，被授权人可以根据商事习惯，自主地以其名义行使股东的投票权。此举是为了避免公开被代理的股东姓名。根据《股份有限公司法》第 129 条第 2 款的规定，也不必将这些股东姓名登记于股东大会参与者名册上。在此不存在任何的公开义务，投

[17] BGHZ 129, 136, 148–Girmes; Timm WM 1991, 481, 489; Schöne WM 1992, 209, 212.

票代理人拥有保密权[18]。《股份有限公司法》第 135 条第 5 款第 2 句的条款目的在于，使投票代理人不必公开被代理的股东姓名[19]。

【16】《股份有限公司法》第 135 条第 8 款第 1 个半句规定的商事习惯上的自主行为，只是为了强调[20]，并不以从事商贸的或职业的行为为前提[21]。其仅需授权意愿即可被辨别，至少应能体现行使投票权的意愿。而该前提条件在本案中已被满足。因为“发行明镜”杂志通常提供代为参加股东大会与代为行使投票权的服务。据此，B 有权拒绝提供其所代理的股东。因此，不存在公开被代理人姓名的优先请求权。

2. 少数股东（在 B 的代理下）违背义务行使了投票权

【17】若股东不忠诚地阻碍了 G 公司的重整（在 B 代为行使其投票权的情况下），在类推适用《民法典》第 179 条第 1 款的情况下，对于 B 就会产生相应的惩罚，并引起损害赔偿的义务。

a）少数股东的忠诚义务

【18】因为 B 投票否决了 G 公司的重整计划，使（被代理的）股东违背了对 A 的忠诚义务。根据《民法典》第 166 条、第 278 条的法律原则，B 的行为应被归咎于（被代理的）股东[22]。换言之，这些股东对于公司与其他股东都存在忠诚义务（即应该同意重整方案）。

aa）被代理的股东对于公司的忠诚义务

（1）忠诚义务的成立

【19】（由 B 所代理的）少数股东们应承担相应的忠诚义务，因为他们是为了一个共同目的而组成了捆绑投票。

（2）内涵

【20】股东可能因为针对公司所承担的忠诚义务，而必须行使特定的投票权。然而在一般情况下，公司并不能限制股东的行为。股东得以在任

---

[18] BGHZ 129，136，157–Girmes.

[19] Henssler ZHR 157（1993），91，119.

[20] BGHZ 129，136，157–Girmes；MünchKommAktG/Schröer § 135 Rn. 35；Hüffer/Koch § 135 AktG Rn.48.

[21] Hüffer/Koch § 135 AktG Rn.48.

[22] BGHZ 129，136，151–Girmes.

何时间自由地选择，改变公司的目的，并能决定解散公司[23]。因而，股东对于G公司不必承担特定的忠诚义务，不必就G公司的重整方案一致地予以赞成。然而，这些（由B所代理的）股东仍然可能因为对其他股东的忠诚义务，不得不对G公司的重整进行达成一致的投票。

bb）被代理的股东对于其他股东的忠诚义务

【21】解散公司需以符合法定或公司章程要求的股东多数决为前提（《股份有限公司法》第262条第1款第2项）。由于少数股东无法强制要求解散公司，这就使得他们需要充分考虑多数股东的利益[24]。若一个公司面临债务重整，个人股东不得因自身利益，阻止①多数人寻求合理的重整方案；如果②重整方案失败后将会导致公司破产；③在公司破产的情况下，该股东的情况并不优于从继续存续的公司中退出的情况（对于股份有限公司，就是指出售股票）；④根据客观评估，重整方案的执行将能继续保证追求公司的宗旨；并且⑤没有更温和的重整方案[25]。在这种方法下，必要性与合理性的原则将被充分地考虑。

（1）有意义、多数人主张的重整计划

【22】由董事会建议的重整计划被认为是充满希望的，并因此很有意义。大部分的股东对此方案是赞同的，因而这也是多数人所主张的重整计划。

（2）在重整失败时的公司破产

【23】在由董事会与公司债权人协商的重整方案失败后，G公司很有可能会破产，因为G公司存在《破产条例》第19条第2款所规定的资不抵债的情况。而在这种情况下，董事会将根据《破产条例》申请破产。

（3）股东在公司破产的情况下，不会优于从继续存续的公司中退出

【24】单个股东在公司破产的情况下，不会优于从继续存续的公司中（通过出售股票的方式）退出。因为在公司申请破产的情况下，公司股票变得一文不值。而若选择重整方案可能就不会产生这样的结果。

（4）继续保证追求公司的宗旨

【25】根据客观的评估，若执行重整计划，由于债权人会预期免除高

---

[23] BGHZ 103，184，191 f.；76，352，353；129，136，151–Girmes.

[24] BGHZ 129，136，152–Girmes.

[25] BGHZ 129，136，152 f. –Girmes；K. Schmidt § 5 IV 5；ders. ZGR 1982，519，524；Timm WM 1991，481，484 f.；Dreher ZHR 157（1993），170，180 f.；Schöne WM 1992，209，212 f.

额的债务，那么就能保证继续追求公司的宗旨（延续公司的经营）。

（5）没有更温和的重整方案

【26】是否存在比董事会与公司债权人协商的重整方案更加温和的重整计划，主要的考虑因素在于，债权人是否能接受变更重整方案。由于债权人不会再接受变更或其他协商，因而也就不存在更加温和的重整方案。

（6）小结

【27】由于（由 B 所代理的）股东承担着对于其他股东的忠诚义务，因此他们不可以阻碍公司的重整方案。

b）违背忠诚义务

【28】为能达成通过减资决议的多数票（《股份有限公司法》第 229 条第 3 款与第 222 条第 1 款），（由 B 所代理的）股东并不需要投赞成票。由于在计票时并不会计算弃权票，因此只需要由 B 代为弃权即可，就能达成（通过重整方案的）四分之三多数。由于 B（代表股东们）反对了由董事会提出的重整方案，因此也就违背了相应的忠诚义务。

c）过错——对于故意的限定

【29】在本案中，若要追究违背忠诚义务的法律责任，就必先要求存在故意[26]。法律允许股东根据自己的利益进行投票（相反的理论参见《股份有限公司法》第 243 条第 2 款第 1 句），而《股份有限公司法》第 243 条第 2 款第 1 句中所谓的“为追求特别的好处”，要求必须存在一定的故意[27]。为了公司的利益，在对投票行为进行追责时，要求必须存在故意显然是有必要的（否则，就会对股东在股东大会上自由投票产生负面的影响）[28]。

【30】B 在本案中的行为显然存在故意。作为一个出版商与公司领导，B 应该了解他的行为将导致重整努力破灭，并最终导致公司进入破产程序。此外，B 也应该知晓，债权人不会接受其他的谈判协商。根据《民法典》第 278 条的规定，B 的过错将被归咎于（由 B 所代理的）股东。

---

[26] BGHZ 129, 136, 162–Girmes; Hüffer/Koch § 53a Rn.21.

[27] BGHZ 129, 136, 162–Girmes; KölnKomm/Zöllner § 243 AktG Rn. 223; Hüffer/Koch §243 AktG Rn.34.

[28] BGHZ 129, 136, 163–Girmes.

d）损失

aa）股价的损失

【31】A 的损失将以股票的市场价格计算。该股价的参照标准为，第三人在一般情况下收购的价格。据此，应以股票的股市价格为准，即使价格中存在投机因素。然而在此还有一个前提，这必须是 A 在（由 B 所代理的）股东们并未违背自己的义务，而公司股票也没有变得一文不值时能够合理变现的价格。若（由董事会所提议的）减资计划得以通过并生效（《股份有限公司法》第 224 条），A 将拥有根据 5∶2 的减资比例相应减值的股票。因此，当减资计划生效后，市场中的股价也将被相应调整，每股价格将变更为 70 欧元，而 A 所持有的所有股票价格总计为 7 万欧元（1000 股 × 70 欧元）。

bb）公司价值的减损

【32】公司价值的减损与股价的折损仅仅是股东的间接损失。这种间接损失是公司已蒙受损失的"反馈"[29]。根据法律规定，股东不能要求对其私人财产予以给付（参照《股份有限公司法》第 117 条第 1 款第 2 句，第 317 条第 1 款第 2 句）。基于该情况，A 无权要求相应的损害赔偿请求权。基于资本维持原则与公司财产专用原则，当公司资产蒙受损失时，股东仅能要求给予公司赔偿。

3. 当股东违反忠诚义务投票时，可否类推适用《民法典》第 179 条第 1 款，追究 B 的法律责任

【33】当股东违反忠诚义务投票时，类推适用《民法典》第 179 条第 1 款追究 B 的法律责任需要存在以下前提条件：与原意相悖的条款漏洞和存在相近的法益。

a）条款漏洞

【34】《民法典》第 179 条主要涉及代理人在无权代理情况下的法律责任，并不包括有权代理的情况。

b）存在相近的法益

【35】在存在代理关系的法律行为中，合同的另一方需要接受由代理人所传达的意思表示，与被代理人达成合同关系，并且也需要信赖代理人

---

[29] Schick ZIP 1991, 938, 940; Schöne WM 1992, 209, 213；至少在"初始观点"中对此赞同 BGHZ 129, 136, 165–Girmes。

会将自己的意思表示传递给被代理人[30]。也唯有如此，合同另一方才能期待被代理人的履约行为。在面对代理有效性问题时，《民法典》第 179 条保护了法律行为中的该另一方。若这种信赖利益落空，则代理人将对该另一方承担相应的责任[31]。因此《民法典》第 179 条第 1 款可以被类推适用在以下情况，即当代理人在为他人进行法律行为时，若他拒绝透露被代理人姓名或执行代理事务失败，代理人需要承担相应的法律责任[32]。

【36】上述考量同样也能适用于本案（在股东大会上，代理人代理大量的小股东进行投票，并且该投票行为违反了忠诚义务。而且代理人也拒绝透露被代理人的姓名）。

c）小结

【37】《民法典》第 179 条第 1 款也可被类推适用于（拒绝公开被代理股东姓名的）投票代理人。由于事关在股东大会上投票所产生的法律后果，对于该投票代理人的法律责任仅限于该相关的损害赔偿（《民法典》第 179 条第 1 款第二种情况）。综上，类推适用《民法典》第 179 条第 1 款，由于（B 所代理的）股东违反了忠诚义务，B 需承担相应的损害赔偿责任。

4. 结论

【38】类推适用《民法典》第 179 条第 1 款，A 对 B 享有金额为 7 万欧元的损害赔偿请求权。

IV. A 可否根据《民法典》第 280 条第 1 款，第 241 条第 2 款以及合同保护第三方的原则，对 B 主张损害赔偿请求权

1. 债法关系

【39】《民法典》第 280 条第 1 款所规定的债法关系，可以是《民法典》第 662 条及以下条款中所规定的委托。在 B 与股东之间，就存在这样的债法关系。股东委托 B 在 2007 年 2 月 3 日召开的股东大会上代为行使投票权。

---

[30] BGHZ 129, 136, 150–Girmes.

[31] BGHZ 39, 45, 51; 105, 283, 285 f.; 129, 136, 150–Girmes; MünchKommBGB/Schubert § 179 BGB Rn. 1 f.

[32] BGHZ 129, 136, 149 f. –Girmes; MünchKommBGB/Schubert § 164 BGB Rn. 127 und § 179 BGB Rn. 10.

2. 债法关系为保护第三方

【40】在 B 与委托他的股东之间所产生的委托关系，必须包含对于其他股东（即没有授权 B 的股东）的保护效果。合同的保护义务将会涵盖一个没有参与合同的第三方，当: ①第三方由于该合同的原因，预期将与合同缔约方承受相同的风险（即 "与给付相近"）; ②债权人存在特殊利益（该利益需为债务人所知晓），需要将第三方纳入合同的保护范围，或者根据个案的具体情况表明，合同方考虑到了第三方的保护需求; ③第三方存在被保护的必要性[33]。

a）与给付相近

【41】没有委托 B 代为行使投票权的股东，将与那些委托 B 的股东一样，承受同样的风险[34]。因此，他们处于 "与给付相近" 的情况。

b）债权人的特殊利益

【42】（委托 B 的）股东有着特殊利益，即投票不得对其他股东产生不利影响。因为被股东授权行使投票权的个人，当决定投票时，必须如同授权人所遵循的忠诚义务一般，对其他股东也遵循相同的忠诚义务[35]。（未授权 B 的）其他股东据此享有特殊利益，即 B 必须在遵循公司法上忠诚义务的前提下，行使投票权。

c）被保护的必要性

【43】（未委托 B 代为投票的）其他股东必须存在被保护的必要性。但若这些股东对 B 有自己独立的损害赔偿请求权时，该点就不复存在[36]。

【44】在此，该条件已被满足。因为根据类推适用《民法典》第 179 条第 1 款，B 对于未曾委托他的股东存在法律责任（如本案中的 A）。虽然 B 是《股份有限公司法》第 135 条第 5 款第 2 句、第 8 款第 1 个半句所规定的投票代理人，不需要公开其委托人的姓名，而那些委托人的法律责任是无法落实的，但是这个情况仍然无法改变结果（即不存在被保护的必要性）[37]。因为根据类推适用《民法典》第 179 条第 1 款，B 将替代其匿名的

---

[33] Siehe dazu im Einzelnen MünchKommBGB/Gottwald § 328 BGB Rn. 184 ff.

[34] BGHZ 129, 136, 168–Girmes.

[35] BGHZ 129, 136, 168–Girmes.

[36] BGHZ 70, 327, 330; MünchKommBGB/Gottwald § 328 Rn. 92; . Henssler ZHR 157 (1993), 91, 110 f.; Hammen ZBB 1993, 239, 244.

[37] BGHZ 129, 136, 169 f. –Girmes.

委托人，对 A 承担损害赔偿责任。

V. A 可否根据《民法典》第 280 条第 1 款、第 241 条第 2 款、第 311 条第 2 款第 3 项、第 311 条第 3 款，对 B 主张损害赔偿请求权

【45】根据《民法典》第 280 条第 1 款、第 241 条第 2 款、第 311 条第 2 款第 3 项，一般展开法律行为的各方相互间负责。根据《民法典》第 311 条第 3 款第 1 句，对于非合同方的第三人而言，也可能在例外的情况下产生债法关系。该条款的前提是，第三方主张存在信赖利益，并且合同的协商或者合同的缔结严重地影响了该第三方。当代理人面对参与协商的另一方，就意思表示的正确性与完整性作出了额外的、个人的保证，而该意思表示又对另一方的决断起到了重要作用，就会产生针对代理人的个人信赖利益的请求权主张。此外，若代理人对于法律关系的成立也存在自己的经济利益，则代理人自己的法律责任也需要被考虑进来[38]。

【46】有学者认为[39]，在有些情况下会出现投票代理人自己的法律责任，即当代理人代为行使股东的权利，并继而获得了特别的协同权益。而该种协同权益无法被单个股东所支配，并仅为满足代理人的目的而使用。例如，当（1）投票代理人能够行使大量的投票权，并获得一种特别的协同权益（如具有否定力的少数股东决），进而他可以影响到（非委托人的）其他股东。而单个股东（委托人）是无法做到这点的。并且他还（2）使用了该种影响，为满足自己的目的与利益。就如本案中一样，以牺牲股东利益为代价，阻碍了重整方案。

【47】在捆绑投票的情况下，存在与影响力相匹配的忠诚义务，但这种忠诚义务仅限于股东，投票代理人不存在这种忠诚义务[40]。因此排除了 B 作为投票代理人的法律责任。

VI. A 可否根据《民法典》第 826 条，对 B 主张损害赔偿请求权

1. 违背道德风俗

【48】违背道德风俗的行为，是指行为违反了合理与正直的理性人的

[38] BGH ZIP 1991, 1140, 1142; 1994, 1103, 1104 ff.

[39] So etwa Hessler ZHR 157 (1993), 91, 114 ff.

[40] BGHZ 129, 135, 171. –Girmes.

正派观感[41]。例如，当一种看似毫无问题的方法相对于预期目的不成比例时，就存在违背道德风俗的情况。在本案中，就存在这种不合比例的方法（拒绝了董事会重整建议）与预期目的（在另一项重整方案中，维持了1000 万欧元的额外股本）。B 的这种致使董事会重整方案失败的投票行为，已经在前文中被研究过。

【49】在董事会提出重整方案时，G 公司已经存在资不抵债的情况。在否定重整方案时，就已经能得出公司不可能再继续经营的消极预测[42]。因为债权人不准备接受其他的重整计划。这种行为必然导致公司的支付不能，继而导致公司破产与股东股票的完全损失。否定董事会的重整方案（在该重整方案中，股东原本可以保留公司股本的五分之二，作为有价值的股本）和损失这些股本金额，与其所预期目的（保留另外五分之一并无价值的资本）之间不成比例。因而，B 的行为违背了道德风俗。

2. 故意

【50】根据违背道德风俗行为的形式与方式，可以推导出损害的故意[43]。B 的行为也存在必要的故意。

3. 损失

【51】A 所遭受的损失为 7 万欧元。

4. 小结

【52】根据《民法典》第 826 条，A 对 B 享有金额为 7 万欧元的损害赔偿请求权。

VII. 最终结论

【53】类推适用《民法典》第 179 条第 1 款与适用《民法典》第 826 条，A 对 B 享有金额为 7 万欧元的损害赔偿请求权。

---

[41] BGHZ 17, 327, 332; 129, 136, 172–Grimes.

[42] BGHZ 129, 136, 143. –Girmes.

[43] BGHZ 129, 135, 177. –Girmes.

案例九　再见股市

——上市公司股东可否通过诉讼撤销上市公司的退市决议

案件事实

High Potential股份有限公司（以下简称H公司）是一家上市公司。该公司的股本共计1100万欧元，其中一半为普通股，另一半为没有投票权的优先股。H公司的大股东为一家外国公司；现仍有1.07%的普通股与8.5%的优先股在自由流通之中。H公司的股票分别在法兰克福有价证券交易所与拜仁交易所正式挂牌交易。

监事会通报了H公司的关联子公司的情况：审计师事务所Checking GmbH（以下简称C事务所）已经审计了年度财务报表、管理层报告与当前财年的集团会计报表，并给出了无保留意见的审计意见。该结论被监事会所采纳。股东大会并由此免除董事会与监事会的责任。

H公司认为，由于H公司的股票在股市中交易额较低，相较之下，花费在上市股票的成本就显得不合理。并且，较低的股票交易额很容易造成猛烈的股价波动，从而对H公司的发展不利，并造成了严重的亏损。此外，还可能存在被操纵股价的困扰。因此，董事会向股东大会提议，放弃继续上市。而董事会并未对此作出董事会报告。2019年3月4日所召开的股东大会授权董事会，向前述两家证券交易所提交退市申请。小股东Andreas Andersen（以下简称A）认为退市会损害他的利益。A对于退市提议投了反对票，并在会议记录中明确表态，自己绝不同意该决议，并且退市授权需要实质性理由与时间限制。据此，股东大会决定，公司向少数股东以1057欧元/股（普通股）和820欧元/股（优先股）的价格购买他们所持有面值为50欧元的股票。据此，H公司可以让那些反对退市的股东，以市价卖出自己手中的股票。

在 2019 年 3 月 4 日当天，A 聘请律师对股东大会决议提起了撤销之诉。他的诉讼会成功吗？

解题结构

I. 对股东大会免责监事会并授权董事会退市的决议提起的撤销之诉
　1. 诉讼的可行性
　　a）可行的诉讼类型
　　b）开始民事维权诉讼
　　c）法院的管辖权
　　d）根据《股份有限公司法》第 246 条第 2 款第 1 句，适格的被告
　　e）根据《股份有限公司法》第 246 条第 2 款第 2 句，股份有限公司的诉讼能力
　　f）法益保护的必要性
　　g）《股份有限公司法》第 245 条的撤销权
　　h）《股份有限公司法》第 246 条第 1 款规定的撤销期限
　　i）小结
　2. 诉讼的正当性
　　a）根据《股份有限公司法》第 241 条，决议无效
　　　aa）审查无效理由并没有被排除
　　　bb）无效理由
　　b）根据《股份有限公司法》第 243 条第 1 款，决议的可撤销性
　　　aa）对董事会与监事会成员的免责
　　　　（1）免责决议的可撤销性
　　　　　（a）观点 1：在严重违反法律或公司章程的情况下，仍然可以免责
　　　　　（b）观点 2：在严重违反法律或公司章程的情况下，不可以免责
　　　　　（c）小结
　　　　（2）严重违反法律或公司章程
　　　　（3）小结
　　　bb）授权董事会提交常规退市申请

（1）股东大会对于退市的权限

（a）对公司内部结构或共同管理权的侵害问题

（b）使股票丧失流通性，并侵犯财产权问题

（aa）通过《基本法》第 14 条第 1 款保护股票的市场价值，并保护变现可能性

（bb）保护股东

（c）小结

（2）退市的前提

（a）《证券交易所法》对小股东的保护

（b）不存在公司法上的补偿请求权

（c）实质合理性的要求

（d）董事会报告的必要性问题

（e）授权决议在时间上的（充分）掌控

c）根据《股份有限公司法》第 245 条，撤销权

d）撤销期限

3. 结论

II. 用撤销之诉来审查 H 公司的购买要约

1. 诉讼的可行性

a）可行的诉讼类型

aa）《股份有限公司法》第 243 条（与之后条款）的撤销之诉

bb）是否类推适用《公司异议程序法》

b）管辖权

2. 结论

解答

I. 对股东大会免责监事会并授权董事会退市的决议提起的撤销之诉

1. 诉讼的可行性

a）可行的诉讼类型

【1】诉讼类型的可行性主要取决于 A 权利保护的目的。在此，A 想要

反对股份有限公司的股东大会决议。

> **提示：**在决定何种诉讼类型可行时，需要区分无效的股东大会决议与可撤销的股东大会决议。由于股东大会决议可能存在不同类型的瑕疵，因此说以无效理由或可撤销理由提起不同类型的诉讼似乎更为妥当。[1] 此外，还存在效力未定的股东大会决议。无效决议的瑕疵非常严重，以至于该决议依法无效。《股份有限公司法》第 241 条列明了所有的无效理由。对于无效决议，存在相应的法律救济。根据《股份有限公司法》第 249 条第 1 款第 1 句，在该条款规定下的个人可以提起无效之诉。对于第三人而言，如果他存在确认利益，就可以根据《民事诉讼法》第 256 条第 1 款提起一般确认之诉。如果存在违反法律规定或违反公司章程规定的内容（即决议瑕疵），并且这种决议瑕疵既不会导致决议无效，也非单纯的训示规定或秩序性规定时，就可以提起撤销之诉。可撤销的股东大会决议在撤销前仍然有效[2]。根据《股份有限公司法》第 243 条（与之后的条款），在存在撤销理由时，可以提起撤销之诉以寻求法律救济。由于成功的撤销之诉将使股东大会决议不生效，并改变实质的权利关系，因此撤销之诉也是一种形成之诉[3]。对于效力未定的决议而言，其生效与否取决于公司、第三方或政府机关的许可。在获得这些许可之前，该决议虽有缺陷，但仍然有效力补齐的可能性（在补齐生效要件之后）。根据民事诉讼法第 256 条第 1 款，对于效力未定的决议可提起确认之诉。在决议缺陷中，需要区分无效的投票与未生效的投票。当股东大会决议所必需的多数票未达成时，决议不生效，从而存在可撤销理由。

【2】有鉴于此，如果 A 想要反对股东大会决议，他就可以根据《股份有限公司法》第 243 条（与之后的条款）提起撤销之诉。因为《股份有限公司法》第 243 条（与之后的条款）所规定的撤销之诉的对象就是股东大会决议。

b）开始民事维权诉讼

【3】根据《法院组织法》第 13 条的规定，当事人可以提起民事维权诉讼。

c）法院的管辖权

【4】根据《股份有限公司法》第 246 条第 3 款第 1 句与第 2 句，公司注册地（《股份有限公司法》第 14 条）所在的州法院（商事审判庭，《法

---

[1] K. Schmidt § 15 II 1c.

[2] K. Schmidt § 15 II 1b dd.

[3] Hüffner/Koch § 246 AktG Rn. 8.

院组织法》第 94 条、第 95 条第 2 款第 1 项）有权管辖该案件。

d）根据《股份有限公司法》第 246 条第 2 款第 1 句，适格的被告

【5】根据《股份有限公司法》第 243 条（与之后的条款），必须针对适格的被告提起撤销之诉。如果撤销之诉的被告不是《股份有限公司法》第 246 条第 2 款第 1 句所列明的对象，则该诉讼将因为缺乏适格的被告而被驳回，而非缺乏消极资格（即缺乏请求权对象）[4]。根据《股份有限公司法》第 246 条第 2 款第 1 句，撤销之诉应对公司提起。因此，适格的被告是 H 公司。

e）根据《股份有限公司法》第 246 条第 2 款第 2 句，股份有限公司的诉讼能力

【6】董事会与监事会将代表公司参与股东之诉（《股份有限公司法》第 246 条第 2 款第 2 句）。这种双重代表机制是为了避免董事会或监事会滥用诉讼权利（如《民事诉讼法》第 288 条的自认或《民事诉讼法》第 307 条的承认），致使公司蒙受损失 [5]。

【7】因而，根据《股份有限公司法》第 246 条第 2 款第 2 句，需要由 H 公司的董事会与监事会共同代表 H 公司参与诉讼，从而满足双重代表机制。

f）法益保护的必要性

【8】撤销之诉并不以存在法益保护必要性为前提，因为撤销之诉是一种借由诉讼监管公司机关行为的法定机制。只有在特殊的案件中，才没有法益保护的必要性，如股东大会的无瑕疵决议确认函。在本案中并无相关线索。

g）《股份有限公司法》第 245 条的撤销权

【9】在滥用撤销之诉时，就不存在《股份有限公司法》第 245 条所规定的撤销权。任何滥用诉讼权的人，都在糟蹋自己的权利。在本案中，并不存在滥用撤销之诉的情况。因此，根据主流观点 [6]，对于撤销权也不需要讨论是否存在正当性或可行性 [7]。

---

[4] Hüffner/Koch § 246 AktG Rn. 4.

[5] Hüffner/Koch § 246 AktG Rn. 30.

[6] BGH AG 2007, 863 Rn.6；MünchkommAktG/Hüffner/Schäfer §245 AktG Rn .3；Hüffner/Koch § 245 AktG Rn. 2：„subjektives Recht".

[7] So aber K. Schmidt/Lutter/Schwab AktG § 245 Rn.2.

h）《股份有限公司法》第 246 条第 1 款规定的撤销期限

【10】根据《股份有限公司法》第 246 条第 1 款，撤销期限为 1 个月。如同《股份有限公司法》第 245 条所规定的撤销权，对于撤销期限也不需要讨论可行性与正当性。

i）小结

【11】A 可以针对股东大会关于免责监事会与授权董事会申请退市的决议提起诉讼。

2. 诉讼的正当性

a）根据《股份有限公司法》第 241 条，决议无效

aa）审查无效理由并没有被排除

【12】尽管撤销之诉[8]是一种可行的诉讼类型，但是在撤销之诉中，不仅需要探讨可撤销理由，也需要探讨无效理由。因为撤销之诉与无效之诉追求同样的目的，也是针对同样的诉讼标的[9]。诉讼标的是为了诠释决议的无效，这些决议是因为（影响他人权利义务的）决议流程、决议标的与内容不符合法律或公司章程的规定而被判定无效的。这些情况构成了统一的日常事实，即无效之诉或撤销之诉的部分诉讼理由。而另一部分则是源自（会导致决议违法或违反公司章程的）缺陷。正是因为撤销之诉与无效之诉遵循着相同的宗旨，所以诉讼的正当性可以源自可撤销理由与无效理由。诉讼标的的概念（行政行为的违法性，并致使原告权利受损）在行政撤销之诉中早已被承认[10]。

【13】虽然有一部分学者认为[11]，诉讼标的是为了让法官能够根据陈述事实，对特定股东大会决议无效性提供司法上的诠释。在此，陈述事实是指（民事诉讼法所谓的分支诉讼标的）统一的日常事实。法庭陈述作为判决客体包括了若干事实与各种诉讼标的。如果原告在其事实部分提交了新的内容，就存在诉讼变更。这种对诉讼标的的细分，可能会阻碍根据原告

---

[8] Dazu Windichler § 29 Rn. 49.

[9] BGHZ 152, 1, 5.

[10] BVerwGE 29, 210, 211; 40, 101, 104; 91, 256, 257.

[11] MünchkommAktG/Hüffner /Schäfer § 245 AktG Rn. 18; GroßkommAktG/K. Schmidt § 246 AktG Rn. 61; Hüffner/Koch § 246 AktG Rn. 11; Bork ZIP 1995, 609, 612 f.

陈述的细节与范围对决议进行（统一的）评判[12]。但是这种学者观点有悖于法律的确定性。

【14】基于对无效理由与可撤销理由的综合性评判（无关于诉讼请求），无效理由与可撤销理由都可以证明 A 诉讼的正当性。

bb）无效理由

【15】《股份有限公司法》第 241 条的无效理由在本案中并没有体现。

b）根据《股份有限公司法》第 243 条第 1 款，决议的可撤销性

【16】当股东大会的决议有违法律或者公司章程时（《股份有限公司法》第 243 条第 1 款），针对该决议的撤销之诉就可被认定为合理。对于形式条款与实质条款的违反都可构成可撤销理由。

aa）对董事会与监事会成员的免责

（1）免责决议的可撤销性

【17】在何种情况下股东可以撤销免责决议，仍然存在争议。

（a）观点 1：在严重违反法律或公司章程的情况下，仍然可以免责

【18】部分判例与学者基于《股份有限公司法》第 120 条第 2 款第 2 句、第 93 条第 4 款的规定，提出了一种观点，即使管理机关的行为违反了法律或公司章程的规定，股东大会仍然可以作出免责决议[13]。因为这仅仅表明，被免责的机关行事符合公司目的，并受到股东的信任。对此的撤销仅限于程序缺陷的问题（尤其是信息瑕疵）。

（b）观点 2：在严重违反法律或公司章程的情况下，不可以免责

【19】另一种观点认为，免责是股东大会的一种申明，即股东大会认同被免责机关的行为，认为他们的行为符合法律与公司章程的规定[14]。如果免责涉及“严重违反法律与公司章程的”行为，则这种免责决议可以被撤销[15]。《股份有限公司法》第 120 条第 2 款第 2 句与此并不相悖。《股份有限公司法》第 243 条第 1 款并不受（由于免责而对）损害赔偿请求权放弃的影响。而且《股份有限公司法》第 93 条第 4 款也与免责决议的撤销

[12] BGHZ 152, 1, 5 f.

[13] OLG München WM 1991, 1843, 1851; OLG Düsseldorf WM 1996, 777, 781; Lutter NJW 1973, 113, 114.

[14] BGHZ 153, 47, 50; 160, 385, 388; Hüffner/Koch § 120 AktG Rn. 11; Sethe ZIP 1996, 1321, 1324.

[15] BGHZ 153, 47, 51; Hüffner/Koch § 120 AktG Rn. 11.

并不相悖。因为《股份有限公司法》在第 243 条第 1 款规定了对于违反法律或公司章程的股东大会决议（无限制）撤销权的同时，在第 93 条第 4 款中在一定程度上允许协商损害赔偿债权。

【20】免责决议也可无异议[16]。因为即使股东大会拒绝免责管理机关，（对其失去信赖的）股东大会仍然可以继续保留这些管理机关。从股东大会的角度而言，这也是为了维护公司的利益。

（c）小结

【21】由于第二种观点更具说服力，因此我们采纳这种观点。因此，股东大会对于董事会或监事会免责的决议可以撤销。但是，可撤销的前提必须是严重违反法律或公司章程的规定。

（2）严重违反法律或公司章程

【22】接下来探讨监事会成员是否有违反《股份有限公司法》第 314 条第 2 款。若此处的违法行为达到了严重违法程度，则对监事会免责的股东大会决议可撤销。《股份有限公司法》第 314 条构建了监事会对于关联（公司）报告正确性的连带责任[17]。此外，就审计结果与审计意见而言，前述规定还能确保股东大会的知情权。根据《股份有限公司法》第 314 条第 2 款第 1 句，监事会（依《股份有限公司法》第 171 条第 2 款的规定）向股东大会所作的报告是为了表明，监事会已经审查了董事会的关联（公司）报告。该审查主要检查报告的完整性与正确性[18]。

【23】在本案中监事会所提交的报告仅仅通报了 H 公司的关联子公司的情况，C 事务所已经审计了年度财务报表、管理层报告与当前财年的集团会计报表，并给出了无保留意见的审计意见，但并没有进行《股份有限公司法》第 314 条第 2 款第 1 句所要求的监事会自主审查。此外，监事会并未言明合并财务报表、与之有关的审计报告、盈余使用与关联报告，更不用说《股份有限公司法》第 314 条第 2 款第 2 句所规定的（监事会）评论意见。因此在本案中，《股份有限公司法》第 314 条第 2 款的规定并未被遵守。

（3）小结

【24】就股东大会的免责决议而言，存在可撤销的理由。

---

[16] BGHZ 153, 47, 52.

[17] Hüffner/Koch § 314 AktG Rn.1.

[18] Hüffner/Koch § 314 Rn.4.

bb）授权董事会提交常规退市申请

（1）股东大会对于退市的权限

【25】常规退市是指公司从所有的受官方监管的证券交易市场中撤出[19]。对于常规退市事项而言，股东大会是否需要通过简单多数决作出决议（或者如本案中决定授权董事会提交退市申请）？

（a）对公司内部结构或共同管理权的侵害问题

【26】股东大会对于退市的决策权限可能会侵犯股份有限公司内部结构或股东共同管理权。但是，退市并不会改变公司的内部结构[20]。同样，成员权（与《股份有限公司法》第 327a 条所规定的大股东强制要求小股东退股条款不同）既不影响股权总量也不涉及相对参与权（获得股利权、清算后按比例分配的请求权）。常规退市并不会削弱股东的成员地位[21]。

（b）使股票丧失流通性，并侵犯财产权问题

（aa）通过《基本法》第 14 条第 1 款保护股票的市场价值，并保护变现可能性

【27】公司从规范市场交易中退出，会导致股东失去能够交易的平台，从而致使其无法变现所持有的股票价值。因此，退市会对小股东造成严重的经济损失。因为在证券交易所交易的股票具有流通能力，而这种流通能力又能帮助确定股票的价值。市场价值与（在任意时间都能）变现的可能性是股份所有权的两种基本特征[22]。这些又受到《基本法》第 14 条第 1 款的宪法性保护。而对股票市场价值与（在任意时间都能）变现可能性的宪法性保护，又对成员权中的财产性利益保护产生了直接影响。这些都是法律针对利润分配权、清算后按比例分配权与参与（企业活动）中财产性利益所提供的保障。如果市场价值（包括股票的流通性）可以通过《基本法》第 14 条第 1 款予以保护，那么这种保护也就同样适用于公司与股东之间的关系[23]。尽管《基本

---

[19] BGHZ 153, 47, 53.

[20] BGHZ 153, 47, 54; Wirth/Arnold ZIP 2000, 111, 114 f.; Streit ZIP 2002, 1279, 1287; 从比较法的角度参见 Hopt, FS Drobing, 1998, S.525, 536。

[21] BGH WM 2019, 2213 Rn.4; vgl. zu einer solchen Mediatisierung BGHZ 83, 129, 136 ff. –Holzmüller.

[22] BVerfGE 100, 289, 305 f. –DAT/Altana.

[23] BGHZ 153, 47, 55; Hellwig/Bormann ZGR 2002, 465, 473 ff.; Wirth/Arnold ZIP 2000, 111, 115.

法》第 14 条第 1 款保护的是股份所有权（股票），但是当股东部分或完全无法通过股票进行权利分配时，那么基本权利就遭到了侵犯[24]。然而《基本法》第 14 条第 1 款的保护范围并不涉及退市。因为股份所有权并不包括，由于股票在规范市场中交易所能提升的流通能力[25]。股票的上市并不能构成股东主观公权利，也并未影响股票的（法定）流通能力[26]。股票事实上的可交易性，只是提高了出售的概率，对股份所有权的总量与分配不产生任何影响。上市只是一个价值形成因素[27]。宪法并不保护出售概率。

（bb）保护股东

【28】如果退市是一种对（《基本法》第 14 条第 1 款所保护的）股东权益的侵犯，那么股东大会对此就有权予以管辖。因而，也只有股东大会（而非公司的管理机关）可以决定，董事会是否可以与应该申请公司退市[28]。由于退市的问题并不涉及股东的所有权（基本权），因此退市并不需要股东大会的决议[29]。

（c）小结

【29】退市事项并不受股东大会管辖，而是受董事会管辖。但这些在本案中都并不重要，因为 A 所反对的是通过股东大会决议授权董事会退市的问题。当然，在退市前要做好准备工作，尤其是对小股东提供充分的保护。

（2）退市的前提

（a）《证券交易所法》对小股东的保护

【30】《证券交易所法》在一定程度上为小股东提供了有效的保护。《证券交易所法》第 39 条第 2 款至第 6 款规定了经股票发行人的申请，公司可以进行退市。

【31】立法者通过《证券交易所法》第 39 条第 2 款至第 6 款的规定，为

---

[24] BVerfGE 132, 99 Rn. 52–Delisting.

[25] BVerfGE 132, 99 Rn. 57–Delisting.

[26] BVerfGE 132, 99 Rn. 58–Delisting.

[27] BVerfGE 132, 99 Rn. 60–Delisting.

[28] BGHZ 153, 47, 55; Hüffer/Koch § 119 AktG Rn. 31ff.; Hellwig ZGR 1999, 781, 799; Lutter, FS Zöllner, Bd. 1, 1998, S. 363, 380; Lutter/Leinekugel ZIP 1998, 805, 806; Schwark/Geiser ZHR 161（1997）, 739, 763; Vollmer/Grupp ZGR 1995, 459, 474 f.

[29] BGH WM 2019, 2213 Rn.2.

公司退市时小股东保护提供了资本市场法上的解决方案，并且要求公司在退市时必须作出股票收购要约[30]。公司如果根据《证券收购与回购法》作出收购要约，会经过联邦金融管理局的审查，但是不会被联邦金融管理局以《证券收购与回购法》第15条的原因禁止[31]。联邦金融管理局的审查内容主要包括：对待给付是否合理、对待给付是否有充分资金保障以及评估对待给付是否符合证券市场的平均水准[32]。《证券交易所法》第39条第2款至第6款保障了小股东们的利益（如本案中的A），使其在公司退市时免受经济利益上的损失。因此，《证券交易所法》对于小股东的保护仍然是充分的。

（b）不存在公司法上的补偿请求权

【32】由于《证券交易所法》第39条的规定，也就没有公司法上补偿请求权存在的必要了[33]。

（c）实质合理性的要求

【33】要排除认购权，就必须存在实质合理性（参见案例三）。然而，退市是不是也应该存在实质合理性的理由？有关退市的问题应由公司决定，而不是股东大会决定。所以退市并不是靠股东多数决来决定的，而是董事会根据公司利益做出相应的抉择。退市并没有对股东的成员权造成很严重的损害，所以退市与排除认购权的情况不具有可比性。因此，在退市的问题上并不需要讨论实质合理性。

（d）董事会报告的必要性问题

【34】董事会可能要根据《股份有限公司法》第186条第4款第2句，就退市作出董事会报告。然而董事会报告的前提是，H公司并未向股东充分披露信息。但是在本案中，H公司在股东大会上已就退市的理由作出了解释（节省开支、股价波动、对公司不利的因素与存在股价被操纵的威胁）。因此，股东的知情权已经得到了充分保障。董事会报告也就没有必要了。

（e）授权决议在时间上的（充分）掌控

【35】当法律允许股东大会授权董事会进行某一工作时，如果对于这种授权有法定最长期限，那么就必须适用法定期限（参照《股份有限公司

---

[30] Spindler/Stilz/Hoffmann § 119 AktG Rn. 45a.

[31] Baumbach/Hopt/Kumpan § 39 BörsG Rn. 8.

[32] Baumbach/Hopt/Kumpan § 39 BörsG Rn. 8.

[33] Spindler/Sitz/Hoffmann § 119 AktG Rn. 45a.

法》第 71 条第 1 款第 8 项)，或者由股东大会自行规定最长期限(《股份有限公司法》第 202 条第 2 款)。但是如果法律没有对授权规定期限，那么也不一定要对授权决议规定时限。对于无期限的授权，董事会必须尽职地自行判断，是否以及何时开展这项工作[34]。董事会也必须在下一次股东大会上通报该项工作的进展情况。如果在下一次的股东大会上，该事项仍然没有正式开展，那么股东大会就有权延续或者撤回该授权。因此，股东大会对于授权的时限有着充分的掌控权。

c）根据《股份有限公司法》第 245 条，撤销权

【36】《股份有限公司法》第 245 条规定了诸多能构成撤销权的情况。本案的情况符合《股份有限公司法》第 245 条第 1 项。

d）撤销期限

【37】根据《股份有限公司法》第 246 条第 1 款，撤销之诉必须在股东大会决议制成的 1 个月内提出。这里 1 个月的期限是实际期限。这是一种除斥期间，而非消灭时效期间[35]。在本案中也不存在《民法典》第203条(与之后条款)所规定的时效中止。因此，撤销期限始于 2019 年 3 月 5 日(《民法典》第 187 条第 1 款)，终止于 2019 年 4 月 4 日(《民法典》第 188 条第 2 款第 1 项)。

【38】A 在 2019 年 3 月 4 日就提起了诉讼，因此符合撤销期限。

3. 结论

【39】A 可以针对股东大会对于监事会免责决议提起诉讼，并且论据充分。然而，虽然 A 可以针对股东大会授权董事会申请退市决议提起诉讼，但是论据并不充分。

II. 用撤销之诉来审查 H 公司的购买要约

1. 诉讼的可行性

a）可行的诉讼类型

aa)《股份有限公司法》第 243 条(与之后条款)的撤销之诉

[34] BGHZ 153, 47, 60.

[35] Hüffer/Koch § 246 AktG Rn.21.

【40】股东有权利要求在诉讼中，审查回购要约所给出的报价是否符合股票的价值[36]。但是，撤销之诉是否符合这一目的诉讼类型呢？因为撤销之诉仅仅是针对股东大会决议所提起的，并且是为了阻碍这一决议的生效，如此一来，股东就可以间接要求公司或大股东提高要约的报价[37]。而对于公司而言，如果再行召开股东大会又会产生一笔不小的费用，并且推迟退市计划可能会产生其他不利的结果。由此而论，撤销之诉并不是为了审查购买要约的报价是否符合股票价值。而对此，适用（公司）异议程序（参见《股份有限公司法》第304条第3款、第305条第5款第2句，与《转型法》第15条第1款第2句、第34条、第196条第2句、第212条）更合理[38]。

【41】撤销之诉并不能审查H公司的购买要约。

bb）是否类推适用《公司异议程序法》

【42】是否可以类推适用《公司异议程序法》的规定呢？类推适用的前提是存在与原意相悖的法律条款漏洞和存在相近的法益。

【43】《证券交易所法》第39条对于退市的新规定，已经不存在需要填补的法律条款漏洞[39]。因为通过这个条款的设立，立法者有意免除了公司异议程序的启动要求[40]。对于小股东的保护，一方面是通过联邦金融管理局的（对股票收购要约）审查；另一方面是通过《证券交易所法》第39条第3款的规定，该条款允许在特定的情况下，股东针对不合理的对待给付提出民事诉讼[41]。对于小股东的保护主要集中于《证券交易所法》以及《证券收购与回购法》的规定，从而使得退市程序不会因为（给予股东）补偿金额的多寡而延迟[42]。由于现在已经不存在与原意相悖的条款漏洞，也就不必类推适用《公司异议程序法》。

b）管辖权

【44】在公司异议程序中，并不适用一般法院管辖原则，而是自愿管

[36] BVerfG ZIP 2000, 1670, 1672f; BGHZ 153, 47, 57.

[37] BGHZ 153, 47, 58.

[38] BGHZ 153, 47, 58.

[39] Hüffer/Koch § 1 SpruchG Rn. 7.

[40] BT-Drs. 18/6220 S. 86; Hüffer/Koch § 1 SpruchG Rn. 7.

[41] Spindler/Stilz/Drescher § 1 SpruchG Rn. 17.

[42] BT-Drs. 18/6220 S. 86.

辖原则。而《法院组织法》第 17a 条第 2 款的规则只适用于争议管辖与自愿管辖并存之时[43]。由于确定 A 所持有股票价值事宜并无争议管辖，因此 A 只可向具有自愿管辖权的法院提起诉讼[44]。

2. 结论

【45】A 不可针对 H 公司的购买要约提起撤销之诉。

---

[43] BGH WM 2001, 1045.

[44] BGHZ 153, 47, 61.

案例十　创业之难

——股东的出资义务与隐蔽的实物出资

案件事实

Andreas Anton（以下简称A）、Bert Bunte（以下简称B）、Carla Cantucci（以下简称C）于2018年10月20日与其他15位创始股东共同成立了Dominici股份有限公司（以下简称D公司），该公司的注册资本为691500欧元。D公司于2018年12月17日在商事登记机关进行登记。A、B、C三人每人各持有价值为128000欧元的股票，并且共同组成了D公司的董事会。其余的创始股东每人都持有20500欧元的股票。在2018年12月1日，根据公司章程的规定，A、B、C三人以现金资本的形式向公司账户注资。

早在成立D公司前，A与B就在Haunschild Regelungstechnik有限责任公司（以下简称H公司）分别以75%与25%的股权比例参股。他俩都是H公司的执行董事。C是Stangel Steuer-und Regelungstechnik有限责任公司（以下简称S公司）持有85%股权的大股东，也是S公司的执行董事。D公司的创始股东们之所以成立该公司，是希望能将H公司与S公司的业务整合在D公司的名下，并共同发展公司业务——“建筑智能化设备的规划、设计与施工”。D公司（如同以前的S公司一样）将成为Eletronik有限责任公司（以下简称E公司）的批发商。根据成立D公司时的协商，D公司将使用S公司与H公司的仓库。A与C都以将各自公司仓库转让给D公司作为共创公司的基础。因为根据计划，D公司将接收H公司与S公司的经营业务，因此没有必要再各自保留那么多仓库。创始股东们并没有在公司章程的成立理念或公司义务中记载，D公司需要接收S公司与H公司的仓库。

2018 年 12 月 20 日，D 公司以 377260.61 欧元的价格买下了 H 公司的仓库，又以 63816.45 欧元的价格买下了 S 公司的仓库。这些价格都符合这两个仓库的市场价格。D 公司以分三期付款的方式支付（从 2019 年的 1 月至 2 月中旬）。H 公司与 S 公司都根据计划放弃了各自的经营业务。这两家公司都将自己的商业技术秘密转让给 D 公司，并以租赁公司的身份为 D 公司工作。

2019 年 12 月 22 日，（具有管辖权的）地区法院开始了 D 公司的破产程序。破产管理人 Stefan Scharf（以下简称 S）向 A 主张，要求 A 支付其所承担的出资部分金额 25000 欧元。S 的这一主张，主要是因为 S 认为 A 存在隐蔽的实物出资。A 则解释道，他已经充分履行了出资义务，并主张其享有所有权利。

S 的主张是否合理？

示意图

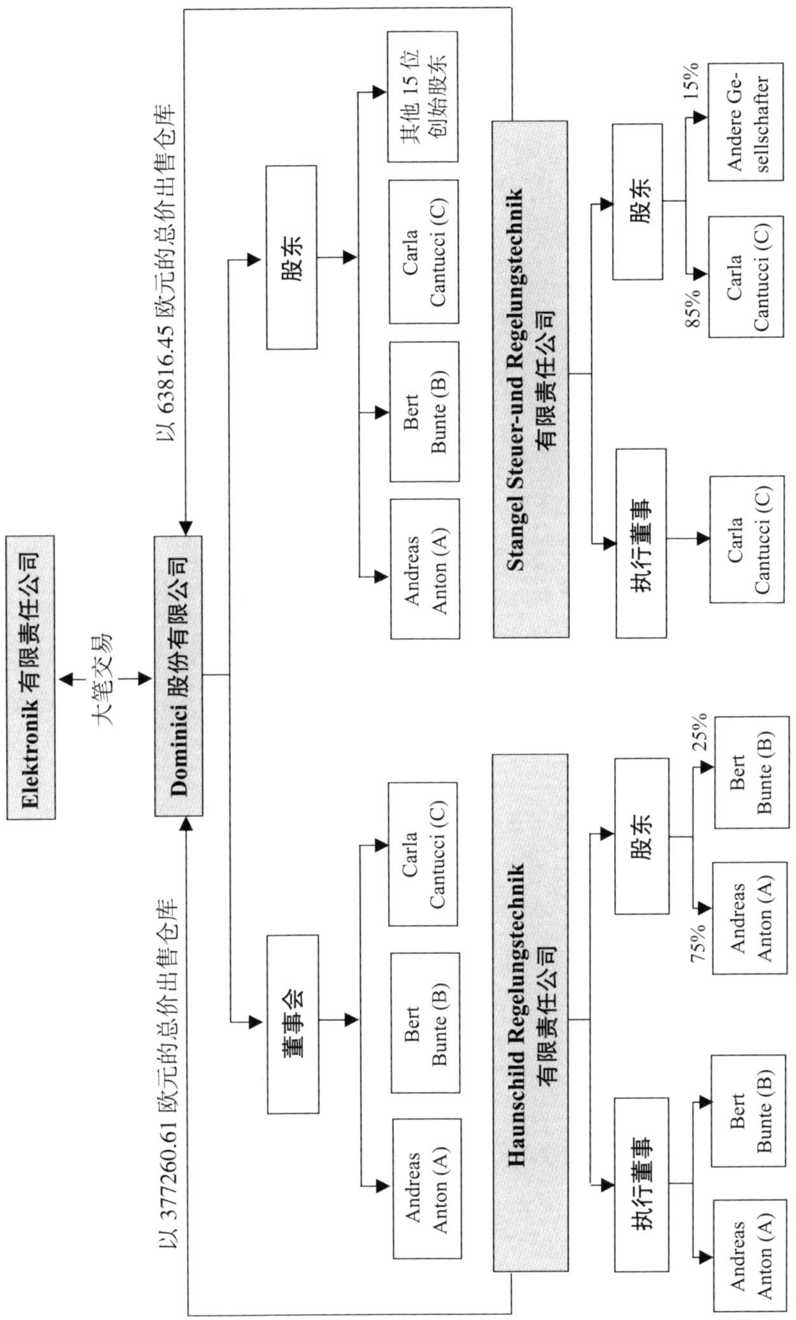
Elektronik 有限责任公司
大笔交易
Dominici 股份有限公司
以 63816.45 欧元的总价出售仓库
以 377260.61 欧元的总价出售仓库
股东
Andreas Anton (A)
Bert Bunte (B)
Carla Cantucci (C)
其他 15 位创始股东
董事会
Andreas Anton (A)
Bert Bunte (B)
Carla Cantucci (C)
Stangel Steuer-und Regelungstechnik 有限责任公司
执行董事
Carla Cantucci (C)
股东
85%
Carla Cantucci (C)
15%
Andere Gesellschafter
Haunschild Regelungstechnik 有限责任公司
执行董事
Andreas Anton (A)
Bert Bunte (B)
股东
75%
Andreas Anton (A)
25%
Bert Bunte (B)

解题结构

I. D 公司可否根据《股份有限公司法》第 54 条第 2 款和第 27 条第 3 款第 1 句与认购声明（《股份有限公司法》第 29 条），对 A 主张 25000 欧元的支付请求权

1. 请求权的成立与否
2. 根据《民法典》第 362 条第 1 款，请求权消灭与否问题
   a）根据《股份有限公司法》第 37 条第 1 款第 2 句，给付能否被董事会自由支配
   b）《股份有限公司法》第 36 条第 2 款所规定的金额
   c）在隐蔽的实物出资情况下，对股东的请求权
      aa）隐蔽的实物出资
         （1）概念
         （2）关于隐蔽实物出资的法律规定的适用性
         （3）客观事实
         （4）主观事实
         （5）存在差额
         （6）小结
3. 根据《民法典》第 389 条，请求权消灭与否问题
4. 请求权是否可执行
   a）没有给付拒绝权（根据《民法典》第 273 条）
   b）没有给付拒绝权（根据《股份有限公司法》第 54 条第 4 款第 1 句）
5. 结论

II. D 公司可否根据《股份有限公司法》第 46 条第 1 款，对 A 主张要求支付 25000 欧元的请求权

1. 股份有限公司享有相应的请求权资格
2. A 为请求权对象是否适格
3. 成立公司的信息是否存在错误或者不完整
4. 过错责任
5. 责任的形式与范围
6. 结论

III. D 公司可否根据《股份有限公司法》第 46 条第 2 款，对 A 主张要求支

付 25000 欧元的请求权
1.《股份有限公司法》第 46 条第 2 款的适用性
2. 是否存在出资引起的损害
3. 结论
IV. D 公司可否根据《股份有限公司法》第 48 条，对 A 主张 25000 欧元的支付请求权
1. 股份有限公司享有请求权资格
2. A 为请求权对象是否适格
3. 是否违反义务
4. 结论
V. D 公司可否根据《民法典》第 985 条，对 A 主张 25000 欧元的支付请求权

解答

I. D 公司可否根据《股份有限公司法》第 54 条第 2 款和第 27 条第 3 款第 1 句与认购声明（《股份有限公司法》第 29 条），对 A 主张 25000 欧元的支付请求权

【1】S 作为破产管理人，依法能替代 D 公司行使请求权（《破产条例》第 80 条第 1 款）[1]。根据《股份有限公司法》第 54 条第 2 款和第 27 条第 3 款第 1 句与认购声明规定，D 公司可能对 A 享有 25000 欧元的支付请求权。而这一请求权的前提是，A 并没有完成其出资义务。当 A 之前的现金出资根据《股份有限公司法》第 27 条第 3 款第 1 句的规定未能达到完成效果时，D 公司就对 A 存在要求其继续支付现金出资的请求权。而前述情况的前提是，从经济角度与接收现金出资有关的协议角度出发，A 的现金出资将被全部或者部分地视作实物出资予以评估（隐蔽的实物出资）。

1. 请求权的成立与否

【2】公司创始股东（参照《股份有限公司法》第 28 条、第 29 条）应该履行缴纳注册资本的公司成员义务。而这一义务应在 D 公司成立阶段

[1] BGHZ 49, 11, 16.

（股份有限公司正式注册登记前），以出资的形式予以履行（参照《股份有限公司法》第 23 条第 2 款）。

【3】A 认购了 D 公司价值为 128000 欧元的股票。由此，D 公司对 A 产生了 128000 欧元的支付请求权。

2. 根据《民法典》第 362 条第 1 款，请求权消灭与否问题

【4】当 A 向 D 公司账户（以现金出资的形式）有效出资 128000 欧元，并由此完成其出资义务时，D 公司对 A 支付 128000 欧元的支付请求权将根据《民法典》第 362 条第 1 款而消灭。

a）根据《股份有限公司法》第 37 条第 1 款第 2 句，给付能否被董事会自由支配

【5】出资给付可以发生在公司成立阶段。在此种情况下，已经给付的股东就已履行完毕其出资义务（《股份有限公司法》第 36 条第 2 款第 1 句、第 54 条第 3 款第 1 句）。而这种（出资）给付必须能被董事会自由支配（《股份有限公司法》第 37 条第 1 款第 2 句）。

【6】A 于 2018 年 12 月 1 日向成立中的股份有限公司现金注资 128000 欧元（股份有限公司的正式成立时间是 D 公司在商事登记机关登记的时间：2018 年 12 月 17 日）。而 A 的这次出资给付已经能被 D 公司董事会自由支配（《股份有限公司法》第 37 条第 1 款第 2 句）。

b）《股份有限公司法》第 36 条第 2 款所规定的金额

【7】公司创始股东必须根据《股份有限公司法》第 36 条第 2 款向公司注资规定的金额。

【8】D 公司向 A 要求支付 128000 欧元，而这笔金额的注资 A 早已履行完毕。

c）在隐蔽的实物出资情况下，对股东的请求权

【9】在 A 于 2018 年 12 月 1 日向公司完成规定的出资之后，A 的出资义务已经履行完毕。但是，仍然有可能存在没有达到完成效果的情况。因为 A 出资 128000 欧元的行为有可能被认定为隐蔽（混合）的实物出资（这是一种违反《股份有限公司法》第 27 条第 1 款第 1 句的规避行为）[2]。这是因为在公司成立之初，创始股东们就商定了收购（A 所管理的）H 公司的

---

[2] 关于隐蔽的实物出资可参见 Windbichler § 23 Rn. 13 f. und § 26 Rn. 18。

仓库。如果从经济角度与接收现金出资有关的协议角度出发，股东的现金出资将被全部或者部分视作实物出资予以估价（隐蔽的实物出资），那么股东的出资义务就没有履行完毕（《股份有限公司法》第 27 条第 3 款第 1 句）。隐蔽的实物出资的后果，就是股东要继续承担出资义务（根据《股份有限公司法》第 27 条第 3 款第 3 句），但是可以相应地折抵其之前出资财产的价值（即所谓的“折抵方案”）。股东必须将其所承诺的出资提供给公司。在此之后，股东才算完成其出资义务（根据《民法典》第 362 条第 1 款）。隐蔽的实物出资并不需要股东再一次全额出资。股东的补充出资义务的金额仅限于差额。

aa）隐蔽的实物出资

（1）概念

【10】隐蔽的实物出资有违于实物出资的规定（尽管在此情况下，股东以现金出资），公司仅仅收到了股东的出资的实际价值[3]。在《股份有限公司法》第 27 条第 3 款第 1 句中，对于隐蔽的实物出资有明确的法律定义。隐蔽的实物出资是指，从经济角度与接收现金出资有关的协议角度出发，股东的现金出资将被全部或者部分视作实物出资予以估价。根据《股份有限公司法》第 27 条第 3 款第 1 句的文义，股东有现金出资的义务，但需要被视作实物出资进行估价。这是因为从经济的角度就应如此评价，并且存在现金出资与相关协议的关联性。然而《股份有限公司法》第 27 条第 3 款第 1 句对于隐蔽的实物出资的释义，是一种“错语不减真意”，因为这并不是关于现金出资的规定。事实上，由于在这种情况下资本支付原则并未被遵循或者说至少受到了威胁[4]，所以这是一种失败的替代履行或履行替代。对于隐蔽的实物出资而言，在客观事实方面，经济上统一的实物出资过程被割裂了。割裂意味着，这只是个表见现金出资，接着就会由公司将资本重新回流给出资义务人（股东）[5]。德国联邦最高法院将“隐蔽的实物出资”生动地描述为“就像抛球，球上系着橡皮筋，抛出去就又会弹回来”[6]。因此，对于“隐蔽的实物出资”就需要特别关注，因为它会：

[3] BGHZ 155，329，334；166，8 Rn. 11–Cash–Pool；170，47 Rn. 11.

[4] Hüffer/Koch § 27 AktG Rn. 37.

[5] BGHZ 171，113 Rn. 7 f.

[6] BGHZ 28，314，319 f.

①不利于登记机关的股本维持监控措施；②登记公示不再有效。典型的“隐蔽的实物出资”主要有这样的情况：①股份有限公司与股东之间的业务。在该业务中，公司向股东支付费用，而这笔费用又与成立公司或者出资有关[7]；②用公司的资本偿付股东对公司的债权，而该资本又来自该股东的出资[8]。在此应该探讨，适用有关隐蔽的实物出资的规定是否还未被排除。

（2）关于隐蔽实物出资的法律规定的适用性

【11】适用有关隐蔽的实物出资的规定可能会被排除，A在法律上无法将属于H公司的财产（仓库）用以实物入资。因为是H公司自己以（H公司的）仓库实物入资，而不是A所为。然而，那些规避注资规定的行为并不需要，出资义务人与“收款人”必须是同一人[9]。第三方的给付间接使股东（出资义务人）受益，就如同直接给付股东一般，都属于隐藏的实物出资。例如在股份有限公司注资过程中，（被出资义务人所管理的）公司涉及了相关（出资）给付的往返[10]。因为从（经济的）结果而言，涉及的都是出资义务人。

【12】A是H公司的执行董事，并且占有75%的多数股权。而且，作为H公司占比25%的股东B，也是D公司的创始股东，他也参与了让D公司收购H公司仓库的协商。D公司向H公司支付的买价（共计377260.61欧元），使得A与B都间接获益（A与B都在D公司出资128000欧元，买价高于出资金额），而这就犹如D公司直接向他们支付这笔钱一样。

【13】当A所支付的现金出资（128000欧元）用于购买仓库的可能性被排除时（由于与买价存在较大的差额377260.61欧元），有关隐蔽实物出资规定的适用可能会被排除。这种情况就是典型的混合实物出资[11]。这里涉及资产的所有权转移，而该资产的价值又大于股东所缴纳的出资额。创始股东因此获得了（与出资义务）相符的公司股份（即《股份有限公司法》第27条第1款第1句第1项所谓的股东的实物出资），并进而就差额部分获得了相应的费用（即《股份有限公司法》第27条第1款第1句第2项

---

[7] BGHZ 118, 83, 94.

[8] BGHZ 166, 8 Rn. 12 ff.

[9] BGHZ 170, 47 Rn. 15.

[10] BGHZ 125, 141, 144; 153, 107, 111; 170, 47 Rn. 15.

[11] BGHZ 170, 47 Rn. 17.

所谓的公司的实物接收）[12]。这种实物出资与实物接收的组合应被视作一个有机统一的法律行为，对于这种有机统一的法律行为应适用所有关于实物出资的法律规定。因此，根据《股份有限公司法》第 27 条第 1 款第 1 句，混合实物出资必须在公司章程中予以规定。

【14】而公司创始股东并没有在公司章程中记载这一事项。

【15】另外，在股份有限公司成立之际，如果创始股东能协商将普通的实物出资（《股份有限公司法》第 27 条第 1 款第 1 句）分割为现金出资部分与实物接收协议部分，有关隐蔽的实物出资的规定就可能会被最终排除[13]。公司从股东处接收了资产，并相应地向股东支付了费用（费用来自现金出资的钱款）。这样的行为（发生在公司成立时）只有在很少的例外情况下才被允许。这些例外情况是以谨遵法律关于公司章程公示制度的规定为前提的，而这些规定又是为了避免规避（有关实物接收的）实物出资规则的发生而制定的（参见《股份有限公司法》第 27 条第 1 款第 1 句，辅之以《股份有限公司法》第 38 条第 2 款、第 34 条）[14]。因为《股份有限公司法》第 27 条第 1 款第 2 句的实物接收规则，其目的是对于实物出资规则的保障：在公司成立阶段，公示规则与价值评估规则将不仅适用于从股东处获取的实物，也适用于从第三人处获得的实物。即使在实物接收协议中规定《股份有限公司法》第 27 条第 1 款第 1 句不必遵循，但是根据（有关出资的）法律规定的保护目的（也可参见《股份有限公司法》第 27 条第 1 款第 2 句），对于分割现金出资与实物接收仍然需要适用有关隐蔽实物出资的规定。

【16】由于有违背《股份有限公司法》第 27 条第 1 款第 1 句规定的行为，所以也就存在公司成立瑕疵（依据《股份有限公司法》第 38 条第 1 款）。公司随着机关登记正式有效成立。而有悖《股份有限公司法》第 27 条第 1 款第 1 句的协议与法律行为，依据《股份有限公司法》第 27 条第 3 款第 2 句也并非无效。这也就意味着处分行为（如转移所有权）是有效的，而且具有法律效力能使股东的出资义务履行完毕（无关于出资的客体是否符合规定）。即使 A 已经以现金的方式向 D 公司出资 128000 欧元，而且董事会

[12]　BGHZ 170, 47 Rn. 17; GroßkommAktG/Röhricht § 27 AktG Rn. 106; MünchKommAktG/Pentz § 27 Rn. 62.

[13]　Lutter/Gehling WM 1989, 1445, 1451 f.

[14]　BGHZ 170, 47 Tz. 19.

对于这笔出资已经能够自由处分了，然而对于（创始股东间）收购仓库的协议仍然需要审查，并考虑 A 是否已经完成了其出资义务。如果（归属于 A 的）仓库价值与 A 所承诺的现金出资的金额相符（128000 欧元），则该价值可以与 A 剩余的现金出资义务相折抵。而这一切都是基于以下的假设：即存在《股份有限公司法》第 27 条第 3 款第 1 句所谓的隐蔽的实物出资。

（3）客观事实

【17】A 有出资 128000 欧元的出资义务。然而，A 的出资义务（依第 27 条第 3 款第 1 句所言）是否需要被视作实物出资予以评估？（由创始股东协商的）公司成立企划可能会产生一种（旨在以实物出资为经济成果的）协议。因为在成立企划中会要求以现金方式成立 D 公司，并要求整合 H 公司与 S 公司的商业活动，在收购 H 公司与 S 公司的仓库的基础上，以 D 公司的名义共同开展（公司章程所规定的）"建筑智能化设备的规划、设计与施工"业务。A 与 C 分别以转让他们的仓库给 D 公司，作为他们加入 D 公司的条件。收购仓库与接收现金出资存在一种联系，至少存在紧密的时间联系（一般认为紧密的时间联系为 6 个月内）[15]。通过购买仓库，A 的现金注资又从 D 公司的公司财产中流出，这就无法体现资本维持控制或者登记公示原则。由于资本维持控制和登记公示原则的规定都被规避了（参见《股份有限公司法》第 33 条第 2 款第 4 项、第 34 条第 1 款第 2 项、第 38 条第 2 款第 2 句、第 27 条第 1 款与第 39 条），因此（从经济的角度）将前述行为视作与实物出资（经济上的）相同是合理的。

【18】在 D 公司从 H 公司处收购仓库的事情上，这并非 D 公司与 A 之间的一次寻常交易，因为这次收购仓库事件早已在公司成立企划中敲定。此外为了收购 H 公司与 S 公司的仓库，D 公司花费了其 60% 的注册资本。而且收购仓库也并非 H 公司与 S 公司的经营业务。从 D 公司的角度而言，收购仓库也是一种反常的经营手段。虽然在公司成立阶段，并不存在所谓的（具有保护价值的）"持续的经营活动"[16]，但这并没有限制公司的行为能力。股东（其向公司出售资产，而时间间隔距现金注资并不长）仍应该遵循现金出资与实物接收规则[17]。在公司成立之际，公司从（肩负出资义

[15] OLG Köln ZIP 1999, 399, 400; Hüffer/Koch § 27 AktG Rn. 34 a.E.

[16] BGHZ 170, 47 Tz. 29.

[17] Priester ZIP 1991, 345, 353.

务的）股东处或者由他控制的第三方处收购仓库，都属于“在持续经营活动中的非常规性交易”。

【19】因此,《股份有限公司法》第 27 条第 3 款第 1 句的客观事实成立。

（4）主观事实

【20】规避问题并非简单的客观法律适用问题。因为在《股份有限公司法》第 27 条第 3 款第 1 句中，还要求存在相关的协议（关于出售或者结算）。A、B 与 C 是否有意绕开关于实物出资的规定，仍然有待商榷。但是我们可以推测存在《股份有限公司法》第 27 条第 3 款第 1 句中所说的“协议”，因为在本案中，现金出资与现金回流（收购仓库）之间存在实质上与时间上的联系[18]。但是，这种推测是否也可以适用于股东与公司间的“在持续经营活动中的日常交易”[19]？这就与另一个问题有关：出资义务人是否应该承担举证责任，证明不存在这样的协议？但有一种情况不必如此，即当公司成立后没多久，公司与该股东或与第三人签订了常规业务协议（参照《股份有限公司法》第 52 条第 9 款）。但是最终在本案中也不必适用“存在协议的推测”，因为创始股东的确已经达成过这样的协定。因而，在本案中不必适用举证规则。

【21】《股份有限公司法》第 27 条第 3 款第 1 句的主观事实也是成立的。

（5）存在差额

【22】即使本案的确如《股份有限公司法》第 27 条第 3 款第 1 句所言，存在隐蔽的实物出资，但是也只有当 A 并没有按照（出资义务所）要求的金额出资，S 才对 A 享有支付（现金出资）的请求权。在折抵财产价值与出资义务金额时，需要将（作为隐蔽的实物出资的）财产在公司在商事登记机关或转移该财产所有权时的价值，与股东的（剩余）出资义务相折抵。D 公司为支付（H 公司的）仓库买价所支付的钱款（从 D 公司资产中拨出）与 A 的出资义务无关，因为买价与仓库的市场价值相符。由于 A 已经向公司提供了（与出资义务）相符的资本，所以他的出资义务已经履行完毕（《民法典》第 362 条第 1 款）。

[18] BGH NJW 1996，1286，1288；Hüffer/Koch § 27 AktG Rn. 34；GroßkommAktG/Schall § 27 AktG Rn. 290.

[19] 对此持否定意见的文献：Hüffer/Koch § 27 AktG Rn. 32；GroßkommAktG/Schall § 27 AktG Rn. 335。

（6）小结

【23】综上，依据《民法典》第 362 条第 1 款，要求 A 支付 128000 欧元的请求权已经消灭。

3. 根据《民法典》第 389 条，请求权消灭与否问题

【24】根据《民法典》第 812 条第 1 款第 1 句第 1 项，由于 A 的有效给付（128000 欧元），A 对 D 公司并没有返还请求权。A 不可以根据《民法典》第 389 条（根据该条款可以有效地消灭能互相冲抵的债权）进行折抵（《股份有限公司法》第 66 条第 1 款与第 2 款）。

> **提示**：《股份有限公司法》第 66 条第 1 款所规定的折抵禁止主要涉及股东的折抵，这是为了确保真实的注资与公司有充足的流动资金（参见《股份有限公司法》第 54 条第 3 款）。公司的折抵并不包括在（折抵禁止规定）内。然而根据《股份有限公司法》第 66 条第 1 款的目的延伸，公司的折抵也只在小范围内允许。如公司针对出资义务人的折抵发生在公司注册之前，则该折抵将被禁止。否则的话将会限制《股份有限公司法》第 54 条第 3 款规定的给付形式。此外，当股东对公司的债权是完整的、到期的、具有流动性的，这样的公司折抵才是被允许的。否则就属于《股份有限公司法》第 66 条第 1 款所谓的禁止的（出资义务）豁免[20]。

4. 请求权是否可执行

a）没有给付拒绝权（根据《民法典》第 273 条）

【25】根据《民法典》第 812 条第 1 款第 1 句第 1 项，由于 A 的有效给付（128000 欧元），A 对 D 公司并没有返还请求权。《民法典》第 273 条所规定的留置权因为《股份有限公司法》第 66 条第 1 款的原因无法行使。尽管该条款只是规定了折抵禁止规则，但是由于折抵与留置事实上存在同样的效果，因而该条款的适用范围可以扩展至（《民法典》第 273 条的）留置权[21]。

b）没有给付拒绝权（根据《股份有限公司法》第 54 条第 4 款第 1 句）

【26】履行请求权的消灭时效（可诉性）为自其产生之日起 10 年（《股份有限公司法》第 54 条第 4 款第 1 句；在破产程序中，为了保护债权人的

---

[20] Hüffer/Koch § 66 AktG Rn. 6.

[21] KölnKomm/Arnold § 27 AktG Rn. 113.

利益，时效中止6个月，《股份有限公司法》第54条第4款第2句）。该期限在本案中并没有逾越（起始：2018年10月21日，《民法典》第187条第1款；终止：2021年10月20日，《民法典》第188条第2款第1项），因此不可以对D公司主张消灭时效已过。

5. 结论

【27】根据《股份有限公司法》第54条第2款和第27条第3款第1句与认购声明（《股份有限公司法》第29条），D公司对A并不享有（由S代为主张的）25000欧元的支付请求权。

II. D公司可否根据《股份有限公司法》第46条第1款，对A主张要求支付25000欧元的请求权

1. 股份有限公司享有相应的请求权资格

【28】依据《股份有限公司法》第46条第1款的请求权是针对已经注册成立的公司，而无法针对尚未成立的股份有限公司（参见《股份有限公司法》第41条第1款第1句）[22]。因为在公司注册登记时，就已是注资完成时。让创始股东对以前的事情承担责任是违背法律体系的。

> **提示**：股东与债权人是无法依据《股份有限公司法》第46条第1款享有相应的请求权的。

2. A为请求权对象是否适格

【29】请求权的对象应该为创始股东。创始股东是指那些参与制定公司章程，并且至少认购了公司一股的股东（参见《股份有限公司法》第28条）[23]。

【30】A参与制定了公司章程，并且认购了至少一股。所以A是《股份有限公司法》第46条第1款所谓的创始股东。

3. 成立公司的信息是否存在错误或者不完整

【31】根据《股份有限公司法》第46条第1款，公司创始股东应该对信

---

[22] MünchKommAktG/Pentz § 46 AktG Rn. 8; Hüffer/Koch § 46 AktG Rn. 5.

[23] Hüffer/Koch § 46 AktG Rn. 5.

息的正确性与完整性承担责任。错误信息是指，所提供的信息不正确。而信息不完整是指，缺乏与成立公司相关的所有信息[24]。这些信息并不一定由创始股东提供。《股份有限公司法》第 46 条第 1 款同时也包括了第三人所提供的信息[25]。关键在于，创始股东必须在（公司登记机关处）公司注册登记时，将正确的、（应该）必要的信息提供给登记机关[26]。在公司注册之前，只要未造成损害，仍然可以补充信息[27]。当创始股东将（注册公司）信息提交给登记机关时，这些向登记机关提交的信息就被认定为“成立公司的信息”。

【32】在本案中，就涉及了创始股东提供的信息不完整的情况。因为在 D 公司的公司章程中并未囊括收购 H 公司与 S 公司的仓库事宜。

4. 过错责任

【33】《股份有限公司法》第 46 条第 1 款所涉及的是过错责任，并适用举证责任倒置[28]。创始股东先被推定存在过错。之后，创始股东需要通过提交（根据《股份有限公司法》第 46 条第 3 款所规定的）免责证据，反驳这种过错假设。他们需要证明，他们已经如普通商人般尽到了谨慎义务。商人的谨慎义务在此是指，其慎重地参与了公司的成立[29]。在成立公司过程中，即使创始股东个人没有能力去履行该义务，也无法免除其过错责任。在这种情况下，创始股东存在过失责任[30]。

【34】在本案中，A 并没有明显可以免责的情况。相反的是：在本案中，商人（在参与成立公司时）明知实物出资规则与禁止规避的规定。A 的过错责任因此可以被推定成立。

5. 责任的形式与范围

【35】根据《股份有限公司法》第 46 条第 1 款，对于损害赔偿而言，存在（创始股东）共同责任。损害赔偿的形式与范围应根据《民法典》第

---

[24] Hüffer/Koch § 46 AktG Rn. 7.

[25] MünchKommAktG/Pentz § 46 AktG Rn. 26.

[26] MünchKommAktG/Pentz § 46 AktG Rn. 16；KölnKomm/Arnold § 46 AktG Rn. 23.

[27] MünchKommAktG/Pentz § 46 AktG Rn. 25，28；Hüffer/Koch § 46 AktG Rn. 7.

[28] Hüffer/Koch § 46 AktG Rn. 14.

[29] RGZ 95，16，17 f.；Hüffer/Koch § 46 AktG Rn. 14.

[30] Hüffer/Koch § 46 AktG Rn. 14.

249 条（与之后条款）确定。然而，当创始股东仍有义务给付未完成的注资（《股份有限公司法》第 46 条第 1 款第 3 句），并且因此而应承担担保责任时，也就不存在任何的损害。因为《股份有限公司法》第 46 条第 1 款是为了注资而规定的。基于上述理由，在公司成立阶段不能类推适用《民法典》第 254 条与第 31 条（由于董事会或者监事会的过错责任而引起的损害赔偿请求权）[31]。而之后的公司注册也不能改变这一情况 [32]。

【36】本案中，A 的出资义务已经履行完毕，他不必根据《股份有限公司法》第 54 条第 2 款、第 27 条第 3 款第 1 句与认购声明(《股份有限公司法》第 29 条）再一次出资。

6. 结论

【37】D 公司对 A 无法（根据《股份有限公司法》第 46 条第 1 款）享有支付 25000 欧元的请求权。

III. D 公司可否根据《股份有限公司法》第 46 条第 2 款，对 A 主张要求支付 25000 欧元的请求权

1.《股份有限公司法》第 46 条第 2 款的适用性

【38】《股份有限公司法》第 46 条第 2 款并不附属于《股份有限公司法》第 46 条第 1 款。这两款可以同时适用。当损害来自错误或者不完整的信息时，就会产生《股份有限公司法》第 46 条第 2 款所规定的赔偿义务 [33]。

2. 是否存在出资引起的损害

【39】出资引起的损害可能是通过高估实物出资的价格而产生的。但《股份有限公司法》第 46 条第 2 款（与《股份有限公司法》第 46 条第 1 款不同）并不包括对于未履行的出资的担保责任。当公司对相应的股东存在可执行的请求权，并且该股东（基于其个人资产状况）可以履行出资义务时，就不存在损害。

---

[31] BGHZ 64，52，61.

[32] Hüffer/Koch § 46 AktG Rn. 10.

[33] KölnKomm/Arnold § 46 AktG Rn. 38 ff.；MünchKommAktG/Pentz § 46 Rn. 42；Hüffer/Koch § 46 AktG Rn. 11.

【40】在本案中，D公司以市场价格收购了H公司与S公司的仓库。并且D公司还收到了A所承诺的现金出资（128000欧元）。因此就不存在因出资而引起的损害。即使是A由于《股份有限公司法》第54条第2款、第27条第3款第1句的规定，必须重新缴纳现金出资，D公司仍然不存在损害，因为D公司已经享有对A可以执行的请求权。

> **提示：**《股份有限公司法》第46条第2款所规定的责任以存在过错为前提。在此需要：①（在争议情况下）由公司举证证明，至少一名创始股东存在故意或者重大过失的过错责任；②其余股东存在轻微过失责任（该过错责任依推定，但可以根据《股份有限公司法》第46条第3款反驳）[34]。

3. 结论

【41】D公司对A无法（根据《股份有限公司法》第46条第2款）享有支付25000欧元的请求权。

Ⅳ. D公司可否根据《股份有限公司法》第48条，对A主张25000欧元的支付请求权

1. 股份有限公司享有请求权资格

【42】公司自登记起作为法人可享有根据《股份有限公司法》第48条的请求权。

> **提示：**第三人不能根据《股份有限公司法》第48条而获得相应请求权。第三人也不可根据《民法典》第823条第2款和《股份有限公司法》第48条行事。对于第三人而言，唯一可行的请求权是基于《民法典》第823条第2款和《股份有限公司法》第399条第1款第1项。此外，公司的债权人在《股份有限公司法》第48条第2句、第93条第5款的情况下也可自行起诉[35]。

2. A为请求权对象是否适格

【43】可以向董事会或监事会成员主张请求权。

【44】A、B、C都是董事会成员。

[34] Hüffer/Koch § 46 AktG Rn. 12.

[35] Hüffer/Koch § 48 AktG Rn. 2，7.

3. 是否违反义务

【45】《股份有限公司法》第 48 条第 1 句第 2 个半句列举了管理者违反义务的情况。任何在公司成立中与义务相悖的行为都是违反义务的。

【46】有关实物出资的规定同样也适用于董事会成员（《股份有限公司法》第 38 条第 1 款第 1 句）。在此案中并没有对实物出资规定的违反行为。

4. 结论

【47】D 公司对 A 没有（基于《股份有限公司法》第 48 条的）请求权。

V. D 公司可否根据《民法典》第 985 条，对 A 主张 25000 欧元的支付请求权

【48】D 公司应该仍是向 H 公司所支付的买价的所有权人。根据《股份有限公司法》第 27 条第 3 款第 2 句，关于隐藏实物出资的合同与相关的法律行为并不是无效力，而是效力来源于债法上的或者物权法上的行为[36]。因此，D 公司已经将买价有效地转移给了 H 公司，并因此对于买价失去了所有权。

[36] Hüffer/Koch § 27 AktG Rn. 37.

案例十一　信任虽好，管控更佳

——当董事造成公司损失时，监事会的责任

案件事实

富有的August Amberg博士（以下简称A）是Rechtsschutz股份有限公司（以下简称R公司）的八位董事之一，专司财务。R公司的经营业务包括提供、缔结与结算法律保护保险。在2012年，R公司成立了一家全资子公司Rechtsschutz Finanz有限责任公司（以下简称F公司），A被任命为F公司的唯一执行董事。

F公司（由A出面代理）与Garmenbeck有限公司（以下简称G公司）缔结了商业关系，其目的是获得（税收上有利的）利息利润。G公司是一家在伦敦成立，但只有通信信箱的公司。G公司的执行董事与唯一的股东是曾数次受到刑事处罚的电工Walter Wiesel（以下简称W）。W主要是通过G公司，从事投资与投资经纪义务。

一开始，F公司通过与G公司的业务获得了利润。后来，G公司从F公司处获得了总计为2800万欧元的超低息贷款。而这笔贷款的资金来源于F公司从Easy Money银行股份有限公司（以下简称E银行）所获的银行贷款（即所谓的先贷款），G公司需要直接向E银行还款。对于该贷款，（A已知）不存在银行担保。

由于G公司一边以高于资本市场水平的利息获得资本，另一边提供低于市场水平的低息贷款，G公司只能在短时间内通过“滚雪球模式”扩张业务，用以填补亏损。最终在2018年年初，G公司不得不通报，其之前所承担的直接向E银行分期还款的义务（共计2800万欧元），将在下个到期日无法履行。由于F公司也无法向E银行履行相应的还款义务，R公司为

了避免 F 公司的破产，并且为了使得本公司（作为金融保险公司）的商誉不受损害，R 公司决定承担相应的还款义务。

监事会成员 Bert Borsig（以下简称 B）认为，A 在与 G 公司的业务中有悖谨慎义务，应对相应的损失承担赔偿责任。据此，B 向监事会提出了相应的申请。然而，监事会主席与其他监事会成员拒绝了 B 的申请，并不愿意达成相应的决议。B 认为这是违法的，并且想因此提出诉讼。R 公司的股东 Carl Coller（以下简称 C）也想要知道，他对于监事会的拒绝行为可以做些什么？

1. B 的想法能否实现？

2. 如何回答 C？

示意图

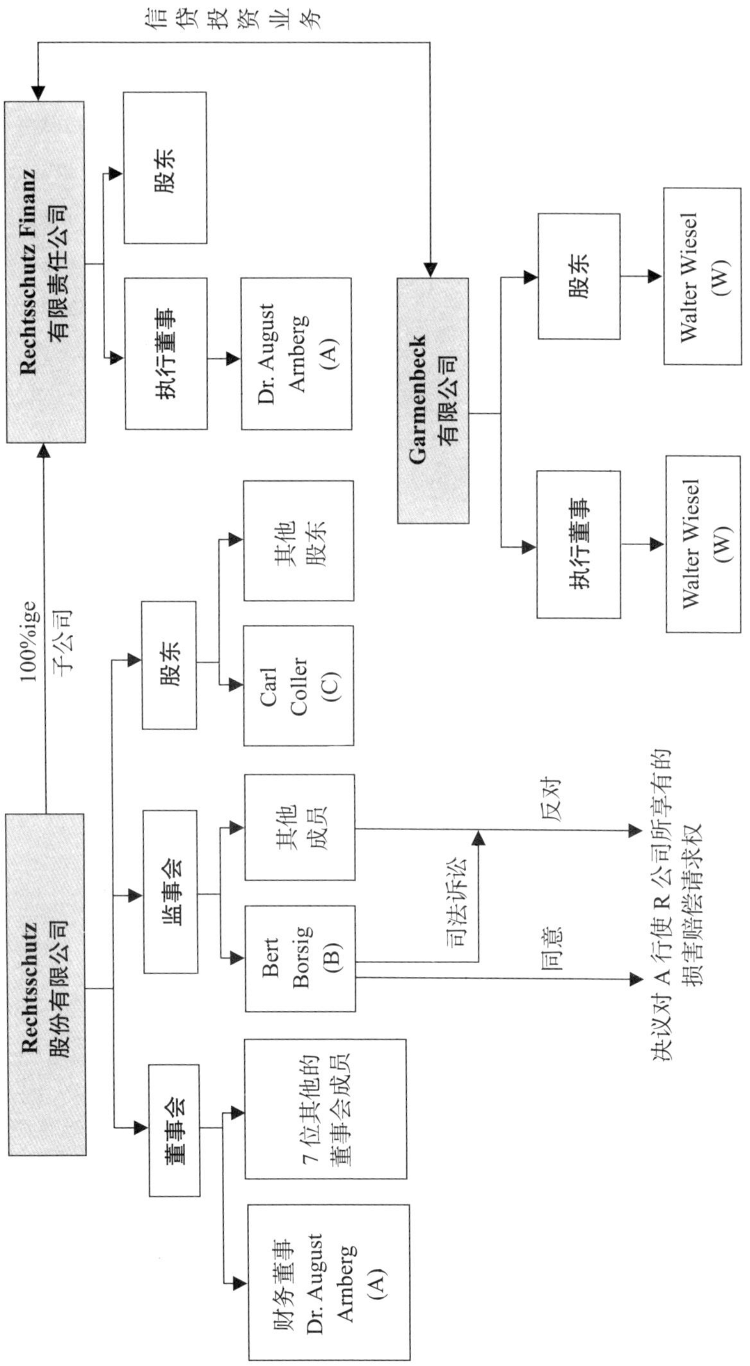

信贷投资业务
Rechtsschutz Finanz
有限责任公司
股东
执行董事
Dr. August
Amberg
(A)
Garmenbeck
有限公司
股东
Walter Wiesel
(W)
执行董事
Walter Wiesel
(W)
100%ige
子公司
Rechtsschutz
股份有限公司
董事会
财务董事
Dr. August
Amberg
(A)
7 位其他的
董事会成员
监事会
Bert
Borsig
(B)
其他
成员
股东
Carl
Coller
(C)
其他
股东
司法诉讼
同意
反对
决议对 A 行使 R 公司所享有的
损害赔偿请求权

解题结构

I. B 诉讼成功的概率

1. 可行性

a）可行的诉讼类型

aa）观点 1：类推适用《股份有限公司法》第 241 条（与之后条款）

bb）观点 2：根据《民事诉讼法》第 256 条第 1 款，确认之诉

cc）小结

b）《民事诉讼法》第 50 条第 1 款的诉讼权利能力

c）《民事诉讼法》第 51 条第 1 款的参与诉讼能力

d）《民事诉讼法》第 256 条第 1 款的确认之诉的特定前提

aa）法律关系

bb）法律关系的现存性

cc）确认利益

（1）监事会的利益

（a）预防公司追偿请求权

（b）监事会成员的管控职能

（2）确认利益并未排除

（a）没有与《股份有限公司法》第 245 条第 5 项评价相悖

（b）为执行公司针对董事会的损害赔偿请求权而制定的股东大会决议

e）小结

2. 论证合理性

a）决议过程是否正当

b）是否有悖于法律或者公司章程：违反《股份有限公司法》第 111 条（与之后条款）

（1）根据《股份有限公司法》第 93 条第 2 款第 1 句，公司对董事会的损害赔偿请求权

（a）董事会成员

（b）违反义务

（aa）对于股份有限公司的谨慎义务，也适用于对子公司的行为上

（bb）谨慎义务的范围

（cc）小结

（c）过错责任

（d）损害

（aa）损害的范围

（bb）损害的可归责性

（e）根据《股份有限公司法》第 93 条第 2 款第 1 句，不能排除董事会的责任

（f）小结

（2）根据《股份有限公司法》第 111 条（与之后条款），监事会为公司行使损害赔偿请求权的义务

（a）公司请求权的成立性与可执行性

（b）分析诉讼风险与债权受偿的可能性

（c）例外放弃法律索赔的情况

（d）小结

3. 结论

II. 由股东主张损害赔偿请求权

1. 单个股东的诉讼

2. 根据《股份有限公司法》第 147 条第 1 款第 1 句，促使达成股东大会决议

a）《股份有限公司法》第 147 条第 1 款第 1 句所规定的公司赔偿请求权

b）股东大会决议

c）行使请求权的方式与方法

d）法律结果

e）结论

解答

I. B 诉讼成功的概率

1. 可行性[1]

a）可行的诉讼类型

aa）观点 1：类推适用《股份有限公司法》第 241 条（与之后条款）

【1】在《股份有限公司法》中并未规定监事会瑕疵决议的法律后果。有部分学者认为[2]，可以类推适用关于股东大会决议［根据《股份有限公司法》第 241 条（与之后条款）］的可撤销与无效的规定。据此有必要产生一种对于公司机关决议的“可撤销之诉”。因为对于监事会决议而言，存在法律确定性的需求，而这种需求无法通过内容上或者程序上瑕疵决议的无效性予以满足。

bb）观点 2：根据《民事诉讼法》第 256 条第 1 款，确认之诉

【2】在另一种观点看来，监事会决议的瑕疵无法通过《股份有限公司法》第 241 条（与之后条款）予以评判。《股份有限公司法》第 241 条（与之后条款）所规定的无效之诉与撤销之诉标的，只是针对股份有限公司股东大会的决议。如果监事会决议有悖于法律与公司章程的规定，则该决议根据《民法典》第 134 条与第 138 条是无效的。该无效可通过《民事诉讼法》第 256 条第 1 款的确认之诉予以实现[3]。对于类推适用《股份有限公司法》第 241 条（与之后条款）而言，缺乏相近的法益，因为对于股东大会决议而言，存在公共信赖保护的必要性（特别是对于大量的投资者），公司的根本决定并不会被股东在时间上无限制地予以干涉。而对于监事会决议而言，并不存在相似的法律目的，因为监事会是由（合乎比例的）一小部分成员所构成，并有义务为了公司利益共同合作。法律规定了监事会的监督与管理职责，且仅有内部约束性（《股份有限公司法》第 111 条）。这也就是为什么，一个为外界所知的监事会决议只可能是例外情况。这也就是为什么，为股东大会决议所设计的可撤销理由与无效理由，无法与监事

[1] 有关股份有限公司的组织争端可参见 Windbichler § 25 Rn. 42 ff.。

[2] K.Schmidt § 15 II 3b；Baums ZGR 1983，300，305 ff.

[3] BGHZ 122，342，347 ff.；124，111，125；135，244，247–ARAG/Garmenbeck.

会决议相匹配。也正因如此，《股份有限公司法》第 246 条的撤销之诉无法适用于监事会决议。

cc）小结

【3】由于后一种观点更具说服力，因此根据《民事诉讼法》第 256 条第 1 款的确认之诉是可行的诉讼类型。

b）《民事诉讼法》第 50 条第 1 款的诉讼权利能力

【4】有权利能力者，有诉讼权利能力（《民事诉讼法》第 50 条第 1 款）。股份有限公司的公司机关并没有自己的权利能力，因此也没有诉讼权利能力。这种诉讼权利能力应归属于法人。法人具有权利能力，并因此具有诉讼权利能力。而诉讼权利能力是自其获得权利能力起，并至其失去权利能力止。因此，应对股份有限公司提起诉讼。

【5】R 公司是法人，有权利能力（《股份有限公司法》第 1 条第 1 款第 1 句），因此也具有诉讼权利能力（《民事诉讼法》第 50 条第 1 款）。

c）《民事诉讼法》第 51 条第 1 款的参与诉讼能力

【6】股份有限公司并没有《民事诉讼法》第 51 条第 1 款所指的参与诉讼能力。因此，需要有他人有效地代理公司出庭。董事会作为公司的法定代表，将履行该代理职能。

d）《民事诉讼法》第 256 条第 1 款的确认之诉的特定前提

aa）法律关系

【7】《民事诉讼法》第 256 条第 1 款所规定的法律关系，是法律主体之间或者法律主体与客体之间的法律上关联[4]，可能涉及各种类型的权利。

【8】在本案中涉及的是 R 公司监事会成员之间的关系，即《民事诉讼法》第 256 条第 1 款所谓的法律关系。

bb）法律关系的现存性

【9】法律关系必须当前存在的，不可以是未来将要产生的。如果法律关系已经是过去的，但只要原告仍然会受到其影响，就不能否定该法律关系的现存性[5]。

【10】A 是 R 公司的董事会成员。在本案中，存在符合要求的法律关系。

[4] BGHZ 22, 43, 46.

[5] MünchKommZPO/Becker-Eberhard § 256 ZPO Rn. 30.

cc）确认利益

（1）监事会的利益

（a）预防公司追偿请求权

【11】法律保护的利益可能来自监事会成员的个人利益，从机构决议中剥离出来，并为了预防根据《股份有限公司法》第116条（由于机关违法行为）所产生的（可能的）追偿请求权[6]。然而从另一方面来讲，追偿风险可以通过记录投票过程的方式予以防备[7]。

（b）监事会成员的管控职能

【12】确认性利益可能来自监事会成员的立场以及由他们集体拟定的决议的共同责任[8]。监事会成员有权利且有义务，遵循法律与公司章程的规定，完成所托付的任务。因此，监事会成员必须保证，监事会的决议与法律或公司章程内涵一致。如果监事会中对于监事会决议是否满足前述要求存在争议，则监事会成员有权利寻求司法澄清（予以确定）的机会。据此产生了法律保护利益。监事会成员的个人相关性与此无关。

【13】B作为监事会成员存在相关的利益，即其他监事会成员拒绝对A采取公司行动，这种拒绝是违法的。

> **提示：**如果是关于缩减或者侵犯组织的共同决定权的问题，那就会产生（监事会成员）对监事会决议无效进行确认的法律利益[9]。

（2）确认利益并未排除

（a）没有与《股份有限公司法》第245条第5项评价相悖

【14】监事会成员的确认利益可能与《股份有限公司法》第245条第5项的评价相悖。《股份有限公司法》第245条第5项授权监事会与董事会成员，在特定的情况下，可以撤销股东大会的决议。这些受限的特定情况是指，如果执行股东大会决议时，董事会成员或监事会成员将会做出与相关规定相悖的行为，或者可能会产生损害赔偿义务。此外，这种董事会成员与监事会成员的“防卫权”，根据法律规定是为了管控股东大会决议。最终，单个董事会成员或监事会成员只有在执行股东大会决议时处于相关

---

[6] So Bork ZIP 1991，137，146；Stodolkowitz ZHR 154（1990），1，18.

[7] BGHZ 135，244，248–ARAG/Garmenbeck；Noack DZWiR 1994，341，343.

[8] BGHZ 122，342，350；135，244，248–ARAG/Garmenbeck.

[9] BGHZ 83，144，146；BGHZ 124，111，115.

地位，且涉及他时，他才有权利提起诉讼。这种《股份有限公司法》第245条第5项的评价不可以转用于监事会决议[10]。

（b）为执行公司针对董事会的损害赔偿请求权而制定的股东大会决议

【15】监事会成员的确认利益也可能限于以下情况，即监事会多数反对，转化根据《股份有限公司法》第147条第1款第1句所制定的股东大会决议，而根据该股东大会决议会对董事会成员产生损害赔偿请求权。监事会有义务根据其监管职能（《股份有限公司法》第111条第1款）与代表职能（《股份有限公司法》第112条），审查针对董事会成员的损害赔偿请求权，并在可能的情况下执行该请求权[11]。股东大会有权根据《股份有限公司法》第147条第1款第1句，决定执行针对董事会成员的损害赔偿请求权。然而，监事会也可以自我负责审查，并有义务作出相关决定，只要股东大会并未决定寻求赔偿损害请求权，或者以有效的方式（《股份有限公司法》第93条第4款第3句）放弃请求权。股东大会根据《股份有限公司法》第147条第1款第1句有权作出决议要求法院审查监事会决议，而这与单个监事会成员的权利无涉。

e）小结

【16】B针对监事会拒绝要求A承担赔偿损害责任的决议，可以依照《民事诉讼法》第256条第1款的确认之诉的方式提起诉讼。

2. 论证合理性

【17】监事会以决议的方式裁决（《股份有限公司法》第108条第1款）。当监事会不对A行使赔偿损害请求权的决议存在瑕疵时，B的诉讼是合理的。在以下情况，监事会决议存在瑕疵：监事会决议程序违规或决议内容违背法律或公司章程的规定。有别于股东大会决议［《股份有限公司法》第241条（与之后条款）］，监事会决议不分可撤销的决议与无效决议。

a）决议过程是否正当

【18】在本案中并没有线索显示存在程序违规。

---

[10] BGHZ 135，244，249–ARAG/Garmenbeck；KölnKomm/Mertans/Cahn §111 AktG Rn.43.

[11] 监事会的监管职能参见 Windbichler § 28 Rn. 32 f.。

b）是否有悖于法律或者公司章程：违反《股份有限公司法》第 111 条（与之后条款）

【19】当监事会根据《股份有限公司法》第 111 条（与之后条款）有义务行使公司（针对董事会）的损害赔偿请求权，而监事会决定拒绝履行该义务时（并未对 A 行使损害赔偿请求权），该监事会决议依照《民法典》第 134 条无效。而这一情况的前提在于，公司对董事会享有损害赔偿请求权。

（1）根据《股份有限公司法》第 93 条第 2 款第 1 句，公司对董事会的损害赔偿请求权

【20】《股份有限公司法》第 93 条规定了董事会成员（对公司）的谨慎义务与责任[12]。《股份有限公司法》第 93 条第 2 款规定了责任的构成要件。当有悖于寻常且有责任心的公司领导人的谨慎义务，董事会成员要承担相应的（违反义务）赔偿责任（《股份有限公司法》第 93 条第 1 款第 1 句）。《股份有限公司法》第 93 条第 2 款第 1 句的董事会责任的前提是：他是董事会成员；他的行为违反了义务（参照《股份有限公司法》第 93 条第 1 款第 2 句）；并且违反义务行为是有过错的。此外，公司因为这种违反义务的行为而产生了损失，而且这种请求权没有被排除或者消灭。

（a）董事会成员

【21】A 是 R 公司的董事会成员。

（b）违反义务

（aa）对于股份有限公司的谨慎义务，也适用于对子公司的行为上

【22】首先，A 是否履行了其对 R 公司的谨慎义务？因为在本案中，A 的行为主要涉及子公司 F，而不是 R 公司。然而，在康采恩关系中，当母公司董事会成员导致子公司的状况与母公司的利益不符时，母公司董事会成员也会违反其对母公司的义务[13]。《股份有限公司法》第 93 条的使用并未被《股份有限公司法》第 291 条（与之后的条款）所排除。虽然也有法律条款规定了母公司董事会的责任（参见《股份有限公司法》第 309 条第 2 款第 1 句、第 323 条第 1 款、第 317 条第 3 款）。然而这些规定仅适用于母公司董事会对于子公司的责任，并不是他们对于母公司的责任。

---

[12] GroßkommAktG/Hopt § 93 AktG Rn. 28; Hüffer/Koch § 93 AktG Rn.1.

[13] OLG Düsseldorf AG 1997, 231, 235; GroßkommAktG/Hopt/Roth § 93 AktG Rn.204.

【23】A 在管理 F 公司时，也涉及了对于 R 公司的谨慎义务。

（bb）谨慎义务的范围

【24】董事会在领导管理公司时存在较大的自由裁量空间（《股份有限公司法》第 76 条第 1 款）[14]。因为若没有这些自由裁量空间，公司业务就将无法开展。开展公司业务意味着有意识地触碰到了商业风险。如果缺乏对市场发展的预测能力，将会存在错误预估的风险。当董事会成员基于合理的信息，为了公司的利益合理行事，就可以排除董事会的损害赔偿责任。股东可依《股份有限公司法》第 148 条，获得相应的追及权补偿。因为对于董事会的决策仍然存在责任法上的自由空间（安全港湾规则）。《股份有限公司法》第 93 条第 1 款第 2 句涉及客观的谨慎义务，而非过错责任。该条规定并不是如《股份有限公司法》第 93 条第 2 款第 2 句所规定的举证责任规则。因为没有客观上违反谨慎义务，所以实体法上并不构成《股份有限公司法》第 93 条第 2 款第 1 句的责任要件。《股份有限公司法》第 93 条第 1 款第 2 句构建的是一种不可反驳的法律推测[15]。只要董事会满足了《股份有限公司法》第 93 条第 1 款第 2 句的要求，他们的行为就不算是违反谨慎义务。反证规则在《股份有限公司法》第 93 条第 1 款第 2 句下无法适用，这是为了缩减董事会的责任风险（安全港湾规则）。只有当"董事会在明知应肩负责任的情况下，明显跨越了（为公司谋福利为导向的，谨慎地处理公司事宜的）界限，或者将以不负责任的方式使得公司徒增风险，或者董事会的行为由于其他的原因而被认定为违反义务"[16]时，才会产生董事会的损害赔偿义务。

【25】在此重要的是，管理瑕疵是以一种不合理的行为展现出来的，并且在决断时刻（事前）就已经客观明显得存在了[17]。

> **提示：**美国法将领导管理置于"商业衡量"的概念之下，并给予了更大的自由裁量空间。因而，在符合以下条件后，管理者的决断就不会被法院事后审查：管理者在该事宜上并没有自己的利益（没有利益冲突）；已经充分地告知事宜的情况（充分的信息）；理性地为公司最佳利益服务（为公司利益行事）[18]。

---

[14] BT-Drs. 13/9712 S.21; BGHZ 135, 244, 253-ARAG/Garmenbeck.

[15] Hüffer/Koch § 93 AktG Rn.14.

[16] BGHZ 135, 244, 253 f. -ARAG/Garmenbeck.

[17] Hüffer/Koch § 93 AktG Rn.65.

[18] GroßkommAktG/Hopt § 93 AktG Rn.64.

【26】(由A所代表的)F公司将2800万欧元借贷给G公司(这样一家值得怀疑的投资公司)，是一种管理瑕疵(以不合理的行为表现)，并且在决断时刻这种行为已经明显显现出这种管理瑕疵[19]。因为将如此大的一笔公司资产以如此轻信的方式出借，绝不属于公司的自由裁量权。在此存在不负责任的风险，而A显然已经意识到这一点。

(cc)小结

【27】A违背了对于R公司的义务。

(c)过错责任

【28】未注意(寻常且有责任心)管理者的谨慎义务(《股份有限公司法》第93条第1款第1句)被推定成立(《股份有限公司法》第93条第2款第2句)。

【29】对于可以推翻该推定假设的证据，在本案中并不存在。A因此是有过错责任的。

(d)损害

(aa)损害的范围

【30】对于公司的损害适用《民法典》第249条(与之后条款)。当公司的财产减少，而同时也不存在与之关联的财产增益，就存在公司的损害。如果损害仅仅直接发生于子公司之中，那么母公司的财产只是间接产生了损失(仅是反射性损害)。对于子公司所遭受的损害，母公司与子公司不可同时向董事会成员主张请求权。由于资本维持原则，母公司的董事会只能向子公司偿付损害赔偿，而母公司的损害赔偿请求权仅限于子公司所获得的损害赔偿给付[20]。否则的话，遭受直接损害的子公司可能会违反资本维持原则[21]。

【31】根据《股份有限公司法》第93条第2款第1句，当公司机关成员对于子公司的义务违法行为同时也能构成其对于母公司的损害责任，并且该母公司直接向其子公司垫付了相应的损失，或者该母公司直接向债权人履行了债务，则就能适用另一种规定。在此种情况下，母公司为补偿子公司所支付的费用，可以视作母公司自己的财产损失。因为母公司损害补

[19] OLG Düsseldorf AG 1997, 231, 234 f.; MünchKommAktG/Spindler § 93 AktG Rn. 77.

[20] GroßkommAktG/Hopt/Roth § 93 AktG Rn. 423.

[21] KölnKomm/Mertans/Cahn §93 AktG Rn.208.

偿的行为（为填补子公司的财产减损），直接将原本只是母公司“反射性的损害”变成了母公司的直接财产损失。据此，只要母公司真的单独补偿了子公司的损害，并且其目的不仅仅是向子公司提供流动资金，那么该母公司就有权利向公司机关成员（侵权人）主张相应的损害赔偿。侵权人也由于母公司的补偿行为，而不必向子公司与母公司同时承担责任。

【32】由于 R 公司已经向子公司 F 公司支付了 2800 万欧元作为损害补偿，因此 R 公司也就蒙受了 2800 万欧元的损失。A 可能需承担相应的损害赔偿责任。

（bb）损害的可归责性

【33】损害必须是由违反义务行为所造成的。在此同样也适用一般性原则与充分性原则[22]。这就意味着，必须论证董事会的义务违反行为与子公司损失之间存在充分的因果关系。而如果公司只是纯粹自愿地给出补偿，这种充分的因果关系很可能不存在。然而，当受害者的行为是基于他人过错事件所引发，并且这种行为不是一种非常规反应，那么就能证明义务违反行为与损害间存在充分的因果关系[23]。因此，只要补偿行为存在合理、理性的理由，就不需要证明存在法律上的义务。

【34】在本案中，R 公司想要避免（由于 F 公司的破产而造成的）公司形象受损。因此，R 公司的补偿行为存在合理、理性的理由。义务违反行为与损害之间存在充分的因果关系。

（e）根据《股份有限公司法》第 93 条第 2 款第 1 句，不能排除董事会的责任

【35】本案中并没有线索能够证明，可以根据《股份有限公司法》第 93 条第 2 款第 1 句排除董事会的责任。

（f）小结

【36】根据《股份有限公司法》第 93 条第 2 款第 1 句，A 对 R 公司应承担支付 2800 万欧元的责任。

（2）根据《股份有限公司法》第 111 条（与之后条款），监事会为公司行使损害赔偿请求权的义务

【37】监事会基于其监管职能（《股份有限公司法》第 111 条第 1 款）

---

[22] GroßkommAktG/Hopt § 93 AktG Rn.266.

[23] BGH NJW 2001, 512, 513; Palandt/Grüneberg Vor § 249 BGB Rn. 41ff.

与代理职能（《股份有限公司法》第 112 条），有义务审查公司对董事会的损害赔偿请求权，并在可能的情况下代为行使该请求权。

【38】监事会审查并决定是否代为行使损害赔偿请求权，是基于三重评判的结果[24]：①审查公司损害赔偿请求权的成立性与可执行性；②确定诉讼的风险；③决定是否（例外地）放弃针对董事会行使请求权。

（a）公司请求权的成立性与可执行性

【39】监事会的决定，必须基于公司对董事会损害赔偿请求权的成立性与可执行性的论证之上。

【40】在本案中，R 公司的监事会应得出结论，R 公司对 A 享有共计 2800 万欧元的损害赔偿请求权。

（b）分析诉讼风险与债权受偿的可能性

【41】监事会必须分析诉讼风险（诉讼的成功概率）与债权受偿的可能性。

【42】而在本案中，通过分析可知，R 公司有必要向"非常富有的"A 主张损害赔偿请求权。

（c）例外放弃法律索赔的情况

【43】监事会是否可以放弃相应的法律索赔，并继而放弃补偿公司损失的可能性，即使在公司损害赔偿诉讼成功概率较高的情况下？由于对违反义务的董事会成员主张损害赔偿请求权乃监事会的监管职责之一，基于该监管职责，监事会要确保董事会履行义务并避免公司损失，据此监事会在这个问题上没有自由裁量权[25]。

【44】监事会的决策必须是为了公司的利益。而公司利益又要求填补公司财产所遭受的损失。因此，向董事会成员主张损害赔偿请求权就成了监事会的工作。在此，监事会放弃损害赔偿请求权就受到了约束（《股份有限公司法》第 93 条第 4 款第 3 句）。而监事会决定不对董事会行使损害赔偿请求权就与放弃的情况相似，应适用相同的约束规则。也因此，只有在例外的情况下，监事会才能放弃（对违背义务的董事会成员）主张合理的损害赔偿请求权。而这些例外情况需要有特殊的理由，并且存在更高的公司利益（例如会对公司经营业务与公司形象产生不良影响、阻碍董事会

[24] BGHZ 135, 244, 253 ff. –ARAG/Garmenbeck.

[25] BGHZ 135, 244, 255. –ARAG/Garmenbeck.

工作、负面影响公司环境等）。而其他因素（例如为了留住董事会里的元勋等），监事会只有在例外情况下，才可以纳入考量。

【45】监事会必须考虑，对A主张损害赔偿请求权是否会影响到R公司的声誉？当公开审理诉讼时，尤其会产生前述问题。但是，考虑到A违背义务的行为与R公司的巨额损失，为了公司的利益更要采取行动。

（d）小结

【46】R公司的监事会根据《股份有限公司法》第111条（与之后条款）有义务针对A，替R公司主张（根据（《股份有限公司法》第93条第2款第1句）偿付2800万欧元的请求权。因此，监事会的拒绝（行使请求权的）决议根据《民法典》第134条无效。

3. 结论

【47】B提起对监事会决议无效的确认之诉，是合法且合理的。

II. 由股东主张损害赔偿请求权

1. 单个股东的诉讼

【48】根据《股份有限公司法》第147条第1款第1句，公司必须对董事会主张损害赔偿请求权，只要股东大会就该问题达成了简单多数决（诉讼可行性程序问题可参见《股份有限公司法》第148条）。该规定是为了公司的利益，对董事会与监事会成员主张损害赔偿请求权[26]。如果没有《股份有限公司法》第147条第1款第1句的规定，那么公司就可能难以对董事会或监事会主张相应的请求权，因为董事会与监事会对外代表公司（《股份有限公司法》第78条、第112条）。董事会与监事会的自我利益可能导致这两个机关拒绝行使公司的损害赔偿请求权。

【49】但是，《股份有限公司法》并没有授权单个股东能向董事会或监事会主张公司的损害赔偿请求权（股东之诉）。在此并不存在与原意相悖的法律漏洞。因为对董事会或监事会主张损害赔偿请求权的权利仅被规定于特定的人群范围内。因此，《股份有限公司法》第147条第1款第1句授权股东大会有权利通过简单多数决的方式，主张相应的损害赔偿请求权。

---

[26] Hüffer/Koch § 147 AktG Rn.1.

而《股份有限公司法》第 93 条第 5 款第 1 句又将针对董事会主张损害赔偿请求权的主体扩展到了公司债权人。《股份有限公司法》第 117 条第 5 款第 1 句也授权公司债权人，可以针对监事会（监事会成员的谨慎义务与责任参见《股份有限公司法》第 116 条）主张损害赔偿请求权。《股份有限公司》并未授权单个股东能够向董事会与监事会主张公司的损害赔偿请求权。因此，单个股东无法援引《股份有限公司法》第 147 条向董事会或监事会主张（公司的）损害赔偿请求权[27]。

2. 根据《股份有限公司法》第 147 条第 1 款第 1 句，促使达成股东大会决议

【50】单个股东可以要求股东大会根据《股份有限公司法》第 147 条第 1 款第 1 句的规定，达成股东大会决议，向董事会或监事会主张相应的公司损害赔偿请求权。在此情况下，公司有义务（也“必须那么做”）主张损害赔偿请求权。

a）《股份有限公司法》第 147 条第 1 款第 1 句所规定的公司赔偿请求权

【51】《股份有限公司法》第 147 条第 1 款第 1 句仅涉及公司赔偿请求权，并不涉及履行请求权。《股份有限公司法》第 147 条第 1 款第 1 句所规定的赔偿请求权也就是《股份有限公司法》第 93 条、第 116 条所规定的损害赔偿请求权。赔偿请求权也可能是《民法典》第 667 条、第 681 条第 2 句、第 687 条第 2 款、第 812 条第 1 款第 1 句或《股份有限公司法》第 88 条第 2 款所规定的请求权。而被请求权对象，在诉讼提起时是否仍是董事会或监事会成员在所不问[28]。

【52】R 公司在本案中对 A 享有损害赔偿请求权。

b）股东大会决议

【53】股东大会必须通过简单多数决的方式，决议对董事会或监事会主张相应的请求权。该股东大会决议必须是充分明确的。在决议中必须明确规定是哪种请求权。如果该损害赔偿请求权同时也针对某股东，则该股东必须在投票中回避（根据《股份有限公司法》第 136 条第 1 款第 1 句第 3 项）。而该股东大会决议的有效性取决于，向董事会或监事会主张损害

---

[27] Zöllner ZGR 1988，392，408.

[28] Hüffer/Koch § 147 AktG Rn.2.

赔偿请求权的事宜已在大会议程上公告（《股份有限公司法》第 124 条第 4 款第 1 句），或者与之相关的申请根据《股份有限公司法》第 124 条第 4 款第 1 句第 2 项不必公告。

c）行使请求权的方式与方法

【54】股东大会决议并不能改变公司代表权限。因此应由董事会代表公司（《股份有限公司法》第 78 条第 1 款第 1 句）。若董事会自身为请求权对象，则由监事会代表公司（《股份有限公司法》第 112 条）。根据《股份有限公司法》第 147 条第 2 款第 1 句，股东大会可以任命一个特别代表，由其来代为主张赔偿请求权。而对此也需要经由股东大会以简单多数决的方式予以决定（《股份有限公司法》第 133 条第 1 款）。而该特别代表不得为股东。特别代表候选人在作出决议时有自我投票权。并且他成为特别代表，需以接受任命为前提。而就特别代表接受任命一事，股东并无义务。根据《股份有限公司法》第 147 条第 2 款第 2 句，当占股份 10% 以上的股东、或者拥有股票价值 100 万欧元以上的股东提出申请；并且法院认为任命特别代表符合相应目的时，法院可以自己任命一名特别代表。

【55】有权的公司机关应该自股东大会召开之日起的 6 个月内主张损害赔偿请求权（《股份有限公司法》第 147 条第 1 款第 2 句）。对于期限计算，适用《股份有限公司法》第 187 条（与之后条款）的规定。而公司机关应在期限内做什么，《股份有限公司法》第 147 条第 1 款第 2 句并没有具体规定。但是，通过司法途径寻求救济绝对是充分履行职责的行为（提起诉讼；法院支付令）。

d）法律结果

【56】公司代表机关有义务，为公司主张相应的赔偿请求权。

e）结论

【57】C 必须促使股东大会，就 R 公司对 A 主张损害赔偿请求权的问题达成相应决议（《股份有限公司法》第 147 条第 1 款第 1 句）。

案例十二　初创公司

——成立股份有限公司的法定规范

案件事实

2019年2月1日，Andreas Albert（以下简称A）、Bert Beier（以下简称B）和Curt Cürdig（以下简称C）在波茨坦的公证人Norbert Nussbaum（以下简称N）处办理公司成立事宜。C虽是以自己的名义参与，但却是为了Dieter Dorn（以下简称D）的利益行事。他们在N的公证文书中作出以下表述：

“我们成立一家非上市的股份有限公司，该公司被命名为Euro Electronic International AG（AG为股份有限公司的德语缩写）。A（住址：Berliner Straße 5，波茨坦），B（住址：Rosa–Luxemburg–Straße 3，波茨坦）和C（住址：Friedrichstraße 85，柏林）为公司的创始股东。公司地址位于波茨坦。

我们在附录中附带了确定的公司章程。公司的股本共计为150万欧元，A、B与C分别认购5000股，每股票面金额为100欧元。股票采用记名形式。每股的价格以票面金额发行。注资需以现金出资，并且立即到期（应予以支付）。A已经以现金出资的方式注资了20万欧元。

我们任命A，Peter Putzig（以下简称P）与Quill Quadflieg（以下简称Q）为第一届监事会成员，其任期直至本短财政年度*的股东大会结束。在该股东大会上，将为至2019年12月31日的短财政年度的监事会免责。

我们任命Consulting审计有限公司为2019年12月31日短财政年度的

* 当一个财政年度少于12个月时，为短财政年度。——译者注

审计师。”

N当着在场A、B与C的面朗读了记录报告。A、B与C认可了该记录报告，并签署了文件。

在记录的附件中，有以下的公司章程：

§1. 公司名称，公司住所地，财政年度与公告

（1）公司名称为“Euro Electronic International AG”。

（2）公司住所地在波茨坦。

§2. 公司经营业务

（1）公司经营业务为在德国境内销售各种类型的电子产品以及相关业务。

（2）公司有权从事所有业务、采取各种模式，只要是能够服务于公司经营业务。为满足该目的，公司可以成立、收购、参股其他的公司，或者将全部业务或部分业务以关联公司的形式外包出去。公司可以将其经营范围限缩于第1款所拟定的部分经营业务内。

§3. 股本总额与分割

（1）公司股本为150万欧元，并分割为15000股，每股票面价格为100欧元。股票采用记名股票形式。

（2）股票证明上印有两名董事会成员的油印签名。

（3）在股本扩充事项上，得准以悖于《股份有限公司法》第60条规定的方式，将利润分配定为新股。

§4. 公司组成与议事规则

（1）公司董事会由至少两名董事会成员组成。监事会可以在此基础上决定董事会成员数量。

（2）监事会制定议事规则。

§5. 代表公司

公司的法定代表可由至少一名董事会成员予以代表，只要该董事会成员从监事会处获得单独代表权。其他情况下，公司的法定代表由两名董事会成员，或者由一名董事会成员与一名授权代表人（Prokuristen）共同代表。

§6. 公司领导权限

（1）董事会的公司领导权限不受限制。

（2）出售不动产需经监事会的事前应允。

§7. 组成、任职期限、决议与离任

（1）监事会由两名监事会成员与一名监事会主席组成。第一届监事会由创始股东在公证文书中予以任命。

（2）监事会成员将于股东大会结束之际予以选任，该股东大会将对监事会第四个财政年的免责作出决议。任期开始之际的财政年在此不计。

（3）监事会制定议事规则。

（4）监事会决议制成可以根据监事会主席的安排，以电话或视频会议的形式进行，或者非会议形式的书信、远程通话或以文本形式予以投票，只要所有监事会成员都同意此种决议形式或者都参与了该决议。

（5）监事会成员有权向监事会主席或者向董事会提交书面申明，在遵循提前两周提交辞职申明的期限要求下，辞去监事会职务。

§8. 报酬

监事会成员除了报销费用外，还可以在一个财政年中获得至少 1 万欧元、至多 3 万欧元的报酬。报酬金额由股东大会决定。

§9. 召集

股东大会必须在大会召开前 30 日内召集。召集日当天不计在期限之中。

§10. 参与权与决定权

（1）想要参加股东大会和行使投票权的股东，必须报名参加股东大会。他们可以用托管机构所制成的股票数量证明来证明自己的权利。

（2）报名与权利证明采用书面或文本的形式（《民法典》第 126 条），并以德语或英语为书面语言。报名与权利证明必须在股东大会召开 3 日前，送达召集时所指定的公司地址。

§11. 决议

（1）在不违背法定强制性规定的情况下，股东大会的决议以简单多数决的形式制成。

（2）每一票面金额为 100 欧元的股票，在股东大会上为一个投票权。

请考虑，上述内容是否符合成立股份有限公司的法定规范？

解题结构

I. 在公证人席前的行为

1. 创始股东

2. 根据《股份有限公司法》第 23 条第 1 款第 1 句，公司章程的公证书证
3. 股本
4. 根据《股份有限公司法》第 20 条，公司告知义务
5. 监事会
6. 成立审计
7. 审计

II.《股份有限公司法》第 23 条第 2 款的股票认购申明

1. 功能
2. 必要内容
a)《股份有限公司法》第 23 条第 2 款第 1 项的创始股东
b)《股份有限公司法》第 23 条第 2 款第 2 项的股票
c)《股份有限公司法》第 23 条第 2 款第 3 项的注资金额

III. 公司章程

1. 创始股东
2. 公司名称的合法性
a）概念
b）功能
c）根据《股份有限公司法》第 23 条第 3 款第 1 项第 1 种情形，在公司章程中确定公司名称
d）公司名称的原则
e)《商法典》第 18 条第 2 款第 1 句的禁止误导
aa）信息
bb）商业往来
cc）对于相关客户群而言，十分重要的商业往来
dd）误导机会
（1）相应的人群
（2）相应的理解
（3）相应的理解与事实间存在差异
ee）小结
ff）法律结果
（1）在登记法院登记程序
（2）法律保护

f)《股份有限公司法》第 4 条的法律形式尾缀

3. 公司住所地

a）功能

b）法律上的意义

c）根据《股份有限公司法》第 23 条第 3 款第 1 项第 2 种情形，在公司章程中予以规定

d）根据《股份有限公司法》第 5 条，正确的住所地

4. 公司经营业务

a）概念

b）法律意义

c）根据《股份有限公司法》第 23 条第 3 款第 2 项，规定于公司章程中

d）根据《股份有限公司法》第 23 条第 3 款第 2 项第 2 个半句，予以个性化

e）无法律限制

f）主要经营业务的无关性

5. 股本

a）概念

b）功能

c）金额

d）根据《股份有限公司法》第 23 条第 3 款第 3 项，在公司章程中予以规定

e）组成部分——股票

aa）有面值股票或无面值股票

bb）最低票面价格

cc）股票类型

dd）有价证券的证券化

（1）根据《股份有限公司法》第 10 条第 1 款，无记名股票与记名股票的选举权

（2）根据《股份有限公司法》第 23 条第 3 款第 5 项，应在公司章程中予以规定

ee）与《股份有限公司法》第 60 条第 2 款相悖的利润分享权

6. 董事会

a）《股份有限公司法》第 76 条第 1 款规定的领导机关

b）根据《股份有限公司法》第 23 条第 3 款第 6 项，在公司章程中规定成员人数

c）《股份有限公司法》第 76 条第 3 款规定的个人要求

d）根据《股份有限公司法》第 84 条第 1 款第 1 句、第 30 条第 4 款任命董事会

e）根据《股份有限公司法》第 78 条代表公司

f）《股份有限公司法》第 77 条所规定的管理

g）议事规则

7. 监事会

a）必要机关

b）功能

c）《股份有限公司法》第 100 条所规定的个人要求

d）《股份有限公司法》第 95 条所规定的监事会成员人数

e）任命

f）《股份有限公司法》第 107 条第 1 款所规定的监事会主席

g）任职期限

h）议事规则

i）达成决议

j）报酬

k）辞职

8. 股东大会

a）概念

b）功能

c）召集

d）参与权与投票权

e）达成决议

aa）规定的多数决

bb）票决力（Stimmkraft）

解答

I. 在公证人席前的行为

1. 创始股东

【1】根据《股份有限公司法》第 2 条，至少要有一个人参与公司章程的制成。[1]

【2】在本案例中，A、B 与 C 三个人共同参与了公司章程的制成。尽管 C 只是为 D 的利益行事，但是 C 的出席可能如同“隐名代理人”（以自己的名义行事，但却为他人的利益）一般[2]。在此，并没有《民法典》第 117 条所谓的表见行为，也不是《民法典》第 134 条的法律规避（并引起无效结果）。而委托代理，由于根据《股份有限公司法》第 23 条第 1 款第 2 句需要公证书证的授权书，因而在“以自己的名义行事，但却为他人的利益”的情况下不适用。

> **提示**：在一人成立公司的情况或者事后由一人收购所有股票的情况下，需要遵循《股份有限公司法》第 42 条所规定的告知义务。只有当公司章程公开规定现成立（存储型的）公司是作为日后展开公司运营的“外壳”，方可准许存储型成立[3]。在此情况下，创始股东所创立的法人被“放在仓库”中，由于缺乏公司自己的商业活动而只有一个法律外壳，公司如同“空壳”一般。而对此，创始股东是希望日后的使用者，尤其是未来的收购方能够以自己的心意，以各种目的立刻使用该资合公司。因此，（新）成立资合公司为求得有限责任，而所需花费的繁杂的、耗时的成立程序与责任风险将可以被避免。当公司所申报的公司经营业务无法在可预见的时间内开展，则将产生由于（根据《股份有限公司法》第 23 条第 3 款第 2 项）错误申报公司经营业务而造成的无效的“隐藏式的存储型成立”。

2. 根据《股份有限公司法》第 23 条第 1 款第 1 句，公司章程的公证书证

【3】《股份有限公司法》第 23 条第 1 款第 1 句所规定的公司章程的公证书证，可以根据《公证文书法》第 9 条第 1 款第 2 句予以实现，即当公

---

[1] 股份有限公司的成立参见 Windbichler § 26 Rn. 1 ff.。

[2] MünchKommAktG/Heider § 2 AktG Rn. 22 ff.; Hüffer/Koch § 2 AktG Rn. 4.

[3] BGHZ 117, 323, 335.

司章程的文本以公司成立记录的附录的形式予以附带，并在该成立记录中对该附录予以记述[4]。通过公司章程的制成与创始股东对所有股票的认购，股份有限公司就已经建立（《股份有限公司法》第 29 条）。但是在商事登记机关处注册以前，股份有限公司并未成立（《股份有限公司法》第 41 条第 1 款第 1 句）。在建立与成立状态之间的“前股份有限公司”的法律性质与对其适用的法律规则，可以以与有限责任公司完全相似的方法予以评价。特别是“前有限责任公司”创始股东的亏损责任原则与损失填补原则，同样也能适用于“前股份有限公司”的创始股东[5]。

3. 股本

【4】股本必须至少为 5 万欧元（《股份有限公司法》第 7 条）。

4. 根据《股份有限公司法》第 20 条，公司告知义务

【5】《股份有限公司法》第 20 条所规定的关于收购超过 25% 的股票与多数收购的告知义务，同样也适用于公司成立时的股票认购[6]。

5. 监事会

【6】创始股东任命第一届公司监事会（《股份有限公司法》第 30 条第 1 款第 1 句）。该任命需要公证书证（《股份有限公司法》第 30 条第 1 款第 2 句）。该任命可以为之，但不必在成立记录中与公司章程制成、认购股票同时进行。

> **提示**：第一届监事会任命第一届董事会（《股份有限公司法》第 30 条第 4 款）。任命董事会并不需要特殊的形式。该任命就如同其他的监事会决议一般，根据《股份有限公司法》第 107 条第 2 款第 1 句记录在案。

【7】第一届监事会成员数量根据公司章程的规定确定。对此适用《股份有限公司法》第 95 条（3 名监事会成员或者为 3 的倍数；由公司股本决定最高人数为 9 名或是 15 名或是 21 名）。关于任命员工为监事会成员的法律规定，在组成与任命第一届监事会时并不适用（《股份有限公司法》第

---

[4] MünchKommAktG/Pentz § 23 AktG Rn. 28; KölnKomm/Arnold § 23 AktG Rn. 29 ff.

[5] Hüffer/Koch § 41 AktG Rn. 8, 9a, 16.

[6] Hüffer/Koch § 20 AktG Rn. 2.

30条第2款)。第一届监事会成员最多担任至第一届常规股东大会结束(《股份有限公司法》第30条第1款)。而最少任期在法律中并无规定。

6. 成立审计

【8】如果一名董事会成员或者一名第一届监事会成员属于创始股东,则即使是纯粹现金出资成立公司的情况下,也需要由成立审计师进行成立审计(《股份有限公司法》第33条第2款第1项)。该审计可以由进行公证书证的公证人(《股份有限公司法》第23条第1款第1句)代为进行(《股份有限公司法》第33条第3款第1句)。

7. 审计

【9】创始股东针对第一个完整的或短财政年任命审计师(《股份有限公司法》第30条第1款第1句)。该(审计师)任命与任命第一届监事会一样,需要经过公证书证(《股份有限公司法》第30条第1款第2句)。该任命可以为之,但在成立公证文书之中也并非必需。

II.《股份有限公司法》第23条第2款的股票认购申明

1. 功能

【10】创始股东有义务根据股票认购申明,履行出资义务(《股份有限公司法》第54条)。根据一种观点,股票认购义务的法律行为与公司章程制成的法律行为相异[7]。而根据另一种观点,对于这种区分并无必要[8]。《股份有限公司法》第23条第2款的股票认购申明是基于正式的考量,而从公司章程中排除。进而,公司章程中就不会过多记载事项,据此就仅为成立阶段的公共利益服务[9]。

2. 必要内容

a)《股份有限公司法》第23条第2款第1项的创始股东

【11】根据《股份有限公司法》第23条第2款第1项,创始股东应在

[7] KölnKomm/Arnold § 23 AktG Rn. 56 f.

[8] MünchKommAktG/Pentz § 23 AktG Rn. 55.

[9] Hüffer/Koch § 23 AktG Rn. 16.

公证文书中列明。创始股东的法定定义规定于《股份有限公司法》第 28 条中。在此需要（创始股东们）在公司章程制成与发行至少一份股票时的有效的共同作用。根据《股份有限公司法》第 23 条第 2 款第 1 项，代理人不会被记录。那些“隐名代理人”，以自己的名义，但是为他人利益行事的人，将被认为是创始股东[10]。信息必须包含创始股东的个人信息。因此，需要记录自然人的姓名与住址、法人的公司名称与住所地。

【12】在本案例中，A、B 与 C 的姓名与住址，所有的股票数量都被予以信息记录。虽然 C 是为他人利益行事，但是与其自身创始股东的身份不悖。

b）《股份有限公司法》第 23 条第 2 款第 2 项的股票

【13】就票面价格的股票而言，必须在公证文书中列明票面价格（《股份有限公司法》第 23 条第 2 款第 2 项第 1 种情形、第 8 条第 2 款）、发行价格（《股份有限公司法》第 9 条）与股票种类（《股份有限公司法》第 11 条）。根据《股份有限公司法》第 23 条第 2 款第 2 项的字面意思，只需列明每个创始股东的名义金额总值与发行金额总值。但是，由于条款目的可能会要求其他的信息，以不同票面价格发行股票的情况就是一例，在此，需要列明每个创始股东所认购的不同类型股票的数量[11]。如此方可明确创始股东的权利与义务。发行价格也需列明，当发行股票价格没有追加金额（即所谓的“升水”）时，也就是说以票面价格发行股票（平价发行）。由于禁止低于票面价格发行股票（《股份有限公司法》第 9 条第 1 款），因此，票面价格是最低的发行价格。

【14】在本案例中，A、B 与 C 各自认购了票面价格为 100 欧元的 5000 股。而这一情况在公证文书中也予以列明了。而就股票种类，根据《股份有限公司法》第 11 条的规定并无特例。

c）《股份有限公司法》第 23 条第 2 款第 3 项的注资金额

【15】根据《股份有限公司法》第 23 条第 2 款第 3 项，创始股东必须在公司章程制成之际，明确给出其事实上已注资的金额[12]。

【16】在本案例中就有这个情况。

---

[10] MünchKommAktG/Pentz § 28 AktG Rn. 5.

[11] MünchKommAktG/Pentz § 23 AktG Rn. 59; Hüffer/Koch § 23 AktG Rn. 18; GroßKommAktG/Röhricht § 23 AktG Rn. 102.

[12] Hüffer/Koch § 23 AktG Rn. 19.

III. 公司章程

1. 创始股东

【17】《股份有限公司法》第 2 条所规定的创始股东人数要求已满足。

2. 公司名称的合法性

a）概念

【18】公司名称（Frima）在法律定义中，并不是指公司本身，而是指商人的名称。公司可以利用公司名称经营业务，并签署文件（《商法典》第 17 条第 1 款）。因此，公司名称是商人的行商名号，并用以指代相应的公司实体[13]。与此相对的是在日常用语中的概念“公司”（在法律德语中，Frima 指公司名称。而在日常德语中，Frima 有企业、公司的意思），在日常用语中该词与公司自身同义。《商法典》第 17 条第 1 款所谓的公司名称由两个部分组成，即标识商人名称的部分与法律形式尾缀（《商法典》第 19 条第 1 款，《股份有限公司法》第 4 条，《有限责任公司法》第 4 条）。

b）功能

【19】公司名称的重要功能之一，就是标识自己的公司，并与其他公司进行区分（标识作用）。而该点在《商法典》第 18 条第 1 款（区别力）与第 30 条第 1 款（在相同地点区别不同公司）中有所体现。公司名称由此保护商人免受混淆，并使其能够构建商誉（使得公众信任该公司）。因此，在出售公司时，也通常会连带出售其公司名称，并将公司名称作为特殊资产处理。因为公司名称通常是最重要的广告工具，其可用以标识公司（公司标志）与公司产品，令人产生一致的、难忘的印象。

【20】此外，公司名称也能公示其责任关系。而该点尤其是以公司名称需要加注法律形式尾缀（《商法典》第 19 条第 1 款，《股份有限公司法》第 4 条，《有限责任公司法》第 4 条）与标识责任有限（《商法典》第 19 条第 2 款）中体现。而违背这些规定将会导致公司法上的法律表象责任。

c）根据《股份有限公司法》第 23 条第 3 款第 1 项第 1 种情形，在公司章程中确定公司名称

【21】股份有限公司的公司名称应规定在公司章程中（《股份有限公司

---

[13] Vgl. dazu im Einzelnen Lettl § 4.

法》第23条第3款第1项第1种情形)。而该点在本案例中，被规定在公司章程的第1款第1项中。

> 提示：此外，公司名称还需在商事登记机关处登记(《股份有限公司法》第39条第1款第1句)。

d)公司名称的原则

【22】每个商人(股份有限公司依其法律形式乃商人，参见《商法典》第6条第1款与第2款、《股份有限公司法》第3条第1款)有义务为自己取一个公司名称(一个行商的名号)，并向商事登记机关登记(《商法典》第29条)。在此涉及《商法典》第15条所规定的应登记事项。拟定一个公司名称应符合以下原则：①公司名称的明确性(《商法典》第18条第1款)，②公司名称的真实性(《商法典》第18条第2款、第23条)，③公司名称的一致性(虽然法律上并未明确规定，但是可以基于公司名称的真实性原则推导而出)，④公司名称的稳定性(《商法典》第21条、第22条、第24条)，⑤公司名称的公示性[《商法典》第19条、第29条、第31条、第33条、第34条、第37a条、第106条(与之后条款)]与⑥公司名称的可区分性(《商法典》第30条)。

【23】此外，还有(未成文的)公司名称自由拟定原则。但是，公司名称中必须有标识商人名称的部分(《商法典》第18条第1款)与法律形式尾缀(《商法典》第19条第1款，《股份有限公司法》第4条，《有限责任公司法》第4条)。由于这些都涉及公司名称的署名基本要求，因而人们将这些称为公司名称的署名法。而那些为保护法律往来的公司名称的其他要求，则形成了公司名称的秩序法。

e)《商法典》第18条第2款第1句的禁止误导

【24】公司名称自由拟定原则受限于禁止误导规定。根据《商法典》第18条第2款第1句，公司名称不准包含那些对商业往来容易产生误导的信息(而这些信息又对相关客户群十分重要)。在此存在公司名称真实性的原则，即公司名称作为商人的名称，真实地表现了与公司之间的联系。《商法典》第18条第2款第1句禁止性条款包括以下四个构成要件：信息；其有关于商业往来；且对于相关客户群十分重要；有机会被误导。

aa)信息

【25】信息的事实特征，是以信息包括可被客观验证的事实内核为前提的。一般的成语、纯粹的夸赞而不包括事实内核的表述(例如“巨大

的”）、口号式的表述（并避开了客观性验证）以及暗示性的引述与夸大（仅为不确定性的品质展示，例如“仅此一处，并无他家”[14]或者“最好的”[15]）并不符合前述要求。但是信息也可以包括那些价值取向信息，而这些价值取向信息的正确性又可以被客观验证。而在此评判的标准，就是一个相关客户群中受过普通教育、并有一定注意力与理解力的一般人，能否将需要的信息从语句中提取出来[16]。而相关客户群是指消费者、工商业者、工匠或自由职业者们。谈及从事工商业或职业行为的顾客，相对于消费者而言，这些顾客具有更高的知识储备、注意力与理解力。据此，对于这一类人而言，应该从一个受过普通教育并有一定注意力与理解力的、从事工商业的顾客的角度予以评判。

【26】以“Euro Electronic International AG”（公司章程第 1 条第 1 款）的公司名称经营电子产品的销售，是专门针对消费者而进行设计的。因此，消费者是相关客户群。一般消费者将公司名称中的“Euro”理解为，公司定位于欧洲市场[17]。公司名称中的“Electronic”对于一般消费者而言，就是指公司经营的业务与电子产品有关。而公司名称中的“International”又寓意公司会进行跨境贸易[18]。据此，公司名称的组成部分“Euro”、“Electronic”与“International”分别蕴含信息。

bb）商业往来

【27】信息又必须与商业往来有关。因此，纯粹的私人情况应被排除在外。商业往来是指公司的商业经营与公司主体。

【28】“Euro”与公司的规模和市场定位有关，“Electronic”与经营电子产品相关，“International”与商业经营的地理范围有关。因此，所有的信息都包含了商业往来。

cc）对于相关客户群而言，十分重要的商业往来

【29】应避免限制（对于相关客户群十分重要的）商业往来信息，即对于不重要的与次要的商业往来资讯的误导也在《商法典》第 18 条第 2 款第 1 句的禁止范围内。而对于相关客户群是否重要的评判标准，是以一

---

[14] BGH GRUR 1965, 365, 367–Lavamat II.

[15] BGH WRP 2002, 74, 77 f. –Das Beste jeden Morgen.

[16] Baumbach/Hopt/Hopt § 18 Rn. 12 f.

[17] BGH GRUR 1970, 461, 462–Euro–Spirituosen.

[18] Vgl. auch BGH NJW 1994, 196, 197–Euroconsult.

个相关客户群中受过普通教育并有一定注意力与理解力的一般人的角度考虑，这些商业往来资讯是否与市场竞争相关。这些商业往来对于这样的一般人而言，经过其评价是具有一定重要性的。

【30】公司的规模、市场定位、业务以及市场分布对于一般消费者以及那些作为合作伙伴的一般企业而言，都具有决定性意义，因此十分重要。

dd）误导机会

【31】由于在此仅涉误导机会，因而并不需要事实上已经产生误导。有机会被误导的信息是指，该信息客观上不正确，或者从一个相关客户群中受过普通教育并有一定注意力与理解力的一般人的角度评判，该信息会使其产生错误的印象。因此需要评判，公司名称中的信息（从一般人的理解角度）是否能与事实相符？只要该信息不是客观错误，就需要经过三步验证：①该信息的相关客户群是哪些（相应的人群）；②相关客户群中受过普通教育并有一定注意力与理解力的一般人如何理解该信息（相应的理解）；③该理解是否与事实相符。不同的相关客户群有一定的区别，因为专业人士相较外行人，理解特定信息有所不同。

（1）相应的人群

【32】在本案例中，相应的人群为消费者。

（2）相应的理解

【33】对于判定相关的一般人如何理解信息，应从信息的字面意思入手，即从普通用语或普通语言理解的角度进行判断[19]。

【34】一般消费者会从公司名称“Euro”中提取信息，即公司规模与市场定位于欧洲。而公司名称中的“Electronic”对于一般消费者而言，就是指公司经营的业务与电子产品有关。此外，根据一般消费者的理解，公司名称中的“International”又寓意公司会进行跨境贸易。

（3）相应的理解与事实间存在差异

【35】只要相应的理解与事实间存在差异，那么就有误导的机会。对于客观上错误的信息就一直存在误导的机会。此外，误解性的信息也会产生误导。由于公司名称的拟定并未强求必须使用与公司有关的个人姓名，因此公司名称使用他人的姓名也是可以的。但是，如果公司名称使用一个人的真实姓名，那么就通常代表这个人与该公司有关。但是如果两者并无

---

[19] BGH GRUR 2003, 361, 362–Sparvorwahl.

关联，那么就存在误导机会。尤其是使用那些过世不久的名人姓名。在此不必考虑姓名权人的许可问题，因为基于保护公众利益的考量，（法律规定）禁止误导。

【36】一般消费者会从公司名称“Euro”中提取信息，即公司规模与市场定位于欧洲。由于该公司刚刚成立，并且只能支配150万欧元，因此该信息存在误导机会。

【37】公司名称中的“Electronic”对于一般消费者而言，就是指公司经营的业务与电子产品有关。这一点是正确的。因此该信息并没有误导机会。

【38】根据一般消费者的理解，公司名称中的“International”寓意着公司会进行跨境贸易。但该点与公司章程的第2条第1款不符（“在德国境内”），因此该信息存在误导机会。

ee）小结

【39】公司名称“Euro Electronic International AG”存在《商法典》第18条第2款第1句所谓的误导机会。

ff）法律结果

（1）在登记法院登记程序

【40】在登记法院（即商事登记机关）登记的程序中，只有当误导信息明显的情况下，误导机会才会被注意（《商法典》第18条第2款第2句）。该限制条款可以使得登记法院从繁杂的审查中解脱出来[20]。因为，《商法典》第18条第2款第2句所谓的明显是指，能够以法院自有知识与所掌握的信息评判出来。《商法典》第18条第2款第2句为登记法院确立了官方审查标准，即对于误导机会的审核程序仅需粗糙的筛查即可。而对于诉讼程序中主张停止侵害（例如根据《商法典》第37条第2款第1句，或者《反不正当竞争法》第8条第1款与第3条、第5条），则不适用这种对于误导机会的粗糙筛查，而需要进行“精确评价”。

（2）法律保护

【41】公司名称通常具有财产属性。因此，就有其他公司企图以模仿公司名称的方式，窃取公司财产利益之虞。而此将造成公司名称的财产利益受损。因此，对于公司名称就有着法律保护。《商法典》在第37条中对公司名称提供了法律保护。此外，公司名称保护还可依商标法、反不正当

---

[20] BT-Drs. 340/97 S.54; Baumbach/Hopt/Hopt § 18 Rn. 20.

竞争法与民法进行保护。《商法典》第37条是出于公共利益的目的，而针对具体的公司名称误导进行了规制[21]。《商法典》第37条第1款允许登记法院的介入。此外，《商法典》第37条第2款第1句也使私主体有权利维护其公司名称权利。

f)《股份有限公司法》第4条的法律形式尾缀

【42】《股份有限公司法》第4条规定了法律形式尾缀的要求。在此，使用了尾缀“AG”(股份有限公司的德语缩写)符合“Aktiengesellschaft”(股份有限公司)的通常缩写。

> **提示**：若违背法律形式尾缀要求，就能构成法律表象，从而使那些就公司名称不规范应负责任的人，对此承担无限责任[22]。除了公司的债务外(在符合《民法典》第164条第1款要件的前提下，根据公司相关业务原则[23]以及在错误标识下有可归责性的债务)也会产生个人的法律表象责任(只要符合法律表象责任的构成要件，尤其是那些可归责的法律表象)。当公司名称正确地在商事登记机关处登记并公示之后，根据《商法典》第15条第2款第1句[24]的目的限缩后，若法律形式尾缀不符合事实，则要适用相应的法律条款予以规制。因此独资企业的所有商业信笺，只要是发往特定收件人的，都必须根据《商法典》第19条第1款第1项在其上附上正确的公司名称与法律形式尾缀(参见《商法典》第125a条、第177a条，《股份有限公司法》第80条，《有限责任公司法》第35a条，《贸易与商业合作社法》第25a条)。该义务可弥补信息缺失，尤其是独资企业中由于允许使用实际公司名称(Sachfirmen)与虚拟公司名称(Fantasiefirmen)而可能产生的种种信息缺失。

3. 公司住所地

a)功能

【43】与公司名称一样。公司住所地也是公司个性化的内涵之一。

b)法律上的意义

【44】公司住所地主要是在程序法上有重要意义(参见《股份有限公司法》第14条、《民事诉讼法》第17条第1款)。

---

[21] KKRD/Roth § 37 HGB Rn. 1.

[22] BGH WM 1990, 600, 601f.; 1991, 2627 m. Anm. Canaris; BGHZ 71, 354, 357 f.

[23] Vgl. dazu Lettl § 4 Rn. 10.

[24] Vgl. dazu Lettl § 3 Rn. 47, 54.

c）根据《股份有限公司法》第 23 条第 3 款第 1 项第 2 种情形，在公司章程中予以规定

【45】根据《股份有限公司法》第 23 条第 3 款第 1 项第 2 种情形，公司住所地应在公司章程中予以规定。在本案例中，公司住所地被规定在公司章程的第 1 条第 2 款中。

> 提示：公司住所地应在商事登记机关处登记（《股份有限公司法》第 39 条第 1 款第 1 句）。

d）根据《股份有限公司法》第 5 条，正确的住所地

【46】在公司章程中应记载正确的住所地（《股份有限公司法》第 5 条）。

【47】在本案例中，公司章程所记载的公司住所地位于波茨坦。因此，根据《股份有限公司法》第 5 条，公司的住所地就在波茨坦。

4. 公司经营业务

a）概念

【48】《股份有限公司法》第 23 条第 3 款第 2 项涉及公司经营业务。而所谓“公司经营业务”与公司目的不同。公司目的的概念在《股份有限公司法》中并未提及（与《有限责任公司法》第 61 条第 1 款相异）。公司经营业务包含了公司从事的具体业务（例如销售电子产品），而公司目的相对包括了集体目的（即股东集体合作的最终目的，例如获得收益）。公司目的之概念比公司经营业务的概念更广。

b）法律意义

【49】公司经营业务的法律意义，首先是在公司对外关系中（对第三方）比较重要（参见《股份有限公司法》第 39 条第 1 款第 1 句）。相较而言，公司目的则是在内部关系中，对于确定股东忠诚义务的范围产生了影响。

c）根据《股份有限公司法》第 23 条第 3 款第 2 项，规定于公司章程中

【50】根据《股份有限公司法》第 23 条第 3 款第 2 项第 1 个半句，公司的经营业务应规定于公司章程中。在本案例中，该点被规定于公司章程的第 2 条中。

> 提示：此外，公司经营业务应在商事登记机关处予以登记（《股份有限公司法》第 39 条第 1 款第 1 句）。

d）根据《股份有限公司法》第 23 条第 3 款第 2 项第 2 个半句，予以个性化

【51】根据《股份有限公司法》第 23 条第 3 款第 2 项第 2 个半句，公司经营业务的信息应可以个性化，即公司从事的业务能被外部所知悉[25]。而该要求可以适用于所有企业，而不仅限于《股份有限公司法》第 23 条第 3 款第 2 项第 2 个半句所规定的工商业公司[26]。在此，需要明确公司是生产产品还是加工产品，抑或是销售贸易。对于服务公司而言，应明确给出工作业务信息（例如财产管理）。而仅列明如“从事商业活动”等空话是不够的。若无法个性化，根据《股份有限公司法》第 38 条第 1 款将存在登记障碍。但是，可以使用以下补充句型，如“以及相关业务”和“包括并购”[27]。鉴于《股份有限公司法》第 52 条第 9 款，列明辅助行为是有必要的。

【52】公司章程的第 2 条第 1 款满足了上述要求。在该条款中列明了经营各类电子产品。而补充“以及相关业务”与个性化要求并不相悖。公司章程第 2 条第 2 款第 2 句“成立、收购、参股其他的公司，或者将全部业务或部分业务以关联公司的形式外包出去”也是同样的情况。而且，公司章程第 2 条第 2 款第 1 句（“公司有权从事所有业务、采取各种模式，只要是能够服务于公司经营业务”）也是可行的，因为其有明确规定具体的辅助行为。而相对地，如果将该句写成“公司有权从事所有业务、采取各种模式，只要是能够服务于公司目的”则缺乏个性化，是不行的[28]。

【53】部分学者认为，将拆分公司业务给子公司需要在公司章程中予以特别授权[29]。在 Holzmüller 案中（可参见案例二），德国联邦最高法院[30]将该问题搁置，因为公司章程（就像本案例中的公司章程第 2 条第 2 款第 2 句）已经明确许可将业务领域“转托”给子公司。

e）无法律限制

【54】公司经营业务不可与法律限制相冲突。在此应特别注意《民法典》

---

[25] Hüffer/Koch § 23 AktG Rn. 24.

[26] KölnKomm/Arnold § 23 AktG Rn. 85; MünchKommAktG/Pentz § 23 AktG Rn. 68.

[27] Hüffer/Koch § 23 AktG Rn. 24.

[28] OLG Köln OLGZ 1981, 428; Hüffer/Koch § 23 AktG Rn. 24a.

[29] So z.B. Rehbinder ZGR 1983, 92, 96.

[30] BGHZ 83, 122–Holzmüller.

第 134 条、第 138 条,《欧盟运作条约》第 101 条以及《反垄断法》第 1 条。

【55】销售电子产品与其辅助行为与法律限制并无冲突。

f）主要经营业务的无关性

【56】对于公司经营业务的描述如果存疑，则将解释为董事会有义务从事所列明的业务。因而，变更主要经营领域的非临时工作任务需要更改公司章程（即所谓的“公司经营业务的缩减”）[31]。

【57】在本案例中，公司章程第 2 条第 2 款第 3 句所规定的内容，能够在变更主要经营领域的非临时工作任务的情况下，避免更改公司章程。

5. 股本

a）概念

【58】根据《股份有限公司法》第 1 条第 2 款，股份有限公司以股票的形式拆分股本。股本是由股东们共同注资所产生的总额。这与公司财产不同。公司财产会发生改变，因此在公司章程中并不需要规定公司财产。

> **提示：**公司财产中可估价的客体应被归类于资产负债表的资产项目之中。

b）功能

【59】股本是为了弥补《股份有限公司法》第 1 条第 1 款第 2 句所规定的股东个人责任排除。股本是为确保债权人以及未来股东的权利。只有股东真的完成了出资义务，那么才会有相应的保障。在此即为出资规则。禁止阶梯式出资(《股份有限公司法》第 2 条、第 29 条)、禁止折价发行(《股份有限公司法》第 9 条第 1 款)、特殊利益应在公司章程中公示、成立费用、实物出资与实物接收(《股份有限公司法》第 26 条到第 27 条)、成立审计要求(例如《股份有限公司法》第 32 条第 2 款、第 33 条第 2 款第 3 项、第 34 条)、关于注资规定(《股份有限公司法》第 36 条第 2 款、第 54 条第 3 款、第 36a 条)、公司成立的法院审核程序(《股份有限公司法》第 38 条)、创始股东的责任规则[《股份有限公司法》第 46 条（与之后条款）]与公司成立后规定(《股份有限公司法》第 52 条)都属于出资规则。资本维持原则保障了公司债权人，使其在股份有限公司成立之后，仍可受股本的保障。而资本维持原则又影响了以下规则：禁止返还出资(《股份有限公司法》

---

[31] Hüffer/Koch § 179 AktG Rn. 9a.

第 57 条第 1 款、第 2 款，并可参见案例一）、《股份有限公司法》第 71 条至第 71e 条对于收购本公司股票的禁止性规定、禁止在公司解散前发放超过净利润的盈利（《股份有限公司法》第 57 条第 3 款）。

c）金额

【60】股本必须用欧元作为票面价格（《股份有限公司法》第 6 条），并且至少为 5 万欧元（《股份有限公司法》第 7 条）。

【61】在本案例中，该要求已在公司章程第 3 条第 1 款第 1 句中得到满足。

d）根据《股份有限公司法》第 23 条第 3 款第 3 项，在公司章程中予以规定

【62】根据《股份有限公司法》第 23 条第 3 款第 3 项，公司股本应在公司章程中予以规定。

【63】在本案例中，该要求也得到了满足。

> **提示：**股本在财务报表中应作为负债项目（《商法典》第 266 条第 3 款 A.I）。因此，股本的法律性质为资产负债表上的固定科目[32]。股本金额应在商事登记机关处登记（《股份有限公司法》第 39 条第 1 款第 1 句）。

e）组成部分——股票

aa）有面值股票或无面值股票

【64】股本以股票的形式拆分（《股份有限公司法》第 1 条第 2 款）。而这些股票可为有面值股票或无面值股票（《股份有限公司法》第 8 条）。而对此，需在公司章程中予以明确（《股份有限公司法》第 23 条第 3 款第 4 项）。

【65】在本案例中，股票为有面值股票。《股份有限公司法》第 23 条第 3 款第 4 项的规定在公司章程中得到落实。

bb）最低票面价格

【66】股票的最低票面价格为 1 欧元（《股份有限公司法》第 8 条第 2 款第 1 句）。本案例中的股票为记名股票（《股份有限公司法》第 10 条第 1 款第 1 句）。在满足《股份有限公司法》第 10 条第 1 款第 2 句的前提下，股票可以为无记名股票。股票上的签名可以用油印签名（《股份有限公司

---

[32] Hüffer/Koch § 1 AktG Rn. 10.

法》第13条第1款)。

【67】这些前提条件都已在公司章程第3条第1款与第2款中得到落实。

cc)股票类型

【68】《股份有限公司法》区分了不同的股票类型，即普通股与优先股(《股份有限公司法》第11条)。这样区分股票的目的是针对不同股票规定不同的成员权利、投票权或利润分配权。《股份有限公司法》第53a条所规定的同等待遇要求，并不是要求使得股东拥有相同的权益。在《股份有限公司法》第11条第1句与第23条第3款第4项中已明确，股份有限公司成员地位可以差异化发展，当公司章程对此有所规定时。

【69】在本案例中仅有普通股这一类股票。而这又是合法的。

dd)有价证券的证券化

(1)根据《股份有限公司法》第10条第1款，无记名股票与记名股票的选举权

【70】根据《股份有限公司法》第10条第1款第1句，股票可为记名股票，但也可以在满足《股份有限公司法》第10条第1款第2句的条件时，发行无记名股票。因此，可以在除《股份有限公司法》第10条第2款第1句之外的情况下，自由地选择记名股票或无记名股票，以期符合公司关系。对于记名股票的转让限制被规定于《股份有限公司法》第68条第2款中。

(2)根据《股份有限公司法》第23条第3款第5项，应在公司章程中予以规定

【71】根据《股份有限公司法》第23条第3款第5项规定，公司章程应决定，股票是以无记名股票还是以记名股票形式发行。

【72】在本案例中，公司章程第3条第1款第2句已满足该条件。

ee)与《股份有限公司法》第60条第2款相悖的利润分享权

【73】公司章程第3条第3款保障了，在资本扩充问题上有发展自由。尤其是允许新股的利润分享权不必限定于明确的时间节点，并准允规定与《股份有限公司法》第60条第2款规定相悖的支付范围。这种条款是合法的。根据主流观点，这种条款是可有可无的，因为扩充资本决议包括了公司章程的变更，并且可以根据《股份有限公司法》第60条第3款规定其他的利润分享权[33]。

---

[33] OLG Celle ZIP 1989, 511, 513; Hüffer/Koch § 60 AktG Rn. 9.

6. 董事会

a）《股份有限公司法》第 76 条第 1 款规定的领导机关

【74】董事会是股份有限公司的领导机关（《股份有限公司法》第 76 条第 1 款与第 23 条第 5 款；也可参见《股份有限公司法》第 33 条、第 36 条第 1 款、第 37 条第 4 款与第 39 条）[34]。股份有限公司不能没有一个董事会。而该点要求又是来自《股份有限公司法》第 39 条第 1 款第 1 句。只要对董事会没有其他职权上的安排，董事会就是股份有限公司所有事实上与法律行为上的领导机关（并负有相应的责任）。公司规划、公司协作、公司控制与分配领导岗位等都属于董事会的职权[35]。

b）根据《股份有限公司法》第 23 条第 3 款第 6 项，在公司章程中规定成员人数

【75】根据《股份有限公司法》第 23 条第 3 款第 6 项第 1 种情形，董事会成员的人数需在公司章程中予以规定。当然在此也有一种变通的方法，就是在公司章程中规定董事会成员人数决定机制（《股份有限公司法》第 23 条第 3 款第 6 项第 2 种情形）。根据《股份有限公司法》第 23 条第 3 款第 6 项第 1 种情形，应明确在公司章程中记载董事会（确切）人数。当然，也可以在此仅注明最低或最高人数[36]。而根据《股份有限公司法》第 23 条第 3 款第 6 项第 2 种情形的规定，也可仅在公司章程中规定，由监事会确定董事会的确切人数[37]。

【76】在本案例中，公司章程第 4 条已经符合了《股份有限公司法》第 23 条第 3 款第 6 项的规定。

> **提示：**公司章程也可以规定，在一家股本超过 300 万欧元的公司中，董事会成员人数仅为 1 人（《股份有限公司法》第 76 条第 2 款第 2 句）。

c）《股份有限公司法》第 76 条第 3 款规定的个人要求

【77】对于董事会成员的个人要求来自《股份有限公司法》第 76 条第

---

[34] 关于股份有限公司董事会参见 Windbichler § 27。

[35] KölnKomm/Mertens/Cahn § 76 AktG Rn. 5；Goette，FS 50 Jahre BGH，2000，S. 123，125.

[36] LG Köln AG 1999，137 f.；MünchKommAktG/Pentz § 23 AktG Rn. 144；Hüffer/Koch § 23 AktG Rn. 31；einschränkend KölnKomm/Arnold § 23 AktG Rn. 123.

[37] BGH NZG 2002，817，818；MünchKommAktG/Pentz § 23 AktG Rn. 146.

3款的规定。

d）根据《股份有限公司法》第84条第1款第1句、第30条第4款任命董事会

【78】监事会任命董事会（《股份有限公司法》第84条第1款第1句、第30条第4句）。该监事会权限是强制规定的（《股份有限公司法》第23条第5款）。因此，任命董事会是监事会排他的、强制的职权[38]。因而，通过公司章程规定或者通过股东大会决议任命董事会都是不合法的。这种任命机制构建了股份有限公司内部的机关关系。任命机制的法律性质仍然存在争议。部分学者认为，这种任命机制是一种实体行为或组织行为，需要将任命告知被任命的（董事会成员）[39]。而另一种观点则认为，这是一种合同[40]。

【79】除了任命董事会的过程中产生了组织关系外，董事会成员通过聘任合同与股份有限公司联系了起来（根据《民法典》第611条与第675条的服务合同[41]）。嗣后，董事会成员有权并有义务处理相应的事务。并且，他们也有相应的报酬请求权。然而，董事会成员并不是职员，而是作为股份有限公司的机关扮演雇主的角色[42]。

【80】公司章程第4条第1款满足了任命董事会的要求，并确保了监事会对于任命董事会的排他的、强制的权限。

e）根据《股份有限公司法》第78条代表公司

【81】根据《股份有限公司法》第78条第1款第1句，董事会在司法程序与非司法程序中代表公司。董事会在公司与第三方的对外关系中代表公司。董事会的代表权限，为了保护交易安全，不可受到限制（《股份有限公司法》第82条第1款）。然而《民法典》第181条仍然可以适用于董事会。

---

[38] MünchKommAktG/Spindler § 84 AktG Rn. 12；KölnKomm/Mertens/Cahn § 84 AktG Rn. 7.

[39] MünchKommAktG/Spindler § 84 AktG Rn. 8 f.；KölnKomm/Mertens/Cahn § 84 AktG Rn. 2.

[40] Baums S.40.

[41] BGHZ 10，187，191；36，142，143；MünchKommAktG/Spindler § 84 AktG Rn. 59；Hüffer/Koch § 84 AktG Rn. 14.

[42] BGHZ 10，187，191；12，1，8；36，142，143；49，30，31；Hüffer/Koch § 84 AktG Rn. 14.

【82】对于积极代表而言，就是由多名董事会成员的集体代表（《股份有限公司法》第 78 条第 2 款第 1 句）。公司章程可以规定，允许由单独的董事会成员或者董事会成员与一名授权代表共同代表公司（《股份有限公司法》第 78 条第 3 款第 1 句）。同样监事会也可以决定，允许由单独的董事会成员或者董事会成员与一名授权代表（即所谓的"非真实共同代表"）共同代表公司，只要在公司章程中对监事会有相应的授权（《股份有限公司法》第 78 条第 3 款第 1 句、第 2 句）。"非真实共同代表"的代表权范畴并非来源于授权代表，而是来源于董事会成员的代表权。因为授权代表的协同作用，在（一直存在的）共同代表权的范畴内产生了（组织法上的）一次性的代表权[43]。

【83】在本案例中，公司章程第 5 条满足了《股份有限公司法》第 78 条第 3 款第 1 句、第 2 句的要求。

f）《股份有限公司法》第 77 条所规定的管理

【84】管理是指管理股份有限公司所有事实上与法律行为上的业务，尤其是包括了《股份有限公司法》第 76 条第 1 款所规定的领导公司[44]。管理涉及公司内部关系。在多人组成的董事会中，《股份有限公司法》第 77 条第 1 款的规定源自共同代表的原则。然而与代表权不同的是，管理权可以被约束限制（《股份有限公司法》第 82 条第 2 款、第 111 条第 4 款）。根据《股份有限公司法》第 93 条第 2 款第 1 句，若董事会无视相应的管理权限制性规定，则将承担损害赔偿责任。

【85】本案例的公司章程第 6 条第 2 款对于管理权的限制是合法的。

g）议事规则

【86】有权发布议事规则的是监事会（《股份有限公司法》第 77 条第 2 款第 1 句）。

【87】因此，案例中的公司章程第 4 条第 2 款符合相应规定。

7. 监事会

a）必要机关

【88】监事会乃股份有限公司的必要机关［如《股份有限公司法》第

[43] BGHZ 13，61，64；62，166，170；MünchKommAktG/Spindler § 78 AktG Rn. 47；Hüffer/Koch § 78 AktG Rn. 17；KölnKomm/Mertens/Cahn § 78 AktG Rn. 39.

[44] MünchKommAktG/Spindler § 78 AktG Rn. 5 f.；Hüffer/Koch § 77 AktG Rn. 3.

95 条（与之后条款）的规定］[45]，而且监事会必须被命名为监事会。《股份有限公司法》第 95 条涉及监事会成员人数。而该条规定限制了公司章程的自主原则，并且约束了股东大会对监事会的影响力，确保了监事会的有效性[46]。

b）功能

【89】监事会监督公司的管理（《股份有限公司法》第 111 条第 1 款）。因此，监事会具有监管功能。

【90】此外，在与董事会之间的关系中，监事会代表公司（《股份有限公司法》第 112 条）。对此，监事会有着法定的代表权。因而也不需要在公司章程中对此特别规定。

c）《股份有限公司法》第 100 条所规定的个人要求

【91】监事会成员的个人要求被规定在《股份有限公司法》第 100 条之中。

d）《股份有限公司法》第 95 条所规定的监事会成员人数

【92】根据《股份有限公司法》第 95 条第 1 句，监事会由三人组成。当公司股本超过 1000 万欧元，但不超过 1500 万欧元时，公司章程可以规定一个更高的人数标准，但是必须是 3 的倍数。

【93】公司章程第 7 条第 1 款满足了《股份有限公司法》第 95 条第 1 款的规定，因为规定了公司监事会由三人组成。

> **提示：**根据《监事会成员中职工占比三分之一法》（Drittelbeteiligungsgesetz），监事会成员中必须有三分之一的职工代表。

e）任命

【94】监事会成员在公司成立时由创始股东［《股份有限公司法》第 30 条（与之后条款）］、在公司成立后由股东大会（《股份有限公司法》第 101 条第 1 款第 1 句）选任。只有在公司章程中规定的股东或者拥有相应股票的所有权人，才有权利选送监事会成员（《股份有限公司法》第 101 条第 2 款第 1 句）。当被任命并自己接受任命为监事会成员后，该成员就与股份

[45] 有关股份有限公司的监事会参见 Windbichler § 28。

[46] Hüffer/Koch § 95 AktG Rn. 1.

有限公司产生了公司法上的关系[47]。监事会成员的工作内容来源于其作为公司机关的权利与义务。

> **提示**：与董事会不同的是，监事会成员是否除了公司机关性质外，还具有聘任关系存在争议。以前的主流观点[48]认为，基于合同基础存在这样的聘任关系。另一种观点[49]否认了这种聘任关系，并将监事会成员与公司之间的关系限定于公司法上的关系，并且仅靠这种公司法上的关系就产生了监事会成员的权利与义务。还有另一种观点[50]认为，存在聘任关系，但是这种聘任关系仅仅是基于任命与接受任命。还有一种观点想要避免拟制的合同结构，认为在此不存在合同，而是仅仅存在公司法上与债法上的内容（双重性质）[51]。

【95】在本案例中，根据公司章程第 7 条第 1 款第 2 句，监事会的任命以相应的任命公证文书的方式进行。这也是合法的。

f)《股份有限公司法》第 107 条第 1 款所规定的监事会主席

【96】根据《股份有限公司法》第 107 条第 1 款第 2 句，监事会应根据公司章程中的相应条款选举产生一名监事会主席以及至少一名副主席。

g）任职期限

【97】公司章程第 7 条第 2 款所规定的通常任职期限，符合《股份有限公司法》第 102 条第 1 款所规定的法定最高期限。

> **提示**：通常任期也适用于那些由公司职工选举产生的监事会成员（《监事会成员中职工占比三分之一法》第 5 条第 1 款）。当股东大会（而非公司章程）决定对股东代表所选的监事会成员适用更短的任职期限时，该规定无法适用于那些代表职工的监事会成员。因为对于代表职工的监事会成员的任期只能由公司章程规定。

【98】当股东大会对第四个财政年度并未作出免责决议时（《股份有限公司法》第 120 条第 1 款第 1 句），根据《股份有限公司法》第 175 条第 1 款第 2 句的规定，监事会的任期将在 8 个月后到期[52]。

---

[47] Hüffer/Koch § 101 AktG Rn. 2.

[48] RGZ 123，351，354；146，145，152.

[49] MünchKommAktG/Habersack § 101 AktG Rn. 56.

[50] KölnKomm/Mertens/Cahn § 101 AktG Rn. 6 f.

[51] Hüffer/Koch § 101 AktG Rn. 2.

[52] BGH ZIP 2002，1619，1620.

h）议事规则

【99】监事会可以规定议事规则（《股份有限公司法》第 82 条第 2 款），就如在本案例中公司章程第 7 条第 3 款的规定一般。

> 提示：若公司章程对议事规则的某个问题进行了规定，那么监事会就不能作出与该规定相悖的规则[53]。然而，公司章程中可以规定禁止组成与任命某些特定的委员会[54]。

i）达成决议

【100】法律准许（在有悖公司章程规定或监事会议事规则的情况下）以书面、远程通信或者其他相类似的手段达成监事会决议，只要监事会中没有人反对该程序（《股份有限公司法》第 108 条第 4 款）[55]。文本形式根据《民法典》第 126b 条的规定，包括了以传真与电子邮件的形式[56]。

【101】公司章程的第 7 条第 4 款满足了该要求。

> 提示：《股份有限公司法》第 108 条第 4 款可理解为，公司章程或议事规则可以排除（对书面形式表决、远程通信表决程序的）反对权[57]。公司章程或议事规则可以规定在不开会的情况下达成决议。

j）报酬

【102】给予监事会成员报酬是合法的（《股份有限公司法》第 113 条第 1 款第 1 句）。根据《股份有限公司法》第 113 条第 1 款第 2 句第 1 项的规定，该报酬可以在公司章程中予以规定。股份有限公司的公司章程中规定监事会成员报酬也是常态。根据《股份有限公司法》第 113 条第 1 款第 2 句第 2 项，也可由股东大会决定监事会成员的报酬。此外，也可能是在公司章程中规定一个框架。如果仅仅在公司章程中规定了报酬的最高或最低值，则需股东大会每年对此予以定价。

【103】在本案例中，公司章程第 8 条满足了法定的要求。

---

[53] BGHZ 64, 325, 327 f.

[54] BGHZ 83, 106, 115.

[55] Zur Beschlussfassung ohne Sitzung siehe Hoffmann–Becking, FS Happ, 2006, S. 81, 82 ff.

[56] Palandt/Ellenberger § 126b BGB Rn. 3.

[57] GroßKommAktG/Hopt/Roth § 108 AktG Rn. 143; Hüffer/Koch § 108 AktG Rn. 21ff.; Kindl ZHR 166(2002), 335, 337.

提示： 公司章程中可以限定对整个监事会的总计报酬金额，而分配给每个监事会成员的具体金额不予以规定[58]。当与利润相关的（监事会）报酬并不是按照所分发出去的股利计算，而是按照公司的年收益额计算，则需要强制根据《股份有限公司法》第 113 条第 3 款的规定予以计算[59]。

k）辞职

【104】与辞退（《股份有限公司法》第 103 条）不同的是，对于监事会成员的辞职并未在《股份有限公司法》中予以规定。但是，监事会成员的确允许自己辞职。只要该辞职并未在不恰当的时间提出，即使没有重大事由也可以辞职[60]。因为监事会成员必须得有自主决定权，决定自己是否继续留在监事会或者从监事会中离开，从而可以避免利益冲突。在有重大事由而辞去有金钱报酬的监事会工作时，监事会成员不必遵循公司章程所规定的期限。如果公司章程中对此并未规定，则辞职申明只能提交给董事会。仅仅将辞职申明提交给监事会主席是不行的[61]。但是，公司章程中可以准许将辞职申明提交给监事会主席。

【105】公司章程的第 7 条第 5 款与法律规定相符。

8. 股东大会

a）概念

【106】根据《股份有限公司法》第 118 条第 1 款第 1 句，股东在股东大会上就公司事宜行使自己的权利，只要法律没有特别规定。股东大会是股份有限公司的必要机关[62]。

b）功能

【107】股东大会的任务是在法定授权的范围内，整合内部的意愿。因此，股东大会也就是公司的意愿形成机关。相对地，董事会与监事会是公司的行动机关。在股东大会、监事会与董事会之间并不存在等级差距。尤

---

[58] KölnKomm/Mertens/Cahn § 113 AktG Rn. 47 f.；Hüffer/Koch § 113 AktG Rn. 3；Gehling ZIP 2005，549，552.

[59] Vgl. dazu Hoffmann–Becking ZHR 169（2005），155，174 ff.

[60] KölnKomm/Mertens/Cahn § 103 AktG Rn. 57；Hüffer/Koch § 103 AktG Rn. 17.

[61] GroßkommAktG/Hopt/Roth § 103 AktG Rn. 106；Hüffer/Koch § 103 AktG Rn. 17；a. A. KölnKomm/Mertens/Cahn § 103 AktG Rn. 59 f.

[62] MünchKommAktG/Kubis § 118 AktG Rn. 8 ff.

其需要指出的是，股东大会并不是股份有限公司的最高机关[63]。《股份有限公司法》强迫地（《股份有限公司法》第 23 条第 5 款）在股东大会、董事会与监事会之间构建了一种权力平衡[64]。与董事会和监事会不同的是，股东大会并不是一个常设机构。

c）召集

【108】股东大会习惯上由董事会进行召集（《股份有限公司法》第 121 条第 2 款）。此外，还有非常规的召集方式，即由监事会根据《股份有限公司法》第 111 条第 3 款、由少数股东在满足《股份有限公司法》第 122 条第 3 款的情况下进行召集。根据《股份有限公司法》第 123 条第 1 款第 1 句的规定，股东大会至少得在大会召开前三十天进行召集。而召集当天并不计算在内（《股份有限公司法》第 123 条第 1 款第 2 句）。

【109】在本案例中，公司章程第 9 条满足了相应的法定要求。

d）参与权与投票权

【110】公司章程可以规定股东大会的参与权与行使投票权，必须以股东在股东大会召开前进行报名为前提（《股份有限公司法》第 123 条第 2 款第 1 句）。报名必须在股东大会召开前 6 天，送达公司召集时所告知的地址（《股份有限公司法》第 123 条第 2 款第 2 句）。在公司章程中或者经公司章程授权的召集通知中可以规定一个更短的期限（以日为单位）（《股份有限公司法》第 123 条第 2 款第 3 句）。根据《股份有限公司法》第 123 条第 3 款第 1 个半句，公司章程可以规定如何证明参与股东大会的权利以及行使投票权（对于上市公司的不记名股票，参见《股份有限公司法》第 123 条第 4 款；对于上市公司的记名股票，参见《股份有限公司法》第 123 条第 5 款）。

【111】公司章程第 10 条遵循了《股份有限公司法》第 123 条第 2 款与第 3 款的规定。因此，公司章程第 10 条是合乎要求的。

e）达成决议

aa）规定的多数决

【112】股东大会的意愿形成以决议的形式达成。根据《股份有限公司法》第 133 条第 1 款，股东大会的决议以投票的多数决定（简单多数决），

---

[63] BVerfG NJW 2000, 349, 350.

[64] Hüffer/Koch § 188 AktG Rn. 4.

只要法律或公司章程对此没有更高票数或其他要求的规定。更高的多数决要求，（例如《股份有限公司法》第 103 条第 1 款第 2 句所规定的辞退监事会成员）至少达到投票数的四分之三多数。此外，还有如《股份有限公司法》第 180 条第 1 款所规定的更高多数决。这种多数决产生的原因在于，该决议将会使得股东产生附带义务，因此需要所有涉及的股东都同意。对于更改公司目的，也需要全体股东同意的决议[65]。对于其他重要的事宜，法律规定了特殊的资本多数决（例如《股份有限公司法》第 52 条第 5 款、第 179 条第 2 款第 1 句、第 179a 条第 1 款第 1 句、第 182 条第 1 款第 1 句、第 193 条第 1 款、第 202 条第 2 款、第 221 条第 1 款第 2 句、第 222 条第 1 款第 1 句）。对于这些情况，不可以使用简单多数决，而是必须满足特别决议要求[66]。因此在股东大会决议中总是存在两个多数决（即简单多数决与特别多数决）[67]。而对于特殊的资本多数决要求，在特定情况下也可以进行变更（例如《股份有限公司法》第 179 条第 2 款第 2 句、第 182 条第 1 款第 2 句、第 207 条第 2 款第 1 句、第 221 条第 1 款第 3 句）。而如果想要将标准降低为简单多数决，仅仅在公司章程中规定这些事宜使用简单多数决是不行的[68]。

【113】在公司章程第 11 条第 1 款所规定的股东大会决议规定只是复述了法定要求。因此，该规定仅是宣示性规定。

bb）票决力（Stimmkraft）

【114】《股份有限公司法》第 134 条是关于行使投票权的规定。该规定是以股东的投票权为前提的。而对于票决力的规定可见《股份有限公司法》第 134 条第 1 款与第 2 款。《股份有限公司法》第 134 条第 1 款涉及《股份有限公司法》第 12 条第 1 款第 1 句的法定常规（简单投票权的股票），并规定了以票面价格票决（《股份有限公司法》第 8 条第 2 款）或者以股票数量决（《股份有限公司法》第 8 条第 3 款）。

---

[65] MünchKommAktG/Stein § 179 AktG Rn. 132；KölnKomm/Zetzsche § 179 AktG Rn. 255；Hüffer/Koch § 179 AktG Rn. 33.

[66] Hüffer/Koch § 133 AktG Rn. 13.

[67] BGH NJW 1975，212 f.；MünchKommAktG/Arnold § 133 AktG Rn. 45 ff.；KölnKomm/Tröger § 133 AktG Rn. 150.

[68] BGH NJW 1975，212，213；WM 1987，1070；vgl. auch BGHZ 76，191，195 zu einer ähnlichen Satzungsklausel.

【115】公司章程第 11 条第 2 款遵循《股份有限公司法》第 134 条第 1 款第 1 句的规定，将票决力根据股票票面价格进行计算。公司章程第 11 条第 2 款也只是宣示性的规定。

案例十三　一仆不侍二主

——公司利益与本人利益牵涉时，公司监事的义务

案件事实

律师 Klaus Kniefiselig（以下简称 K 律师）是 Pixelmedien 股份有限公司（以下简称 P 公司）的监事会主席。同时，K 律师也是 Rengier Corporate Governance 有限责任公司（以下简称 R 公司）的股东，其股权占比为 50%。根据 P 公司与 R 公司所订立的书面框架协议，以及之后口头订立的咨询合同，P 公司将支付给 R 公司共计 264000 欧元的现金报酬。对于 P 公司董事会与 R 公司所订立的合同，P 公司的股东大会与监事会都未批准。

在框架协议的第一条中，明确规定了合同标的：

R 公司为委托方就经济与战略上的事宜提供咨询服务。R 公司需就此提供以下服务：

1. 就订立公司买卖合同、股份买卖合同与参与战略联盟协议（合资公司），提供咨询；

2. 为流动性资本的融资模式（增资、不记名债券、可转换债券、贷款合同），提供咨询；

3. 为其他公司行为提供咨询（例如拆股）；

4. 为公司内部框架搭建提供咨询。

在口头订立的咨询合同中，服务内容是根据实际情况所规定的。

在 P 公司深陷经营困难时，它不得不申请破产程序。破产管理人 Ingo Immermann（以下简称 I）认为，前述订立的合同未生效，并要求 R 公司返还 264000 欧元的报酬。而 R 则主张，由于 P 公司的不当得利，R 公司对于 P 公司有 250000 欧元的债权抵销请求权。基于 K 律师的请求，P 公司

的监事会谨慎地事后批准了P公司与R公司之间的合同。

I的主张是否成立？

解题结构

P公司可否根据《股份有限公司法》第114条第2款第1句，对R公司主张返还264000欧元的请求权

I. 根据《股份有限公司法》第113条（与之后条款），合同是否无效

1.《股份有限公司法》第113条（与之后条款）的适用性

a）可否直接适用

b）可否类推适用

aa）与原意相悖的条款漏洞

bb）存在相近的法益

cc）法律后果

2. 咨询合同可否被事后批准

a）是否存在充分的细节披露

b）是否存在事后充分的细节披露

II. 可否类推适用《股份有限公司法》第114条第2款第1句

III. 结论

解答

P公司可否根据《股份有限公司法》第114条第2款第1句，对R公司主张返还264000欧元的请求权

I. 根据《股份有限公司法》第113条（与之后条款），合同是否无效

1.《股份有限公司法》第113条（与之后条款）的适用性

a）可否直接适用

【1】在P公司与R公司之间订立的咨询合同必须符合《股份有限公司法》第113条（与之后条款）所规定的适用范围。在此，可能涉及《股

份有限公司法》第 114 条第 1 款的规定（在从事非监事会工作时，监事会成员由于服务合同或承揽合同，而获得了更多的报酬），即公司与监事会成员订立了咨询合同。这种合同的有效性有赖于监事会的批准（《股份有限公司法》第 114 条第 1 款）。而本案中，合同由于是 P 公司与 R 公司之间订立的（并不是与监事会成员直接订立），因而监事会的批准并非必要。最终，直接适用《股份有限公司法》第 113 条（与之后条款）是不可行的。

b）可否类推适用

【2】当一家股份有限公司并不直接与监事会成员订立合同，而是和该监事会成员作为股东的另一家公司订立合同时，是否可以类推适用《股份有限公司法》第 113 条（与之后条款）？为了能类推适用规定，必须符合以下要件：存在与原意相悖的条款漏洞与存在相近法益。

aa）与原意相悖的条款漏洞

【3】《股份有限公司法》第 115 条规定了对于监事会成员提供贷款的批准规范，其中明确规定了一系列的规避事宜（参见《股份有限公司法》第 89 条，对于董事会成员提供贷款的规定）。而在《股份有限公司法》第 114 条中并没有此种规定。据此可能会作出反向推论，即在此并无“与原意相悖的条款漏洞”之虞，因为立法者有意识地放弃了，将对于《股份有限公司法》第 113 条（与之后条款）的规避涵盖适用范围之内。然而，对此理由亦不得而知。

【4】但若监事会成员与股份有限公司的合同对方为同一经济主体时，并且其能够排除类推适用《股份有限公司法》第 113 条（与之后条款），那么就会有人通过设立一人公司的形式轻易地规避上述条款。[1] 此外，立法者会有意地放弃规范规避行为的说法，也难以令人接受[2]。因此，关于贷款规定的条款（《股份有限公司法》第 115 条），并没有阻碍对于《股份有限公司法》第 113 条（与之后条款）的延伸适用。在此，可确认存在与原意相悖的条款漏洞。

bb）存在相近的法益

【5】对于类推适用《股份有限公司法》第 114 条第 1 款而言，考虑其中是否存在相近的法益，最重要的是考察该条款与《股份有限公司法》

---

[1] BGHZ 168, 188 Rn. 11.

[2] BGHZ 110, 47, 55 f.; 168, 188 Rn. 11.

第 113 条相关联的立法目的[3]。根据《股份有限公司法》第 113 条，若在公司章程中没有明确规定，则对于监事会成员工作报酬的决定权归属于股东大会[4]。该规定能保护股东与公司的债权人，避免因监事会成员“自给自足”而造成的损失[5]。此外，由于存在利益冲突，也不能让董事会来决定其上级监督机关成员的报酬[6]。《股份有限公司法》第 114 条第 1 款又增强了这种保护方式，要求董事会与监事会成员所订立的（除本职工作外的）服务合同，尤其是咨询合同，必须征得监事会的批准方才有效。据此，监事会被委以检查之职，需要检查所订立的合同标的是否不属于监事会本职工作内容（参见《股份有限公司法》第 114 条第 1 款）。如此是为了避免隐藏的利益输送，即监事会成员以规避股东大会决定权的方式获取相关隐藏的利益（《股份有限公司法》第 113 条第 1 款）。这样的利益输送会阻碍监事会成员履行其尽职监督董事会的职责，因为其会对监事会成员的监督工作产生不良影响[7]。因而，当监事会成员希望从公司处获取额外的报酬时，他就必须在全体监事会面前公开他所有与公司签订的合同，并取得监事会的批准。否则，他就必须退回已获的报酬（《股份有限公司法》第 114 条第 2 款）。

【6】而该立法目的不仅涉及监事会成员以自己的名义所订立的合同，还涉及监事会成员以其担任唯一股东（以及总经理）的有限公司之名所订立的合同[8]。因为在这些情况下，该监事会成员也会收到相应的钱款，即使只是通过间接途径获得，但也是为了规避《股份有限公司法》第 113 条（与之后条款）。

【7】在本案中，K 律师在 R 公司中并不占 100% 的股权，而是只占 50% 的股权。而当股份有限公司与第三方公司（监事会成员在该第三方公司中仅为参股，并不具有控股地位时）签订合同时，是否也能适用《股份有限公司法》第 113 条（与之后条款）呢？特别是当股份有限公司的钱款

---

[3] BGHZ 126, 340, 346; 168, 188 Rn. 9; 170, 60 Rn. 9.

[4] BGHZ 168, 188 Rn. 9; 170, 60 Rn. 9.

[5] BGHZ 168, 188 Rn. 9; 170, 60 Rn. 9.

[6] BGHZ 168, 188 Tz. 9; 170, 60 Rn. 9; Hüffer/Koch § 113 AktG Rn. 1; Mertens, FS Steindorff, 1990, S. 173 f.

[7] BGHZ 168, 188 Rn. 9; 170, 60 Rn. 9.

[8] BGHZ 168, 188 Rn. 10; 170, 60 Rn. 8.

将间接地流入监事会成员的腰包之中，而这样就与《股份有限公司法》第113条（与之后条款）所遵循的宗旨相悖，即会危害监事会成员独立自主地履行监管职能。当然，若这种间接获利的行为如果只是客观而言，获利金额较小；或者与股东大会所确定的监事会报酬相比，获利金额较小，则这种有悖监管职能的顾虑可以被排除[9]。

【8】而《股份有限公司法》第113条（与之后条款）的保护性目的并不考虑，不当得利是直接还是间接通过参股公司流入监事会成员的口袋。因为从公司的角度而言，两者都有着相同的威胁。因而，监事会成员在股份有限公司的合同另一方公司中参股比例高低，以及监事会成员是否亲自履约，在这种情况下都无所谓了[10]。因为，参股比例的高低并无法改变这种对于股份有限公司的威胁，即董事会的决策将会威胁到监事会独立的监管职能[11]。而当监事会成员通过间接的手段获得了并不微薄的利益时，就会存在这种威胁。因此，当股份有限公司与监事会成员参股的（并不需要控股）公司订立（咨询）合同时，《股份有限公司法》第113条（与之后条款）就能被适用。

【9】平心而论，担任监事会主席的K律师在R公司中参股50%，而R公司收获的总报酬达264000欧元，对于K律师来说则将间接收获一笔不小的利益[12]。因此P公司与R公司之间订立的咨询合同，违背了《股份有限公司法》第113条（与之后条款）的类推适用。

cc）法律后果

【10】对于法律后果而言，存在区别。当涉及公司与监事会成员间订立的有偿合同，若该合同标的属于监事会的职责，则该合同将依据《民法典》第134条无效，因为《股份有限公司法》第113条第1款第2句并不涉及此[13]。无论是董事会还是监事会为公司进行协商订立，在此都适用前述规定。而当涉及公司与监事会成员间订立的有偿合同，若该合同标的不属

---

[9] BGHZ 170, 60 Rn. 8; E. Vetter AG 2006, 173, 176 f.; Rellermeyer ZGR 1993, 77, 86 f.; Müller NZG 2002, 797, 798; Werner DB 2006, 935, 936; 但也存在相反的意见，认为监事会成员存在重要的影响力：Lutter/Kremer ZGR 1992, 87, 106; Lutter/Drygala, FS Ulmer, 2003, S.381, 383 ff.

[10] BGHZ 170, 60 Rn. 9; a.A. KölnKomm/Mertens/Cahn § 114 AktG Rn.8; Wissmann/Ost BB 1998, 1957, 1960.

[11] BGHZ 170, 60 Rn. 10.

[12] BGHZ 170, 60 Rn. 11（咨询服务的收入大约有125000欧元）。

[13] BGHZ 168, 188 Rn. 16; 170, 60 Rn. 10.

于监事会的职责，则该合同并不依《民法典》第 134 条无效，而是直到获得《股份有限公司法》第 114 条第 1 款所规定的监事会批准前，该合同将处于暂时未生效阶段，亦即该合同可以被事后批准[14]。因此需要评判的是，P 公司与 R 公司之间的合同是无效的还是可以被事后批准的。因为在本案中，P 公司的监事会事后批准了 P 公司与 R 公司间的合同。

2. 咨询合同可否被事后批准

a）是否存在充分的细节披露

【11】《股份有限公司法》第 114 条第 1 款仅涉及股份有限公司与监事会成员间订立的服务与承揽合同，并且该合同标的并不在监事会的职务范畴之内。为了保护股东的利益，避免规避《股份有限公司法》第 113 条（与之后条款）的情况发生，在该咨询合同中必须明确披露以下两点：①合同标的所涉及的服务是否在监事会成员的职务范畴之内；②合同是否包括隐藏的利益输送（例如以过度报酬的形式）[15]。监事会必须对服务的形式与范围、报酬的高低与合理性进行独立的判断。否则的话，若没有股东大会的批准，监事会事后批准的合同并不生效。

【12】因此，根据上述准则，P 公司与 R 公司之间订立的咨询合同依据《民法典》第 134 条无效。而且框架协议并不能被事后批准，因为在该框架协议中对于 R 公司的义务规定并不明确，只是列举性的描述。此外，在框架协议第 1 条第 1—4 款所列明的合同标的，属于 K 律师作为监事会成员的应有义务。而以口头订立的合同同样也是这种情况。因此，监事会对于框架协议与口头合同的事后批准并无任何作用。

b）是否存在事后充分的细节披露

【13】部分学者认为，那些由于未明确列明合同义务，从而违背《股份有限公司法》第 113 条（与之后条款）规定的合同，可以通过事后充分披露细节，并进而获得监事会事后批准的方法来弥补瑕疵[16]。在本案中，并无相关的线索可寻，因此不予考虑。

---

[14] BGHZ 168, 188 Rn. 16; 170, 60 Rn. 13; Hüffer/Koch § 114 AktG Rn. 10.

[15] BGHZ 170, 60 Rn. 13.

[16] Wissmann/Ost BB 1998, 1957, 1958; Müller NZG 2002, 797, 801; Lutter/Drygala, FS Ulmer, 2003, S.381, 395 f.; E. Vetter AG 2006, 173, 178.

II. 可否类推适用《股份有限公司法》第 114 条第 2 款第 1 句

【14】《股份有限公司法》第 114 条第 2 款第 1 句规定了，对于那些违反《股份有限公司法》第 114 条第 1 款规定，从而导致合同暂时未生效的情况，公司存在返还请求权。而在本案中，则是违反了《股份有限公司法》第 113 条，从而导致 P 公司与 R 公司的合同依据《民法典》第 134 条无效的情况。在此存在这样一个问题：对于监事会成员或者与其有关的第三方而言，是否存在依据《民法典》第 812 条第 1 款第 1 句或类推适用《股份有限公司法》第 114 条第 2 款第 1 句，返还所获报酬的义务？在《股份有限公司法》第 113 条（与之后条款）中，对于不具有事后批准性（根据《民法典》第 134 条与《股份有限公司法》第 113 条而无效的）合同与没有被事后（有效）批准的合同的区分并不明确。《股份有限公司法》第 113 条（与之后条款）并未规定不同的法律后果。在《股份有限公司法》第 114 条第 2 款第 1 句中规定了股份有限公司的返还请求权，而这种返还请求权（根据其立法目的）对于所有违背《股份有限公司法》第 113 条（与之后条款）规定的情况都可以适用[17]。

【15】当不具有事后批准性的咨询合同所产生的法律结果要弱于缺乏（有效的）事后批准时，就会产生价值冲突。《股份有限公司法》第 114 条第 2 款第 1 句所规定的返还请求权与《股份有限公司法》第 114 条第 2 款第 2 句第 2 个半句所规定的抵销禁止，同样也能适用于因违背《股份有限公司法》第 113 条规定而不具有事后批准性的咨询合同（举重以明轻）。因而，对于违背《股份有限公司法》第 113 条规定的行为，也可以类推适用《股份有限公司法》第 114 条第 2 款，存在返还请求权[18]。因此，公司也就拥有一种有效的、不可与对待请求权进行抵销的返还请求权。并且，R 公司对于 P 公司所拥有的价值为 250000 欧元在此不可被抵销，仍将依照《股份有限公司法》第 114 条第 2 款第 2 句第 1 个半句继续存在。

III. 结论

【16】类推适用《股份有限公司法》第 114 条第 2 款第 1 句，I 可以据此向 R 公司主张返还 264000 欧元。

---

[17] BGHZ 168, 188 Rn. 20; 170, 60 Rn. 16; Hüffer/Koch § 114 AktG Rn. 10.

[18] BGHZ 168, 188 Rn. 20; 170, 60 Rn. 16.

案例十四　同生共死

——律师事务所与合伙人对表见合伙人所应承担的对外责任

案件事实

在 2017 年至 2019 年期间，企业家 August Aulus（以下简称 A）分别对两家意大利公司 X 与 Y 展开了两场分开的诉讼。在诉讼中，A 基于与这两家公司缔结的商事代理合同，主张了相应的请求权。在这两场诉讼中，A 委托由 Bertram Biersack（以下简称 B），Cornelius Connelli（以下简称 C），Dolores Dietel（以下简称 D）与 Ernst Ensthaler（以下简称 E）所组成的合伙制律师事务所作为自己的诉讼代理人。因为 A 认为律师事务所能最好地为其利益而服务。事实上，只有 B，C 与 D 结成了合伙制事务所；而 E（其独自负责 A 的委托，并单独承担责任）则只是与 B、C 和 D 共用律师事务所的办公室，但并没有表明自己执业的独立性。后来，A 与 X 达成了庭上和解协议；而在另一个案子中，A 与 Y 达成了庭外和解协议。X 与 Y 分别要向 A 支付 8 万欧元。根据 E 的指示，这些款项被打入 E 的私人账户内。E 侵吞了这笔款项。由于 E 嗣后无力偿还，A 向富有的 B 主张由 B 个人偿还 16 万欧元。

该主张是否合理？

解题结构

A 可否类推适用《商法典》第 128 条，对 B 主张支付 16 万欧元的请求权

I. 是否存在公司之债

1. 类推适用《民法典》第 280 条第 1 款、第 241 条第 2 款，《商法典》第 124 条第 1 款

a）律师事务所的权利能力

b）债务关系

c）违反义务

aa）E 是律师事务所的表见合伙人

（1）E 在合伙制事务所中合伙资格的法律表象

（2）法律表象的可归因性

（3）第三人对合伙事务所合伙资格的信赖利益保护

（4）法律表象与第三人处分行为的因果关系

（5）小结

bb）类推适用《民法典》第 31 条，E 的行为的归责

（1）根据《民法典》第 31 条，律师事务所的法定代表人

（2）表见合伙人作为《民法典》第 31 条所规定的法定代表人

d）应当归责性

e）损害的形式与范围

2. 根据《民法典》第 823 条第 2 款，结合《刑法典》第 266 条第 1 款与《商法典》第 124 条第 1 款。

3. 小结

II.B 的个人责任

III. 结论

解答

A 可否类推适用《商法典》第 128 条，对 B 主张支付 160000 欧元的请求权

【1】类推适用《商法典》第 128 条，当：对于该金额存在公司之债并且 B 个人应对此担责时，A 拥有对 B 要求其支付 160000 欧元的请求权。

I. 是否存在公司之债

1. 类推适用《民法典》第 280 条第 1 款、第 241 条第 2 款，《商法典》第 124 条第 1 款

a）律师事务所的权利能力

【2】只要民事合伙企业能通过参与法律关系而产生自己的权利与义务，

则该民事合伙企业具有权利能力，并能因此成为支付请求权的债务人。

b）债务关系

【3】根据《民法典》第 675 条，律师事务所与 A 之间存在事务处理合同关系。

> **提示**：在一家混合事务所中（例如由一位律师与一位税务师组成），在存疑的情况下，客户仅与拥有相关事务职业资格的合伙人之间产生事务处理合同关系。因此，只有符合庭外法律服务法第 3 条所规定的要求（拥有法定许可）才能提供该法第 2 条规定的法律服务。若税务咨询师或审计师签订了与其法定职业资格不符的业务合同，该合同根据《民法典》第 134 条无效。进而，混合事务所中非相关职业的合伙人对此不必担责。[1]

c）违反义务

【4】由 B、C 与 D 共同经营的律师事务所必须存在违背义务的行为。侵吞 160000 欧元的行为是 E 的个人行为。E 也不是该律师事务所的合伙人。只有当 E 为律师事务所的表见合伙人，并且 E 的行为可归责于律师事务所时，律师事务所才需要担责。

aa）E 是律师事务所的表见合伙人

【5】当某人与其他股东（合伙人）产生了成立企业的法律表象（即法律表象的基础），这种法律表象又能归因于他们，第三人因信赖法律表象而应受保护，并且第三人基于信赖这种法律表象做出了处分行为时（因果关系），某人可以借由这种法律表象而被认定为该企业的股东（这就像可以借由法律表象来认定商人性质一样[2]）。根据法律规定，表见合伙人就应被视作真的合伙人。

（1）E 在合伙制事务所中合伙资格的法律表象

【6】个人拥有合伙人身份的法律表象为，该个人明确参与了该合伙企业的商业往来（公示）。这种对外意思表示的公示必须使他人产生错误的印象，即该个人符合企业成员资格的要求。B、C、D 和 E 在本案中就产生了如此的法律表象，即让人误以为 E 为合伙制事务所的合伙人之一。在此，E 使用了律师事务所的办公室，并且没有表明自己执业的独立性。进而产生了法律表象，即 B、C、D 和 E 共同组成了律师事务所。

---

[1] BGH WM 2008, 1563 Rn.8; BGHZ 154, 370, 377.

[2] Vgl. dazu Lettl § 2 Rn.66 ff.

（2）法律表象的可归因性

【7】法律表象也可以归因于 B、C、D 与 E，因为他们使人产生了错误的印象，让人误以为 E 是律师事务所的合伙人之一。

（3）第三人对合伙事务所合伙资格的信赖利益保护

【8】第三人必须因其对于他人合伙资格的信赖，而具有应被保护性。表见合伙人学说仅保护那些善意第三人。若第三人因已知或因重大过失而未知 E 不具备合伙资格（参见《民法典》第 173 条），则第三人应自担责任。然而在本案中，A 并不存在这种情况。根据法律规定，第三人对此没有调查义务。

（4）法律表象与第三人处分行为的因果关系

【9】法律表象应与处分行为存在因果关系。A 决定聘请的是律师事务所。因此在本案中，法律表象与处分行为存在因果关系。

（5）小结

【10】E 是 B、C 与 D 组成的合伙制律师事务所的表见合伙人。

bb）类推适用《民法典》第 31 条，E 的行为的归责

【11】E 的行为可归责于律师事务所。《民法典》第 31 条可以适用于具有权利能力的民事合伙企业（参见案例四）[3]。该企业的执行合伙人的侵权行为，能被归责于该企业。这种情况可能也同样适用于采用民事合伙制度的律师事务所。

【12】律师事务所合伙人的侵权行为也可能不能类推适用《民法典》第 31 条，即不能被归责于律师事务所[4]。司法判决所形成的民事合伙企业的权利能力与其合伙人行为的可归责性（参见案例四），是否也能同样适用于由自由职业者构成的民事合伙企业呢[5]？对于职业合伙企业的债务可能是《民法典》第 31 条适用的例外。在此有个问题尤为重要，即在律师事务所中，是否每个合伙人都属于《民法典》第 31 条所规定的“法定代表人”呢？

（1）根据《民法典》第 31 条，律师事务所的法定代表人

【13】民事合伙企业可在企业章程中规定对外代理权。如果在企业章

---

[3] BGHZ 154, 88, 93 f.; 155, 205, 210; MünchKommBGB/Ulmer/Schäfer § 705 BGB Rn. 263; K. Schmidt § 60 II 4.

[4] BGH NJW 1966, 1807= BGHZ 45, 311, 312.

[5] Vgl. BGH NJW 2001, 1056= BGHZ 146, 341.

程中对此没有规定，则需依照法律规定。对外代理权限被赋予企业中具有管理职能的个人（《民法典》第 714 条）。根据法律规定，合伙人共同管理企业（《民法典》第 709 条第 1 款第 1 个半句）。而《民法典》第 31 条中“法定代表人”的概念并不能根据企业的对外代理权进行解释。这个概念的外延要比代理权更广泛[6]。《民法典》第 31 条中的“法定代表人”不仅仅是具有管理职能的合伙人[7]。那些被合伙人指派，独立自主地承担重要职责，并在法律关系中代表公司的非合伙人，也符合《民法典》第 31 条“法定代表人”的概念[8]。即使是一般的员工，若他被委托独立自主地完成重要的事宜，同样也能被认定为《民法典》第 31 条的“法定代表人”[9]。因此，当一个合伙人独立自主地接手了委托，他就可被认定为律师事务所的“法定代表人”。因为对于律师而言，他们的主要业务就是接受客户的委托，并对外以律所代表的名义行事。那些委托律师事务所的客户（例如本案中的 A）是希望能够利用律师事务所的组织与分工优势的[10]。与此同时，律所的合伙人处理客户的委托，就是《民法典》第 31 条所规定的“履行他的职责”。即使没有表见代理权或默认代理权，这也同样适用。因为根据《民法典》第 31 条，相关责任归咎既不牵涉法律表象学说，也不是表见代理，而是涉及组织中的代表法人行事的职权[11]。

> **提示**：表见律师合伙企业的成员并不对那些由非律师业务（即非法律咨询或法律代表，如购买或维修计算机）而产生的债承担任何责任。因为表见律师合伙企业的成员承担责任的前提是，存在委托关系与律师典型业务[12]。

【14】在此又产生了一个问题：上述规则是否也能适用于律师的职业联盟，该职业联盟并非企业，而只是从外观看似企业（即表见律师合伙企业）。

（2）表见合伙人作为《民法典》第 31 条所规定的法定代表人

【15】根据法律规定，债法上的责任构成要件也能被归责于表见律师

[6] BGHZ 172, 169 Rn. 16.

[7] BGHZ 154, 88, 93; 172, 169 Rn. 16.

[8] BGH NJW 1972, 334; NJW 1998, 1854, 1856; BGHZ 49, 19, 21; 172, 169, Rn. 16.

[9] BGHZ 172, 169 Rn. 16.

[10] BGHZ 56, 355, 360; 172, 169 Rn.17.

[11] BGH NJW 1986, 2941= BGHZ 98, 148, 151.

[12] BGH WM 2008, 1136 Rn. 10.

合伙企业[13]。因为表见合伙人在外观上看，就像律师事务所的合伙人，从而产生一种法律表象，即律师事务所也会依法对表见合伙人的行为承担相应的责任。因而，表见合伙人在处理委托时的过错，也能依照《民法典》第 31 条的规定，归责于律师事务所。通过类推适用《民法典》第 31 条可将 E 的侵吞行为归责于律师事务所，所以该律所违反了义务。

d）应当归责性

【16】E 的行为实属故意（《民法典》第 276 条第 1 款）。由于通过类推适用《民法典》第 31 条可将 E 的行为归责于律师事务所，所以违约行为同样应被归咎于律所。

e）损害的形式与范围

【17】A 遭受了总计 160000 欧元的损失。律所应对其予以赔偿（《民法典》第 249 条第 1 款）。

2. 根据《民法典》第 823 条第 2 款，结合《刑法典》第 266 条第 1 款与《商法典》第 124 条第 1 款。

【18】在本案中，《刑法典》第 266 条第 1 款（《民法典》第 823 条第 2 款所规定的保护性法律）的前提条件体现于 E 的个人身上。事实行为、行为结果、因果关系、违法性与过错责任都体现在 E 的个人身上。此外，A 还遭受了总计为 160000 欧元的损失。然而，是否需要将 E 的行为归责于律师事务所呢？当表见合伙人作出了侵权行为，类推适用《民法典》第 31 条，可将表见合伙人的行为归责于律所[14]。因此，根据前述规定，律所需要对该侵权行为承担相应的责任。

3. 小结

【19】律师事务所对 A 需承担 160000 欧元的债务。

II. B 的个人责任

【20】B 承担个人责任的前提是，《商法典》第 128 条（或自由职业合伙企业法第 8 条；需要注意的是自由职业合伙企业法第 8 条第 4 款，即对

---

[13] BGHZ 172，169 Rn. 20.

[14] BGHZ 172，169 Rn. 21.

于责任承担仅以企业财产责任为限）对于民事合伙人（即律所合伙人）同样也能类推适用。对于如此的类推适用必须满足以下条件：存在与原意相悖的条款漏洞与存在相近法益。

提示：民事合伙企业的对外权利类似于商事合伙企业的权利。在前文中已阐明，民事合伙企业的部分权利能力能类推适用《商法典》第 124 条第 1 款的规定。而也正因如此，民事合伙企业的合伙人依法对企业的债务以个人财产承担连带责任（类推适用《商法典》第 128 条第 1 句；连带理论）。德国联邦最高法院[15]以“一般权利理论”来论证合伙人对企业债务的个人责任，合伙人须以自己个人财产对其独自或与他人合伙经济的企业承担责任，只要他无法以合同约定的或法定的责任限制规定提出抗辩。然而，类推适用《商法典》第 128 条第 1 句（同样需要上述论证）在方法上显得更有说服力。类推适用（存在与原意相悖的条款漏洞与存在相近法益）的前提条件是，《民法典》第 705 条（与之后的条款）放弃了对于合伙人连带责任的规定（这是因为对企业专有财产以共同共有处理，但该规定现在已经过时）。由于缺乏特殊的债权人保护规定，所以合伙人的个人连带责任就显得尤为重要[16]。民事合伙企业债务与合伙人责任之间的关系与商事合伙企业中这两者间的关系一致[17]。

【21】类推适用《商法典》第 128 条第 1 句，商事合伙企业的合伙人必须在“对外”的侵权中共同承担责任，从而能弥补受害人的损失（这是因为人合企业缺乏最低资本保障）[18]。在企业侵权中，合伙人的个人财产也将作为担保资产予以处分。回答商事合伙企业（参见《商法典》第 2 条第 2 句与第 3 句、第 5 条、第 105 条第 2 款）与民事合伙企业是否存在差别的问题，在于不同的个案中可能存在极大的不确定因素[19]。此外，民事合伙企业的合伙人可以对（如组织机关般的）人员的选用与工作内容（《民法典》第 31 条）产生影响力。因此，他们相较于受害人而言，更容易分配风险[20]。

【22】但是，《商法典》第 128 条是否也同样可以适用于职业责任有限

---

[15] BGHZ 142, 315, 319.

[16] MünchKommBGB/Schäfer § 714 BGB Rn. 36; Casper JZ 2002, 1112 f.

[17] Palandt/Sprau § 714 BGB Rn. 13; K. Schimdt § 60 III 4; Habersack BB 2001, 477, 481; Ulmer ZIP 2001, 585, 597; a. A. Altmeppen NJW 2003, 1553, 1554 ff.; Canaris ZGR 2004, 69, 109 ff.

[18] BGHZ 172, 169 Rn. 26.

[19] BGHZ 172, 169 Rn. 26.

[20] BGHZ 172, 169 Rn. 26.

的企业？对此没有理论能够直接否定该问题。当合伙企业的合伙人需要对侵权承担责任时，律师事务所的合伙人也需要承担侵权责任。组织律师事务所的律师们需要承担相应的风险。当一个律所的合伙人滥用了其他合伙人的信任，则其他合伙人也不得不为之共担责任[21]。而这种情况也适用于表见律师合伙企业。因为律所的合伙人有义务不让这种法律表象产生（或者需要消灭这种法律表象）。若律所需要为表见合伙人承担责任，则每一个律所的合伙人都应该依照《商法典》第 128 条第 1 句的规定，用其个人财产担责。

III. 结论

【23】类推适用《商法典》第 128 条第 1 句结合《民法典》第 280 条第 1 款与第 241 条第 2 款，类推适用《商法典》第 124 条第 1 款，以及依据《民法典》第 823 条第 2 款结合《刑法典》第 266 条第 1 款，类推适用《商法典》第 124 条第 1 款，A 对 B 享有要求支付 160000 欧元的请求权。

[21] BGHZ 172, 169 Rn. 29.

参考文献

Baumbach/Hopt/*Bearbeiter*	*Baumbach/Hopt*, Handelsgesetzbuch, Kommentar, 38. Aufl. 2018
Baumbach/Hueck/ *Bearbeiter*	*Baumbach/Hueck*, GmbH-Gesetz, Kommentar, 21. Aufl. 2017
Baums	*Baums*, Der Geschäftsleitervertrag, 1987
Bezzenberger	*Bezzenberger*, Das Kapitalder Aktiengesellschaft, 2005
Büscher	*Büscher*, Die qualifizierte faktische Konzernierung-eine gelungene Fortbildung des Rechts der GmbH?, 1999
Canaris	*Canaris*, Handelsrecht, 24. Aufl. 2006
Canaris Grundrechte	*Canaris*, Grundrechte und Privatrecht, 1999
Fiedler	*Fiedler*, Verdeckte Vermögensverlagerungen, 1994
GroßKommAktG/ *Bearbeiter*	*Hirte/Mülbert/Roth*, Aktiengesetz, Großkommentar, 4. Aufl. 2008 (teilweise 5. Aufl. 2015 ff.)
Haas	*Haas*, Geschäftsführerhaftung und Gläubigerschutz, 1997
Hüffer/Koch	*Hüffer/Koch*, Aktiengesetz, Kommentar, 13. Aufl. 2018
KKRD/*Bearbeiter*	*Koller/Kindler/Roth/Drüen*, Handelsgesetzbuch, Kommentar, 9. Aufl. 2019
KölnKomm/*Bearbeiter*	*Zöllner/Noack*, Kölner Kommentar zum Aktiengesetz, 3. Aufl. 2008 ff.
Lettl	*Lettl*, Handelsrecht, 4. Aufl. 2019
MünchKommAktG/ *Bearbeiter*	*Goette/Habersack*, Münchener Kommentar zum Aktiengesetz, 4. Aufl. 2015 ff. (teilweise 5. Aufl. 2019)
MünchKommBGB/ *Bearbeiter*	*Säcker/Rixecker/Oetker*, Münchener Kommentar zum Bürgerlichen Gesetzbuch, 7. Aufl. 2016 ff. (teilweise 8. Aufl. 2018 f.)

续表

MünchKommGmbHG/ *Bearbeiter*	*Fleischer/Goette*, Münchener Kommentar zum GmbHG, 3. Aufl. 2018
MünchKommHGB/ *Bearbeiter*	*K. Schmidt*, Münchener Kommentar zum Handels-gesetzbuch, 3. Aufl. 2010 ff. (teilweise 4. Aufl.2016 ff.)
MünchKommZPO/ *Bearbeiter*	*Krüger/Rauscher*, Münchener Kommentar zur Zivilprozessordnung, 5. Aufl. 2016 f.
Palandt/*Bearbeiter*	*Palandt*, Bürgerliches Gesetzbuch, Kommentar, 78. Aufl. 2019
Roth/Altmeppen	*Roth/Altmeppen*, Gesetz betreffend die Gesellschaften mit beschränkter Haftung mit Erläuterung-en, Kommentar, 9. Aufl. 2019
K. Schmidt	*K. Schmidt*, Gesellschaftsrecht, 4. Aufl. 2002
Schmidt/Lutter/*Bearbeiter*	*Schmidt/Lutter*, Aktiengesetz, Kommentar, 3. Aufl. 2015
Spindler/Stilz/*Bearbeiter*....	*Spindler/Stilz*, Kommentar zum Aktiengesetz, 4. Aufl. 2019
Strohn	*Strohn*, Die Verfassung der Aktiengesellschaft im faktischen Konzern, 1977
Timm	*Timm*, Die Aktiengesellschaft als Konzernspitze, 1980
Wiedemann I bzw. II	*Wiedemann*, Gesellschaftsrecht, Bd. 1: Grundlagen, 1980; Bd. 2: Recht der Personengesellschaften, 2004
Windbichler	*Windbichler*, Gesellschaftsrecht, 24. Aufl. 2017
M. Winter	*M. Winter*, Mitgliedschaftliche Treuebindungen im GmbH-Recht, 1988

关键词目录

- GmbH 对有限责任公司的（出资）
- KG 对有限合伙企业的（出资）
Einlagenrückgewähr 出资的返还
Einzelunternehmer 独资企业主
Einzelvertretung 单独代表
Einziehung eines Geschäftsanteils（有限责任公司）出资额的收回（销除）
Emission 发行
Entlastung 免责
- Aufsichtsrat 监事会的免责
- Vorstand 董事会的免责
Errichtung 设立
- AG 股份有限公司的设立
- GmbH 有限责任公司的设立
Existenzvernichtungshaftung 即股东对于公司过度负债所承担的补充责任，该责任不以出资额为限
Faktische Satzungsänderung 事实上的公司章程变动
Fehlerhafte Gesellschaft 有瑕疵的公司
Feststellungsklage 确认之诉
Firma 公司名称
Formwechsel 形式变更
Haftung nach §28 HGB 根据《商法典》第 28 条，企业形式变更的责任
Gattung 种类
GbR 民事合伙企业（缩写）
Gesamthand 共同共有
Gesamthandsgemeinschaft 共同共有关系
Gesamthandsvermögen 共有财产
Gesamtvertretung 共同代理
Geschäftsanteil 出资额
- Einziehung 出资额的销除（收回）
- Übertragung 转让（出资额）
- Verkehrswert 交易价值、市场价值
Geschäftsführer 执行董事、总经理
- Abberufung 解聘
- Abfindung 补偿、补偿费
- Anstellungsvertrag 聘任合同
- Beteiligungsmodell 参与模式
- BGB-Gesellschaft 民事合伙企业
- Insolvenzantragspflicht 破产申请义务
- Vertretungsmacht 代表权
- Vor-GmbH 在有限责任公司注册成立以前阶段的实体，有限责任公司（筹）
Geschäftsführung ohne Auftrag 无因管理
Geschäftsführungsbefugnis 管理权
Geschäftsführungsmaßnahme 管理措施
Gesellschafter 股东
- Aktionär 股东
- Ausscheiden 退出
- GmbH-Gesellschafter 有限责任公司股东
Gesellschafterbeschluss 股东决议
Gesellschafterklage 股东之诉
Gesellschafterversammlung 股东会议
Gesellschaftsinteresse 公司利益
Gesellschaftsvermögen 公司财产
Gesellschaftsvertrag 公司章程
- Formwirksamkeit 形式有效性
Gesellschaftszweck 公司目的
Gestaltungsfreiheit 形成自由
Gewerbebetrieb 企业经营
Gewinnabführungsvertrag 盈利转让协议
Gewinnausschüttung, verdeckte 利润分配，隐藏的
Gewinnbezugsrecht 利润收入权
Gewinnverwendung 盈利使用
Gewinnverwendungsbeschluss 盈利使用决议
Gläubigerschutz 债权人保护

---

* 是由德国联邦最高法院所创设的法律续造。当董事会决策严重影响到股东成员权时，董事会有权且有义务请求股东大会介入参与该决策。——译者注

Kreditaufnahme 借款
Kündigung 通知解除、通知解约
- Gesellschafter 股东
Kündigungsfreiheit 解约自由
Leitungsmacht 领导力
Liquidation 清算
„Managermodell" "经理人模式"
Mantelgründung 外壳式成立公司
Mehrheitsgesellschafter 多数股东
Minderheitsaktionär 少数股东
Minderheitsrechte 少数股东权
Mindesteinlage 最少注资
Mindestnennbetrag 最少票面金额
Missbrauch des Anfechtungsrechts 滥用撤销权
„Mitarbeitermodell" "员工模式"
Mitgliedschaft 成员（资格）
Mitgliedschaftsrecht 成员权
Mitverwaltungsrecht 共同管理权
Nachgründung（公司）成立之后
Namensaktie 记名股票
Nennbetragsaktie 面值股票
Nichtigerklärung 无效申明
Nichtigkeit, Hauptversammlungsbeschluss 无效，股东大会决议
Nichtigkeitsklage 无效之诉
Offene Handelsgesellschaft 商事合伙企业
- Entstehung 产生
- Haftung 责任
Organ（公司）机关
Organisationsakt 组织行为
Pariemission 平价发行（股票）
Parteifähigkeit 诉讼权利能力
Passivlegitimation 消极资格
Personengesellschaft 人合公司
Pflichtangebot 义务回购要约
Pflichteinlage 义务出资
Privatvermögen 私有财产
Prokura（授权）代理人
Prüfungsbericht 验资报告
Publizität 公示性
Quotenschaden 比例损害（指因为迟交破产申请所导致的损害）
Rechtsfähigkeit 权利能力
- BGB-Gesellschaft 民事合伙企业
- juristische Person 法人
Rechtsformzusatz 法律形式尾缀
Rechtsformzwang 法律形式强制性
Rechtsnatur 法律性质
- Vor-AG 股份有限公司成立前阶段的实体，股份有限公司（筹）
- Vor-GmbH 有限责任公司成立前阶段的实体，有限责任公司（筹）
Rechtsschein 法律表现
Rechtsscheinhaftung 法律表现责任
Rechtsträger 法律主体、权利主体
Reflexschaden 反射性损害
Register 注册、登记
Registersperre 登记障碍
Rückgewähr, Einlagen 返还，出资
Rückgewähranspruch 返还请求权
Sacheinlage 实物出资
- verdeckte 隐藏的
Sachgründung 以实物出资成立公司
Sachübernahme 实物接收
Sanierung（公司的）重整
Satzung 公司章程
- AG 股份有限公司（的公司章程）
- GmbH 有限责任公司（的公司章程）
Satzungsänderung 公司章程的变更

- faktische 事实上的
- Kapitalerhöhung 增资
- Zuständigkeit 管辖权、权辖
Satzungsautonomie 公司章程的自治
Satzungspublizität 公司章程的公示性
Satzungsverstoß 违背公司章程
Scheingeschäft 表象行为
Scheingesellschaft 表象公司
Scheinsozius 表见合伙人
- Verhaltenszurechnung 行为归责
- persönliche Haftung 个人责任
- verfassungsmäßig berufener Vertreter 法定代表人
Selbstkontrahieren 自我交易
Sitz, AG 住所地，股份有限公司
Sitzverlegung 搬迁住所地
Sondervermögen 特殊财产
Sondervorteil 特殊好处、特殊利益
Sorgfalt eines ordentlichen Geschäftsleiters 一个正直的公司领导人的谨慎勤勉
Sorgfalt eines ordentlichen Geschäftsmannes 一个正直的商人的谨慎勤勉
Sperrminorität 具有否决力的少数股东决
Spruchverfahren（公司）异议程序
Squeeze Out 强制挤出
Stammaktie 普通股
Stammeinlage 实物出资
Stammkapital 注册资本
Stimmabgabe 表决
Stimmbindung 投票联盟
Stimmrecht 投票权
Stimmrechtsbündelung 投票权捆绑
Stimmrechtsvertreter 投票权代理人
Strohmanngründung 以隐名代理的方式成立公司
Strukturänderung 结构变更
Stückaktie 无票面金额的股票
Stufengründung 阶梯式成立公司
Tantieme 分红、红利
Teilrechtsfähigkeit 部分权利能力
Titel 标题
Treupflicht 忠诚义务
Typenvermischung 类型混合
Überschuldung 资不抵债
Übertragung des ganzen Gesellschaftsvermögens 所有公司资产的转让
Umstrukturierung 重组
Umwandlungsrecht 公司变更权
Ungerechtfertigte Bereicherung 不当得利
Unterbilanzhaftung 亏损责任
Unternehmen 企业
- abhängiges 依附企业
- beherrschtes 被控制的企业
- herrschendes 占控制、主导地位的企业
- verbundene 关联企业
Unternehmensbezogenes Handeln 与公司有关的行为
Unternehmensgegenstand 公司经营业务
Unternehmensinteresse 公司利益
Unternehmensträger 公司主体
Unternehmensvertrag 公司章程，企业章程
Unternehmenswert 公司价值
Unterpariemission 折价发行
Verbotene Einlagenrückgewähr 禁止出资回溯
Verbraucher 消费者
Verdeckte Gewinnausschüttung 隐藏的利润分配
Verfassungsmäßig berufener Vertreter 法定代表人

Verjährung 消灭时效
Verlustdeckungshaftung 损失填补责任
Vermögensbindung 资产锁
Vermögenslosigkeit 资产缺失
Vermögensverlagerung, verdeckte 财产转移，隐蔽的
Vertrauenshaftung 信赖责任
Vertrauensschaden 信赖损失
Vertreter 代表人、代理人
- besonderer (AG) 特殊的（股份有限公司）
- ohne Vertretungsmacht 没有代理权的代表人
- Stimmrecht 投票权
Vertretung 代表
- AG 代表股份有限公司
- BGB-Gesellschaft 民事合伙企业
- Doppelvertretung 双重代表
- Gesamtvertretung 共同代表
- GmbH 有限责任公司代表
- GmbH & Co. KG 由有限责任公司担任无限责任股东的两合公司
- organschaftliche 机关代表
- rechtsgeschäftliche 法律行为的代表
Vertretungsmacht 代表力
Verwaltungsrat 管理委员会
Vor-AG 股份有限公司成立前的实体，股份有限公司（筹）
Vorbelastungshaftung 预先债务的责任
Vor-GmbH 有限责任公司成立前阶段的实体，有限责任公司（筹）
- Betreiben eines Handelsgewerbes 经营商业运营
- Entstehung 产生
- Geschäftsführer 执行董事
- Haftung der Gesellschafter 股东的责任
- Handelndenhaftung 行为者的责任
- Rechtsnatur 法律性质
- Vertretungsmacht 代表权
Vor-GmbH & Co. KG 由有限责任公司成立前的实体担任无限责任股东的两合公司
Vorgründungsgesellschaft 公司成立前实体
Vorratsgründung 存储型公司
Vorstand 董事会
- Abberufung 辞退
- Bestellung 任命
- Entlastung 免责
- Geschäftsführung 管理
- Haftung 责任
Vorzugsaktie 优先股
Wertpapier 有价证券
Widerspruchsrecht 反对权
Zeichnung, Aktie 发行，股票
Zurechnung 归纳、归责
Zwangsvollstreckung 强制执行
Zweck 目的

著作权合同登记号：图字 01-2017-1051 号

图书在版编目 (CIP) 数据

德国公司法案例研习 /（德）托比亚斯·莱特尔著；陈汪杰，沈小军译. —北京：中国法制出版社，2022.4

ISBN 978-7-5216-2622-3

Ⅰ.①德… Ⅱ.①托… ②陈… ③沈… Ⅲ.①公司法—案例—德国 Ⅳ.① D951.622.9

中国版本图书馆 CIP 数据核字（2022）第 058303 号

项目策划：马 颖　　本书策划 / 责任编辑：靳晓婷　　封面设计：李 宁

德国公司法案例研习

DEGUO GONGSIFA ANLI YANXI

著者 /［德］托比亚斯·莱特尔

译者 / 陈汪杰　沈小军

经销 / 新华书店

印刷 / 三河市紫恒印装有限公司

开本 / 710 毫米 ×1000 毫米　16 开　　印张 / 17.5　字数 / 286 千

版次 / 2022 年 4 月第 1 版　　2022 年 4 月第 1 次印刷

中国法制出版社出版

书号 ISBN 978-7-5216-2622-3　　定价：69.00 元

北京市西城区西便门西里甲 16 号西便门办公区

邮政编码：100053　　传真：010-63141600

网址：http://www.zgfzs.com　　**编辑部电话：010-63141825**

市场营销部电话：010-63141612　　**印务部电话：010-63141606**

（如有印装质量问题，请与本社印务部联系。）